我们一起解决问题

二手房销售高手

成长笔记

钟伟 著

人民邮电出版社

北京

图书在版编目（CIP）数据

二手房销售高手成长笔记 / 钟伟著. -- 北京：人
民邮电出版社，2021.3
ISBN 978-7-115-55902-9

Ⅰ. ①二… Ⅱ. ①钟… Ⅲ. ①房地产—销售 Ⅳ.
①F293.352

中国版本图书馆CIP数据核字(2021)第004752号

内 容 提 要

从事二手房销售的人员都会碰到同样的问题：如何找房源？如何找客户？如何跟进房东和客户？如何带看？如何谈单？本书为刚入行的从业者解答了这些问题。

本书共分为七章，分别以新手起步、带看技巧、跟进客户、独家委托、诚意金、谈单技巧和学区房为主题，以实战案例和故事的形式，介绍了二手房销售人员应该掌握的工作方法、技巧和工具。此外，作者还以点评和总结的方式分享了自己的经验和心得。书中内容可以帮助二手房销售人员在更短的时间内花费较少的精力达成交易，获得更好的销售业绩，成长为二手房销售高手。

本书适合二手房销售人员阅读，也可以作为房产中介机构和相关培训机构的培训用书。

◆ 著　　钟　伟
责任编辑　陈　宏
责任印制　杨林杰

◆ 人民邮电出版社出版发行　　北京市丰台区成寿寺路11号
邮编 100164　　电子邮件 315@ptpress.com.cn
网址 https://www.ptpress.com.cn
北京七彩京通数码快印有限公司印刷

◆ 开本：787×1092　1/16
印张：14.5　　　　　　　　　2021年3月第1版
字数：300千字　　　　　　　2025年6月北京第19次印刷

定　价：59.80元

读者服务热线：（010）81055656　印装质量热线：（010）81055316
反盗版热线：（010）81055315

作为一个从业多年的房产经纪人，我必须诚实地说，很多人对经纪人这个职业有着很深的误解。为什么这么说？因为连很多从业者都不能正确地看待这个职业。

有些人看到自己的朋友在房地产中介这个行业干得不错，看到他们一年买车、三年买房，就觉得这个行业挣钱太轻松了，所以抱着"捞一把"的心态进入这个行业。结果，真正进入这个行业之后，他们却发现经纪人这份工作根本没有那么轻松，甚至干了几个月、半年都没有开单，只好悻悻然地承认"自己不是那块材料"，或者抱怨"行业环境不好，公司氛围差，同事素质低"，无奈地离开这个行业。

我做二手房销售已经很多年了。回想起刚入行的时候，我有很多事情都想不通，但现在我都想通了，也见怪不怪了。

先说房东，我和我的同事每天都要打很多电话跟进房东，诚心诚意地帮他们卖房，但总有一些房东讨厌我们，甚至说一些非常难听的话。我们竭尽全力地帮房东打广告、找客户，但有些房东却出尔反尔，临时涨价。门店经理要求我们每天都去看房，因为中介公司不了解房源、不开发新的房源，就会失去竞争力，我们这些经纪人也会被市场淘汰。但是，很多房东都不配合看房，他们说没有客户就不让看房。站在房东的角度，我能理解他们的难处，每天的工作、生活非常忙碌，怎么可能每一次经纪人看房都抽出时间配合呢？

说完房东，再说客户。为什么我们全心全意地服务客户，客户却不信任我们？为什么客户跟我们去看了很多房子，还要找别的经纪人去看房，而且还要跑单？客户想要的房源不好找，只好去网上找，但网上的房源是共享的，所有的中介公司和经纪人都在抢，竞争非常激烈。经理要求去找网上没有的房源，但花了很多时间都没有成果。手上终于有了几个客户，也了解客户的需求，但就是找不到适合客户的房源。公司的房源其实不算少，但客户看来看去就是看不上……

我觉得，真正做过二手房销售的人都会同意这个说法：我们在每一天的工作中都会遇到源源不断的、巨大的阻力，绝大部分单子都是经过"九九八十一难"才成交的。这才是房地产中介行业和经纪人职业的现实。

不少经纪人在入行之后才发现：每天都要做很多工作，不仅得不到回报，还得不到房东和客户的信任；每天都要做重复的事情，没有新鲜感，甚至很枯燥；进入公司之后，同事都忙着跑盘、带看、谈单，没有人教自己，也没有人带自己，一切都要靠自己去学、去领悟。

不是所有人都能承受这种压力，所以有些经纪人干了几个月就转行了。只有那些咬牙坚持下来的经纪人才有机会慢慢地积累经验，最终成长为优秀的经纪人。

有人说房地产中介这个行业充满了机会，因为收入上不封顶，年收入二三十万元的一大把，年收入50万元的也不少见，年收入100万元的也不是没有，比很多小企业主挣得还多；也有人说这个行业全是陷阱，因为经纪人的淘汰率高达80%，能够坚持下去的人根本没有几个，更别提赚取高薪了。

我觉得，这些基本上都是行业以外的人的看法，他们只看到了收入这一点，却没有看到做好任何工作都需要具备的两点——热情和耐心。

二手房销售这件事，说困难也困难，说简单也简单。空有热情，没有耐心，你肯定过不了多久就会对自己失去信心；只有耐心，没有热情，你就很难打动房东、客户、同事、领导乃至素不相识的人，可能总是离成交只差"临门一脚"；既有热情，又有耐心，你就会发现这份工作越干越顺、越干越喜欢、越干越有成就感。

当然，我还不敢说我已经达到了那种境界，但我非常愿意为了达到那种境界而继续努力。这本书就是我为了激励自己继续努力而创作的，我希望它能鞭策我成为一个更加优秀的经纪人。与此同时，我也希望这本书能够给其他经纪人带来一些启发，帮助他们掌握一些实用的工作方法和技巧，让他们对自己更有信心。

经纪人每天都要和各种各样的人打交道，有人的地方就有故事，所以，我选择以故事和案例的形式介绍我的工作心得、经验、方法、技巧和工具，这些都是我通过大量成功和失败的经历总结、提炼出来的，我相信大家看了之后一定会产生共鸣。如果大家读完这本书后觉得很有收获，我就再高兴不过了。

个人的见识和经验总是有限的，我无法保证书中介绍的方法、技巧和工具适用于所有经纪人，但我可以保证我每天都在使用它们，也通过它们取得了很多工作成果。房地产中介行业人才济济，我相信部分读者会有不一样的观点、方法、技巧和工具，我非常欢迎大家与我沟通、切磋，也欢迎大家批评指正。

Contents **目录**

第一章

新手起步

有些经纪人在刚入行的时候没有人教也没有人带，所以在上班时间根本不知道自己应该做什么。门店经理一般会让新手跑盘、打房源跟进电话或者照着客户名单打电话，但是新手不知道为什么要打这些电话。他们认为打这些电话并不能帮助他们开单，所以没什么用。打电话真的没用吗？

另外，还有一些已经入行一段时间的经纪人认为做广告没效果。为什么没效果呢？

下面，我用陈经理和小张的案例来解答这些问题。

1. 房源的重要性

有一位入行没多久的经纪人叫小张，留着一头短发，长得很帅气。上班时，他穿着白衬衫、黑西裤，打着领带，显得特别精神。不过，他最近的状态不是很好，上班已经两个月了都没有开单。他感到非常迷茫，找不到前进的方向。他想要改变这种状态，于是厚着脸皮去请教陈经理。

陈经理正站在店门口想事情。小张走过去打招呼："陈经理。"

陈经理转过头，看到了无精打采的小张。

小张说："陈经理，我最近不知道上班该做什么，觉得特别迷茫。"

陈经理留着一头短发，鼻梁挺拔，眼睛炯炯有神，腰挺得笔直，他也穿着白衬衫、黑西裤。他是刚从别的地方调到这家门店来的，所以对小张不是很了解，对店里的情况也不是很熟悉。

为了让气氛不那么紧张，也为了更好地了解小张及门店的情况，陈经理语气平和地说："小张，我们进办公室一边喝茶一边聊吧。我刚买了一些铁观音，味道挺不错的。你先进办公室等我，我去拿茶叶。"

小张看了看陈经理的背影，转身走进了经理办公室。这是一间不到 10 平方米的办公室，中间摆放着一张茶几，上面放着一套陶瓷茶具，茶几两边放着两套双人座布艺沙发，小张坐在沙发上等着陈经理。

陈经理很快从外面拿了一包铁观音进来，坐在小张的对面，然后烧水泡茶。

陈经理一边泡茶一边问："小张，你平时上班都做了哪些工作？你为什么说自己迷失了方向呢？"

小张想了想说："我平时上班打完卡之后会看一看公司系统里的最新房源和网络房源，打几个电话，然后更新房源。有新房源，我就过去看看，没有新房源，我就不知道该做什么了。有时候，同事做什么，我就跟着做什么，但效果不是很理想。看到很多同事都开单了，我心里特别慌。我总感觉自己很忙也很乱，这也想做，那也想做，但什么都做不好。"

陈经理看着小张，静静地等着他把话说完。

小张想了一会儿，继续说："客户要的房源不好找，好些人都去网上找房源，一堆人争抢，竞争很激烈。找网上没有的房源就更困难了。我手上有几个客户，我了解他们的需求，但就是找不到适合他们的房源。公司的房源虽然很多，但都不符合客户的要求。"

陈经理先给小张倒了一杯茶，然后给自己倒了一杯茶。他拿起茶杯，闻了闻，喝了一小口茶，温和地说："小张，你首先要有一个工作计划。没有工作计划，你上班就不知道应该做什么。像你说的，有新房源就出去看几套房源，没有新房源就在公司乱打电话，你觉得这样工作会有效果吗？"

小张苦笑着说："没有效果。"

陈经理没有责怪小张的意思，微笑着说："小张，你也知道没有效果，但为什么还要这样做呢？一天没有效果，一个月没有效果，连续几个月不开单，你还会有收入吗？生活有了压力，心态就会出问题，你就不想干这行了。"

小张点了点头，又叹了口气说："是的，再这样下去，连吃饭的钱都没有了。"

陈经理又给自己倒了一杯茶，闻一闻茶香，喝了一小口，慢悠悠地说："小张，你的工作方向错了，所以做了很多事情但都没有效果。"

小张问："陈经理，我应该怎么安排自己的工作呢？"

陈经理靠在沙发上，用温和的语气说："我们平时的工作分为四个方面，分别是房源、客户、带看和谈单。"

小张看着天花板，默默地念了一遍："房源、客户、带看和谈单。"

陈经理看着小张的表情，笑着说："你觉得哪个方面比较重要呢？"

小张看了看陈经理又看了看天花板，想了一会儿，犹豫地说："谈单比较重要吧。"

陈经理知道小张的回答多半是错的，但他还是这样问小张，他想引导小张找到正确的方向。

陈经理在沙发上坐直，认真地说："没有带看，哪来的谈单？没有房源，没有客户，哪来的带看？房源和客户才是最重要的。房源和客户就像水泥和沙子，你没有水泥和沙子，怎么能建起房子来呢？"

小张看着天花板，不断地眨着眼睛，看起来还是没有想通。

陈经理继续引导小张："小张，你觉得房源重要还是客户重要？"

小张说："客户比较重要吧。"

陈经理端起茶杯，喝了一小口茶，慢悠悠地说："咱们这个行业流行一句话——得房源者得天下，所以，房源比客户更重要。"

小张又看了看天花板，默默地念着："得房源者得天下。"

小张坐直了身子，很不解地问："陈经理，为什么房源比客户更重要？"

陈经理也坐直了身子，一脸认真地说："小张，你想一想你手上有没有这样的客户——你今天带他去看了一套房，他非常喜欢，明天打电话给他，他又说不喜欢了，他要你找别的小区的房源。你花了一天时间帮他找到了其他小区的房源，他又说不喜欢这个小区了，要你找其他小区的房源。你有这样的客户吗？"

小张叹了口气，无奈地说："我的客户很多都是这样的，我好不容易找到了他们想要的房源，他们又说不喜欢了。我根本不知道他们想要买什么样的房子。"

陈经理笑了笑，说："小张啊，客户是看心情买东西的，有了占便宜的感觉才会买，这是大部分客户的习惯。"

陈经理又喝了一口茶，放下茶杯，接着说："小张，你最近跟别人说你想换一部手机。"

小张不好意思地抓了抓头发，说："陈经理，这事你也知道？"

陈经理笑着说："你在公司里面见了谁都说一遍，谁不知道啊？"小张尴尬地笑了。

陈经理说："小张，你在网上看到一款刚上市的手机，但你不清楚这款手机拍照清不清晰，用久了之后系统卡不卡，也不知道拿在手上的感觉如何。所以，你就去实体店体验这款手机，看它拍照清不清晰，看它安装了各种软件之后系统卡不卡。就算你对各个方面都很满意，你也不会马上买，你还会对比不同销售渠道的价格。你是不是这样的？"

"陈经理，你也太牛了吧！这你都知道？"小张惊奇地问。

陈经理靠在沙发上慢悠悠地说："你回家之后，打开计算机和手机查看这款手机在淘宝网、京东、苏宁、国美、拼多多上的价格，觉得价格有点贵。如果你不着急买，你就会等'双十一'、'双十二'、国庆节、元旦或者其他节日，看看那时商家有没有优惠活动。如果那时的价格让你心动，你就会下单。你是不是这样的？"

小张连忙竖起了大拇指："陈经理，你太了解我了，我做什么你都知道啊！"

陈经理一边摇头一边苦笑着说："小张，我买手机的时候也是这样做的。哪里便宜就从哪里买，这就是绝大部分人的购物习惯啊！"

小张不停地点头，但突然愣住了："这跟房源比客户更重要有什么关系吗？"

陈经理默默地在心里盘算怎么引导才能让小张学会站在客户的角度思考问题，根据客户的购物习惯做工作。

陈经理想了一会儿，说："小张，假设你不是经纪人，你因为某个原因去了一个陌生的城市，你想买一套两居室自己住。你是第一次买房，不知道买什么样的两居室好、哪个小区好、什么户型好，这时你最怕的是什么？"

小张靠着沙发看了看天花板，又想了想，说："第一怕买贵了，第二怕买错了。"

陈经理说："没错，你肯定怕买贵了、买错了。接着刚才的假设，你在网上找房源，看到一套房子还可以。你拨打经纪人的电话，向经纪人了解这套房子的详细信息，发现这套房子的不动产权证没办下来。

没有证的房你也不敢买，但你跟这位经纪人聊得很投缘，这位经纪人叫小苏。你跟小苏说'我想买一套两居室，80万元左右的，什么地方都可以，只要便宜就行'。小苏很勤快，当天晚上就帮你找了一套便宜的房子，第二天一早给你打电话说'张哥，我这里有一套比较便宜的房子，在10楼，面积是72平方米，总价是80万元，不过是毛坯房'。

你听朋友说买二手房一定要买装修好的，自己装修太麻烦，而且要花一大笔钱，于是你对小苏说'我想买装修好的，不要毛坯房，最好是南北通透的'。"

2. 客户的购物习惯

陈经理接着说："小苏很勤快，当晚又帮你找了一套房子。第三天一早，小苏给你打电话说'张哥，我帮你找到一套精装修的房子，家电、家具都是全新的，总价是 100 万元'。你确实想要买房，于是诚恳地对小苏说'小苏，我手上只有大概 27 万元，首付比例是 30%，所以我只能买得起 80 万元左右的房子'。

第四天一早，小苏给你打电话说'张哥，我帮你找到一套 80 万元的两居室，精装修，有全套家具和家电，在 3 楼，有电梯'。你听到房子在三楼，便对小苏说'3 楼太低了，有没有楼层高一些的？8 楼到 20 楼都可以'。"

陈经理喝了一口茶，接着说："你为什么每次都拒绝小苏？因为你想买一套有电梯、在 10 楼、首付 27 万元、总价 80 万元左右、精装全配的房子。"

看到小张陷入沉思，陈经理又拿起茶杯喝了一口茶，然后说："小张，你想一想，你现在是不是跟小苏一样？你不断地为客户找房源，但是客户很挑剔，这套也不行，那套也不行。你肯定认为这位客户不是真正的买家，于是把这位客户扔到一边，以后再也不跟进这位客户了。"

小张连忙点头说："陈经理，很多客户都是这样的，于是我就把客户给扔到一边了。"

陈经理说："小张，你再想一想，如果你自己去买房，你是不是也想买一套在 10 楼上下、精装修、南北通透、小区环境好的房子？你觉得你挑剔吗？一点都不挑剔。所有刚出来看房的客户都会提出这样的要求。"

小张点了点头，但还是没有想通，他用力地抓了抓自己的头发。

陈经理看到小张的动作，就不急着往下说。他又给自己倒了一杯茶，拿起茶杯闻了闻，喝了一口，放下茶杯，继续说："小苏非常勤快，第五天一早又给你打电话说'张哥，我帮你找到一套东区的房子，在东方花园，总价是 80 万元，在 12 楼，有电梯，精装全配的'。

你觉得这套房还可以，就跟小苏去看房。你不了解这个小区，看完房之后，你打电话问朋友东方花园这个小区怎么样。朋友说这个小区不行，开发商差，物业管理也差。朋友劝你买房不能着急，要慢慢看，多看几套，买房一定要买小区环境好的。你觉得朋友说的对，于是让小苏继续帮你找房子。

第六天一早，小苏又给你打电话说'张哥，我帮你找到了一套西区的房子，在西方花园，在 15 楼，有电梯，精装全配的，总价是 70 万元'。你跟着小苏去看房，发现这个小区环境不太好，于是让小苏继续帮你找房子。

第七天一早，小苏又给你打电话说'张哥，南区的南方花园有一套不错的房子，在 19 楼，有电梯，精装全配的，总价是 83 万元'。你又跟着小苏去看房。你不了解南方花园这个小区，但你在南区有个亲戚，于是你打电话问亲戚这个小区怎么样。亲戚说这个小区门口有个学校，上下学时老是堵车，最好不要买这个小区的房子。

第八天一早，小苏又给你打电话说'张哥，北区的北方花园有一套很好的房子，在 13 楼，有电梯，精装全配的，总价是 87 万元'。你又跟着小苏去看房，发现这套房子还不错，于是回家跟老婆商量。老婆说那个小区离上班的地方太远，接送孩子不方便。

小苏见你确实想要买房，于是每天都帮你找房子，有合适的房子就打电话约你去看房。连续看了两个月，你觉得这些房子都不合适。附近的房子都看完了，但你觉得你买得起的房子也没几套。"

陈经理喝了一口茶，接着说："这时，另外一位经纪人小李在经理的授意下把一套独家房源发到了网上，这套两居室的房子在东方花园，总价是 72 万元，在 5 楼，有电梯，做了简单装修。你在网上看到了这套房子。你之前跟小苏看过户型相同的房子，那套房子的价格是 80 万元，你觉得这套房子非常便宜，于是马上联系小李看房。

看房的时候，你才发现小李是一个新手，刚入行不到一个星期，一问三不知。你感到非常郁闷，还好他的经理也在，经理解答了你的问题。

你当场还价 69 万元，经理让你交诚意金，你马上联系老婆来看房。你跟老婆说，这个小区离她上班的地方不远，接送孩子上下学也比较方便，你自己上下班也很方便，就是物业管理稍微差一些。你心想，这套房子太便宜了，错过了恐怕就再也买不到了。你心想，现在手上没有更多的钱，先把这套房子买下来住着，等以后有钱了再换一套小区环境更好的房子。

你正在跟老婆商量，突然有别的客户过来看房。你感到非常紧张，生怕别人抢先买下这套房子，于是马上去中介公司交了诚意金。经过讨价还价，最后以70万元的价格成交。"陈经理停下来，看了看小张。

陈经理问："小张，你再想一想，为什么这么勤快的小苏帮你找了这么多的房子，带你去看了这么多的房子，但就是成交不了呢？而小李只是一个新手，什么也不懂，他只是听经理的话，把这套独家房源发到了网上。他没有使用任何成交技巧，你自己就决定成交了，为什么？"

小张认真地说："因为这套房子的价格很便宜。"

陈经理揉了揉自己的太阳穴，绕了一大圈，小张才明白了这个道理。

陈经理继续说："小张，低价可以弥补房子的缺点。得房源者得天下，你有了便宜的房源，客户就会主动提出成交。你现在就跟小苏一样，不断地找客户，但没有把房源放在心上，老是跟着客户的思路走。客户今天喜欢这个小区，明天喜欢那个小区，今天喜欢这个户型，明天喜欢那个户型。你带着客户把全市的房源都看完了，客户对市场行情也很清楚了，但客户最后却跟别的经纪人成交了，这完全是帮别人做嫁衣。

如果你手上有一套便宜的房源，你就能把很多的客户吸引过来。这些客户都跟着其他经纪人看了很多的房子，已经对市场行情很清楚了。这些客户都会抢这套房子，你不用费吹灰之力就能成交。

得房源者得天下，拿到便宜的房源才是最重要的。这也是绝大部分客户的购物习惯——挑最便宜的买，有了占便宜的感觉才会主动提出成交！"

小张低下头，琢磨陈经理刚说的话。过了好一会儿，他认真地说："陈经理，你的意思是不要跟着客户的思路走，而要多找便宜的房源来吸引客户，客户看中了就会买，对吗？"

陈经理终于松了一口气，说："小张啊，如果不了解客户的购物习惯，就会被客户牵着鼻子走，最后累个半死都成交不了。只要控制了便宜的房源，你就能控制客户。"

> 很多经纪人在刚入行时会下意识地先找客户，再为客户找房源。但是，客户今天要买这个小区的房子，明天要买那个小区的房子，想法一变再变。如果一味地跟着客

> 户的想法走，我们就抓不住客户的需求，也就没有办法为客户找到合适的房源。很多新手认识不到这一点，所以走了很多弯路。
>
> 　　绝大部分客户的购物习惯是哪里便宜在哪里买，因此，经纪人在找客户之前要先找到便宜的房源，否则很难成交！

　　小张想了一会儿，笑着问："陈经理，便宜的房源怎么找？"

　　陈经理知道他想学几个"绝招"，其实就是想偷懒，可是，根本没有什么偷懒的办法。陈经理喝了一口茶，慢悠悠地说："小张，你平时是怎么找房源的？"

　　"在各大网站找房源。"

　　"还有呢？"

　　小张想了想，说："去各个小区打求购广告，找亲戚和朋友介绍。"

　　"还有呢？"

　　小张知道陈经理在考他，又想了想，说："在网上发布求购指定小区房子的信息，照着客户名单打电话，加入房东群。"

　　"还有呢？"

　　小张又想了想，说："找其他经纪人合作。"

　　小张停顿了一会儿，不知道在想什么。过了一会儿，他说："陈经理，我看到小田好像在用一款房源信息采集软件，只要是网上新发布的房源，这款软件都能采集到，所以他的房源总是最多的。"

　　"还有呢？"陈经理慢悠悠地喝着茶。

　　小张低下头看着茶杯，想了半天也想不出来。他给自己倒了一杯茶，喝了一口，然后靠在沙发上看着天花板，思考如何找房源。陈经理也不催他，静静地等待。

　　过了一会儿，小张无奈地说："我常用的方法就是这几个。"

　　"小张，你找房源的方法比我的还要多。这些方法你用了多少种？"

　　"我用了……"小张一下子没反应过来，低下头不好意思地说，"我只是从网上找房源。"

　　陈经理笑着问："所以呢？"

　　"所以什么？"小张不解地问。

3. 如何找便宜的房源

陈经理没有正面回答小张的问题，他说："找房源必须同时使用多种方法，而且每时每刻都要留意最新的房源。小田用的软件每5分钟采集一次新的房源信息，他可以一天到晚坐在计算机前录入新的房源。在网络房源这个方面，你一点机会都没有。"

小张叹了口气，说："是的，整个公司就数小田的房源多，而且很多都很便宜。"

陈经理认真地说："小张，你刚刚说的在网上发布求购指定小区房子的信息、照着客户名单打电话、加入房东群等方法，我可以同时使用。

你可以买一个房源信息采集软件，每时每刻查看最新的网络房源，并在第一时间录入公司的房源系统。就算其他同事成交了，你也能获得房源费。

如果我主要卖幸福花园的房子，我就会办一个新的手机号码，然后在各大网站以个人的身份发布求购幸福花园房子的信息。这样一来，就会有很多房东给我打电话，也会有很多经纪人打电话向我推荐幸福花园的房子。

我还可以找亲戚和朋友介绍客户，或者照着客户名单打电话。如果我有认识的房东，我会让他我把拉进房东群。

如果我在网上看到其他经纪人发布了幸福花园的房源，而咱们公司没有这个房源，我就会去找他们合作。

我会同时使用多种方法找房源。我要做到其他人有的房源我也有，其他人没有的房源我也有，这个小区数我的房源最多也最便宜，只有这样客户才会在我这里买房。"

> 为什么要同时使用多种方法找房源？因为每一种方法找到的房源是不一样的。用这种方法找几个房源，用那种方法找几个房源，你才能拥有最多的房源。一个城市里有成百上千个经纪人，你在某个小区的房源最多也最便宜，你才能从一群经纪人中脱颖而出，客户才会专门找你买房。

小张问："陈经理，我给很多房东打过电话，但他们都不肯告诉我门牌号。我没有办法把这些房源信息录入公司的房源系统，也就没办法挣房源费，你有什么好的话术吗？"

陈经理刚想说话，但转念一想，还是先了解小张打电话时存在哪些问题，再给他详细解答比较好，于是问："小张，你第一次给房东打电话时一般是怎么说的？"

小张想了想，说："我是按照公司给的话术打电话的，倒也没出现什么问题，就是房东不肯说门牌号。"

"你是怎么打电话的？具体说说。"

"我问房东我可不可以帮他代理房子，然后问他房子的面积有多大、价格是多少、证满几年了，还有贷款的情况。这些都是公司给的话术。"

陈经理想了想，说："小张，我给你讲讲我之前在一家小公司上班的经历。"

小张坐直了身子，认真地看着陈经理，等着陈经理讲故事。

"小张，我以前在一家小公司上班，这家公司的老板是一个炒房客。他炒了很多房子，叫我们帮他卖。我卖不出去，于是新办了一个手机号并在网上发布信息，说我是房东，让其他经纪人帮我卖房。

每天都有二三十个经纪人打电话给我，他们一般都会问我可不可以帮我代理房子，然后问我房子的面积多大、价格是多少、证满几年了。我每天都要回答二三十遍这些问题，简直要烦死了！

于是，我改了一下我发布的信息，把标题改成了'欢迎中介代理，面积 ×× 平方米，价格 ×× 万元，证满 2 年，没有贷款'。但是，还是有很多经纪人给我打电话，问我是否可以帮我代理房子，然后问面积多大、价格是多少、证满几年了。只要对方问这些问题，我就直接把电话挂了。这些经纪人根本没有认真看我发布的信息，只是想打电话落实房源！"

小张笑了："陈经理，你这不是给自己找罪受吗？"

陈经理说："不过，也有几个经纪人打电话说有客户要看房，这时我就很开心。我很高兴地回答了他们问我的问题，我还拿着钥匙带他们去看房。反正我就是一个价格净收，如果他们能以更高的价格卖出去，多出来的部分就是他们的中介费。就这样，我成交了好几套房子。"

"陈经理，这种办法你也能想得到，你太厉害了！"

陈经理继续说："我知道房东每天都要接几十个电话，烦都烦死了，所以我通常都是这样打电话的，我说'×× 先生，您好，您在 ×× 小区有一套房子想卖，是吗'，房东说'是的'。

我第二句话就说'我有一位客户，他比较喜欢这个小区，对这个小区也很了解。他指名要买这个小区的房子，所以我想了解一下这套房子的情况，您现在说话方便吗'，如果房东说方便，我就接着说'请问看房方便吗？什么时候可以看房'。我先让房东知道我有一个客户要买房，这个客户指名要买这个小区的房子，而且马上可以看房，这样一来，房东就会愿意好好地跟我谈。"

陈经理接着说："接下来，我会问房东'这套房子现在是自住还是出租（如果是出租，就问房东要租客的电话，以便看房）？房子在几栋几单元几号？有不动产权证吗？证满几年了？可以按揭吗？房子现在有贷款吗？还有多少贷款'。

我还会跟房东核实房子的具体情况，我会问房东'我在网上看到了您发布的房源信息，我不知道是否准确，现在我读一遍，请您确认一下。是三居室吗？房本上的面积是多少？朝向如何？您发的照片是最近拍的还是几年前拍的？几年前拍的照片跟最近拍的照片肯定是不一样的。经过几年的时间，家具和家电肯定会有损坏的情况，装修也会变旧。如果房东在网上写得非常清楚，就不用重复地问，读出来让房东确认一下就行，房东也不会那么反感。

我打电话落实房源信息时会先让房东知道我有客户要买这个小区的房子，只有这样房东才愿意告诉我具体的信息。"

小张小声地说："原来如此，只要手上有了客户，我给房东打电话时，房东就会告诉我具体的信息。"

小张终于明白了这个道理，陈经理笑得很开心。

"陈经理，有什么好笑的？"小张不解地问。

"小张，你可以带一个不着急买房的客户去看房，这类客户还的价一般都很低。然后，你就可以跟房东谈价格了。很多房东刚开始报的价都很高，谈着谈着，房东能够接受价格就会低于行情价。然后，你大量地打广告，重新找客户成交。"

小张兴奋地拍了一下自己的大腿，说："陈经理，这招够绝！"

"小张，打电话落实房源信息时一定要用自己的手机打。经纪人经常会碰到这样的情况，打了很多电话，但房东都没接。房东有空的时候会打回来，如果经纪人之前是用公司的座机打的，那么房东回电话的时候很可能会接不到。如果之前是用自己的手机打的，就不会漏接房东的电话了。而且，经纪人也省去了第二次给房东打电话的时间。"

"陈经理，那岂不是每个月要花好几百元的电话费？这么高的费用我可承担不起啊，我现在都快没钱吃饭了。"

陈经理叹了口气，说："你可以买一个语音包，一个月才几块钱，你不会连几块钱都舍不得花吧？我有一次在网上看到一个房源，我用公司座机给房东打电话，房东不接电话。我刚去上厕所，房东就打电话回来，同事接了电话，把这个房源录入了公司的房源系统。我的客户当天去看房，结果成交了。我还得分几千元的房源费给同事，你说我冤不冤？"

"陈经理，你不会找同事去说理呀？"小张问。

"公司规定，房源信息是谁录入的，这个房源就是谁的。我找谁去说理？我去找经理，结果被经理批评了一顿。"陈经理说。

"陈经理，那……便宜的房源怎么找呢？"小张笑嘻嘻地问，他希望陈经理给他传授一些独门秘籍。

陈经理问："为什么要找便宜的房源？"

"你刚刚说，有了便宜的房源，客户才会主动提出成交。"小张回答。

陈经理说："公司不是有很多便宜的房源吗？你为什么要找便宜的房源？"

小张一边抓头发一边想，小声地说："好像……也没几套便宜的房源啊。"

陈经理想了解小张对房源的掌控能力，便问："小张，你手上有多少个房源？"

"公司的房源系统里不是有几万个房源吗？"小张脱口而出。

"我是问你手上有多少个房源，比如，自己亲自看过的房源，低于市场价的房源，跟房东谈过价格的房源。"

小张想了想，不好意思地说："自己看过的房源……有10来个吧，靠谱的房源大概有5个。低于市场价的房源……好像没有。"

"你说说这5个靠谱的房源。你记得面积、价格、装修情况、门牌号吗？"

"东方花园1栋3单元501室，89平方米，两居室，精装修，总价56万元……"小张一口气说出了5个房源的具体信息。

陈经理听完之后一脸无奈，这5个房源的价格都是市场价，怪不得小张开不了单。

陈经理问："小张，有一条街都是手机专卖店，什么品牌的手机都有。有一家手机店里只有5部手机，而且没有优惠活动，你会在这家店里买吗？"

小张理直气壮地说："我怎么可能会在这里买？这家店里只有 5 部手机，一点都不专业！我会逛完这条街，哪家店的手机便宜，我就在哪家店买。"

陈经理笑眯眯地说："小张，如果你去买房，发现经纪人手上只有 5 个靠谱的房源，这 5 个房源的价格都是市场价，你会在他手上买吗？"

小张愣住了。过了一会儿，他用力拍了一下自己的额头，说："我懂了！我客户少的原因是我手上的房源太少了，而且房源的价格都是市场价。客户买房肯定也是看完所有的房源，哪套便宜就买哪套。"

陈经理问："小张，这几个房源都是你自己找的吧？"

"陈经理，你是怎么知道的？"

"因为这几个房源分布在咱们市的东西南北角，离我们店很远，骑电动车最少要半个小时才能到。而且，这些房源的价格都高于市场价。"陈经理说，"小张，你的工作方向错了！"

小张一脸疑惑地看着陈经理。

"我说说我的工作方法，可能对你有用。"陈经理给自己倒了一杯茶，继续说，"比如，我去了一个新的区域之后，上班的第一件事就是把公司所有的'钥匙盘'看完，还有独家委托、限时销售的房源，甚至其他门店的房源。我会挑一些比较便宜的房源去打广告，因为这些房源都是公司掌握的便宜房源，所以成交的机会很大。"

"你这是在帮其他同事卖房，就算成交也挣不到多少钱啊！"小张有些抵触地说。

陈经理知道小张不懂里面的道理，所以没有责怪小张的意思。

"小张，你自己找房源、自己卖属于单打独斗。你在自己家里上班不好吗？为什么要来公司上班？为什么还给公司提成？"

小张尴尬地笑了笑，意识到自己说错话了，连忙给陈经理倒茶。

陈经理无奈地摇了摇头，说："很多房东刚放出来的房源价格都很高，过了三个月或者半年卖不出去，他们才会慢慢地把价格降下来。你刚入行，等过了半年，房东把价格降到低于市场价，你才能把这些房子卖出去！前面的半年，你就只能'吃土'了！而且，你那几个房源都是网络房源，咱们市的几千个经纪人都有，轮也轮不到你卖！"

小张低下头，好像做错事的孩子，他在回想陈经理刚刚说的话。

陈经理看了看小张，估计小张的脑子还没有转过弯来，于是放缓语气说："我这个人做事比较专一，没有那么大的野心。我会先考察公司附近的楼盘，看哪个小区的环境比较好、面积比较大、客户需求比较强烈、成交量比较大。一定要保证相关证件齐全，如果证件不齐全，客户就不敢买。

我会先把附近这几个小区的所有房源都找出来。以幸福花园为例，我会在公司的房源系统里搜索这个小区的房源，每一个房源都打一个电话，落实最新的价格，然后做一张电子版房源表格。每打一个电话，我就把这个房源登记在我的表格上。我会把门牌号、装修情况还有房东的心态全部写得清清楚楚。由于公司的房源系统用的是虚拟号码，看不到房东的真实电话号码，所以我只记门牌号和价格，这样也能避免同事说我偷房源。很多小的中介公司的老板经常怀疑员工偷房源，所以最好不要写房东的电话，这也是为了避嫌。"

小张连忙点头说："这样做会不会被开除啊？"

4. 如何跟进房东

陈经理喝了一口茶，说："小张，你不写房东的电话号码，没有人会说你，因为你只是在整理房源，这也是经纪人应该做的工作。一个小区的房源，有很多已经卖掉了，有很多房东不卖了。比如，现在有 100 个房源，如果我打完 100 个电话之后感觉所有的房源都差不多，我也想不起哪个房源比较便宜、哪个房源房东着急卖，那么这 100 个电话打了就跟没打一样。如果我一边打一边做记录，把便宜的房源用特殊颜色标出来，把房东着急卖的和不着急卖的房源用不同的颜色标出来，那么等我打完这 100 个电话，房源表格也就做好了，整个小区的房源情况一目了然。我筛选出来的房源都是整个小区最便宜的房源，也是最有可能成交的房源，我会大量地打广告，我的成交率会很高。

要是能看房，我就在第一时间去看房，或者带一个不着急买房的客户陪我去看房，一方面了解房源，另一方面跟房东谈价格，先把价格谈到最低。如果价格足够低，这位不着急买房的客户也可能会出手。

我会给这几个便宜的房源大量地打广告，吸引尽可能多的客户来看房、来抢这几套房子。就像我前面说的小李的案例那样，只要你有足够便宜的房源，客户看了就会主动提出成交。"

只有整理一个小区的房源，才能筛选出这个小区最便宜的房源。如果你对这个小区不够了解，对这个小区的房源价格不够了解，就算给你一个最便宜的房源，你也不清楚它到底是便宜的还是贵的。

小张有些不解地问："这样的话，工作量不是很大吗？不是要花很多时间吗？"

"工作量大？"陈经理觉得需要提点一下小张，"小张，我们每天的工作就是找房源、看房。100个房源需要打100个电话，一个上午就打完了。下午去看几个房源，拍照片，在网上打广告，找客户，一天就可以做完一个小区的资料。难道你每天的工作量不是这样的吗？"

小张像做错了事的孩子，低下头，没有说话。

陈经理叹了口气，说："如果你的工作量达不到这个水平，恐怕你是很难开单的。"

"可能我太懒了吧，而且做事的方向不对，导致没有开单。"小张有些惭愧。

陈经理笑着说："小张，每个人入行都会有一个过程。在这个行业里有很多东西要学。比如，公司掌握的幸福花园房源都整理好之后，我还会从网上找幸福花园的房源，哪个经纪人的房源比我的还便宜，我就找哪个经纪人合作！我会想办法把幸福花园的房源全部掌握在我手里。如果我手上的房源都是幸福花园最便宜的房源，那么按照客户的购物习惯，不管他们跟哪位经纪人看房，最后都会跟我买。用便宜的房源来吸引客户，让客户来抢你的房子，这就是得房源者得天下。"

小张竖起了大拇指，说："这个方法非常实用！不过，陈经理，手上有了这么多房源之后怎样跟进房东呢？会不会很乱？"

陈经理笑着说："我刚刚不是说了要制作一张房源表格吗？房东着急卖的房源和低于市场价的房源要做好记录，我一般每天给这些房东打一个电话，然后随便带一个客户去看房。房东不着急卖的话，我一般每半个月或者一个月打一个电话，看看这个房源是否还在，现在是什么价格。这就是这张表格的好处。"

陈经理想了想，继续说："小张，你有没有发现一个规律？你带客户去看一套房子，客户非常喜欢，你去跟房东谈价格，房东把价格降了一点，但是没有降到客户的心理价格，第一位客户没有成交；你带第二个客户去看房，重新跟房东谈价格，价格又降了一点，但还是没有成交；你带第三个客户去看房，再跟房东谈价格，很快就成交了，有时候甚至不用谈价格都会成交。你知道这是为什么吗？"

小张看着天花板，小声说："带两个客户看房，谈了两次价格，这套房子的价格应该已经低于市场价了。"

小张说得很小声，但是陈经理听得清清楚楚，他笑着说："小张，你说的非常对，这套房子的价格已经低于市场价，而你也知道了房东心里的底价，所以你给客户介绍这套房子时会更有信心。"

> 很多房东都有这样一种心理：我现在不着急用钱，不急着卖房，所以把价格报得高一点，多赚一点是一点；房子实在卖不出去或者着急用钱的话，再把价格降下去。因此，很多房源的价格都是跟房东一点一点谈下来的。

小张问："没有客户的话，我怎么跟房东谈价格？"

陈经理反问："没有客户？看看你手上的客户，找那些不着急买房的、喜欢捡便宜的客户，先让他们陪你去看房，陪你去跑盘。

有很多房东报的价格是 100 万元，但心里的底价是 95 万元。别忘了，不着急买房的客户还的价都很低。打个比方，客户第一次还的价是 90 万元，房东肯定不会接受这个价格，但你可以通过这个价格试探房东的底价；客户第二次还的价是 92 万元，第三次还的价是 93 万元，第四次还的价是 93.5 万元，第五次还的价是 93.8 万元，第六次还的价是 94 万元。有这样一个客户，我就可以给房东打 10 个电话，跟房东谈 10 次价格，最后肯定能试探出房东真正的底价。如果最后的价格低于市场价，我就会大量地打广告，拼命地找客户。"

> 新手往往都有一个习惯——只给房东打一个电话，问房东最低价是多少。房东不认识你，也不知道你是谁，肯定不会告诉你真正的底价，而且你手上也没有客户。所以，要想让房东告诉你底价，你就必须带一个不着急买房的客户去看房，给房东多打几次电话，不断地讨价还价，这样才能试探出房东真正的底价。这就是跟进房东的技巧。

"陈经理，你太牛了，这都能想得到！"小张连忙给陈经理倒茶。

陈经理接着说："房东很清楚，只要客户看上他家的房子，肯定会跟他讨价还价，所以房东第一次报的价格一般都很高。我先跟房东讨价还价，试探房东的底价。如果这套房子的价格已经低于市场价，我就会大量地打广告，帮房东找客户。如果我有钥匙，我就发小视频给房东，让房东知道有人在看房，就是这么简单。"

小张一脸傻笑，就像捡到了宝贝。陈经理冷不丁给他泼了一盆冷水："小张，你平时是不是这样打电话跟进房东的——接通电话就直接问房东现在卖什么价格，然后第二次打电话时根本不知道跟房东聊什么，还怕房东说你？"

小张一脸惊讶地说："陈经理，你是怎么知道的？"

陈经理笑着说："我刚入行的时候也是这样跟进房东的，每半个月才跟进一次房东，根本不知道该跟房东说什么。如果你按我刚才说的方法，每天给房东打一两个电话，每次都跟房东说有客户看房，而且每次客户都会加一些钱，房东肯定很乐意接你的电话，你也会觉得有很多话可以跟房东说。"

"陈经理，如果我把价格谈下来了，但房子被其他经纪人或者同事卖了，那岂不是帮别人做嫁衣了吗？"小张问。

这个问题确实很现实，陈经理在想怎么样才能消除小张的顾虑。陈经理想了一会儿，平静地说："小张，假设幸福花园有个房源的价格是 100 万元，房东突然把价格降到了 93 万元，你在第一时间知道了这个价格，你会怎么做？你会不会大量地打广告，约客户来看房？如果客户看中了，可不可能直接成交？"

小张认真地说；"估计客户会抢着买。"

陈经理说："如果其他经纪人在第一时间知道这套房子的价格是 93 万元，你还有成交的机会吗？"

小张摇了摇头，但突然眼睛放光，说："陈经理，你的意思是说，用不着急买房的客户去跟进房东，试探房东的底价，等摸清房东真正的底价再去找客户？还有，不着急买房的客户看中了可能也会以高于房东底价的价格成交？"

小张终于明白了这个道理，陈经理松了一口气，平静地说："小张，价格不是你谈下来的，而是房东着急卖房，自己把价格降下来的。如果房东不着急卖，就算你三番五次去谈价格，房东也不会降价。整个城市有几千个经纪人，就算你不去跟进房东，别的经纪人也会跟进房东，摸清房东的底价。你不要总想着跟进房东很吃亏，现在的房源都是共享的，而且中介公司基本都是连锁公司，房源系统也是相通的，谁的速度快，谁就能成交。"

> 很多经纪人有这样的想法：自己花了很多时间跟进房东，花了很多精力跟房东谈价格，如果房子最后被同事卖了，自己就很吃亏。二手房卖的是什么？实际上卖的是房源信息。如果你不掌握最便宜的房源，客户为什么要跟你买房？经纪人为什么要每天找房源、跟进房源？就是为了得到最新的房源信息，只有这样才能通过广告吸引客户看房。

陈经理拿起茶杯喝了一口茶，接着说："做完这张房源跟进表之后，你每跟进一次房东就做一次记录，你就可以知道每一个房东的底价，你工作起来就会高效得多。这张表格的好处就在这里。"

陈经理又想了一会儿，说："这张表格还有一个好处。比如，客户要买幸福花园的房子，我们应该怎样给客户匹配房源？如果是第一次带看，就直接在表格上挑三个房源，一个便宜的、一个一般的、一个差的，先带客户去看一圈再说，目的是了解客户的需求。"

小张连忙问："客户看不中怎么办？"

"如果我手上有三个便宜的房源，那么第二天还是带客户看一个便宜的、一个一般的、一个差的。这样一来，我就可以带客户连续看三天。"

小张愣了一下，说："陈经理，我怎么就没想到可以这样做呢？"

"小张，就像你之前说的，客户要的房源不好找，你知道这是为什么吗？"

小张一边摇头一边说："是的，客户要的房源根本没有，我也不知道应该怎样找客户想要的房源。"

5. 储备房源

陈经理说："这是因为你没有提前储备房源。等你找到客户之后再去找房源、约客户看房，已经迟了。等你找到了房源，客户已经跟别的经纪人看完了。"

小张用手顶着下巴，回想了一下自己之前遇到的类似问题，说："我有好几个客户都是这样的。我好不容易找到一个房源，打电话约客户去看房，客户说已经看过了。陈经理，这个问题应该怎么解决呢？"

陈经理不急着回答小张的问题，靠在沙发上想如何给小张解答，小张才能听懂。他给自己倒了一杯茶，喝了一小口，说："我会大量地储备房源。比如，公司附近有

10个主推的小区，我会先把这10个小区的房源全部找出来，不管是网络房源、同事的房源还是独家房源。假设一共有300个房源，我会筛选出每个小区最便宜的3个房源，10个小区就有30个便宜的房源。每天带客户看3个的话，我可以连续带客户看10天。如果客户着急买房，我会在两三天内带客户看完这30个便宜的房源。如果客户不着急买房，我会每天带客户看一个便宜的、一个一般的、一个差的。这样算下来，我可以带客户看一个月。"

小张有些惊讶地说："陈经理，你说得太夸张了吧？有点不现实。"

新手都是这样的，总是为偷懒找借口。陈经理苦笑着说："我不是说了吗？按照幸福花园的做法，每个小区的房源都用一个表格列出来，便宜的房源、一般的房源用不同的颜色标出来。10个小区就是10个表格，一天可以准备一个小区的房源。有些小区的房源比较多，可能需要花两三天的时间。所以，前期储备房源的工作量比较大，可能需要半个月甚至一个月的时间。

小张，只要你准备好了房源，你就可以一天带客户看一个小区的房源，10天带客户看10个小区的房源。你觉得夸张吗？如果你的工作量能够达到这个水平，我相信你每个月都能开单。"

> 刚入行的经纪人往往在上班第一天就想着如何去找客户，但是，如果手上没有便宜的房源，客户根本就不会理你。比如，你开了一家超市，但你没有进货，你能吸引顾客来你家超市买东西吗？开超市要先进货，这样才能吸引顾客来你家超市买东西。
>
> 再比如，一家只有10平方米的小超市和一家500平方米的大超市挨在一起，同一种商品在两家超市的价格是一样的，你会去哪家买？你肯定会去大超市买，因为大超市里面的商品种类更多，你的选择更多，这就是人们的购物习惯！只有储备大量的房源，找你买房的客户才会多，成交的机会才会多！

小张惊讶地张开了嘴巴——如果每个小区都有这样一张表格，一个小区一个小区地带客户看房确实是能做到的。过了一会儿，小张回过神来，说："陈经理，这么多的房源怎么跟进？会不会忙不过来？"

陈经理一边给自己倒茶一边说："房源分两类，着急卖的和不着急卖的。如果是着急卖的，每隔两三天就带客户去看房，完了跟房东谈价格，或者给房东发小视频，告诉房东有客户在看房，再去跟房东谈价格。如果是不着急卖的，每半个月或者一个月给房东打一次电话，落实最新的价格，这样的工作量大吗？如果有 100 个房源，每天也就是打大概 10 个电话。"

"陈经理，工作量太大了，我刚起步，根本做不到啊。"

陈经理知道小张又想学偷懒的方法，但为了让小张顺利地起步，陈经理想着先在工作量上给他打个折，然后慢慢地给他加工作量。陈经理拿起茶杯，喝了一小口，说："小张，你先找公司对面 3 个小区的房源，这 3 个小区一共有 52 栋楼。我之前看了一下公司的房源系统，这 3 个小区在卖的房子大概有 100 套。你在每个小区筛选出 3 个最便宜的房源，一共筛选出 9 个房源，作为主推房源。你要给这 9 个房源大量地打广告。之后，你再筛选出 30 个你认为不错的房源，也去打一打广告。一个网络端口可以发 40 条以上的房源，发不满就是浪费钱，这样的工作量不大吧？"

小张笑着说："这样的工作量还可以接受。"

6. 如何找客户

为了让小张更清楚自己的工作，不要再像以前那样东一榔头西一棒子地做事，陈经理觉得还是再说一遍刚才教过的方法比较好。

"小张，现在有了 9 个便宜的房源。如果碰到了特别着急买房的客户，我就带客户一天看完。如果我不带客户去看，客户就会跟别的经纪人去看，客户看中了可能会马上成交。我也可以每天带客户看 3 个便宜的房源，分 3 天带客户看完。也就是说，我会根据客户的情况调整看房的数量。

如果碰到了不着急买房的客户，我就慢慢地带客户看。第一天带客户看 1 套便宜的、2 套一般的，一天看 3 套。第二天、第三天还是一样。这样一来，我就可以带客户看 9 天。这种客户看中了也不会马上成交，还会做各种对比，所以慢慢地带他们看就行了。

我先得到客户的认可，让客户信任我。客户认为我房源多、人也勤快，就会对我更加信任。所以，这 30 个你认为不错的房源其实就是给客户做对比的房源。不着急买房的客户没有房源做对比，就分不出房子到底是贵的还是便宜的、是好的还是一般的。如果我储备的房源足够多，我就可以掌握看房的节奏。如果我没有房源，就根本没办法给客户匹配房源。"

只有大量地储备房源，才能有选择性地带客户去看房。假设你是某家超市的一名售货员，超市里面有很多品牌的牙膏。一位顾客想要买牙膏，你给顾客介绍了某个品牌的牙膏，如果顾客不喜欢，你就可以介绍另一个品牌，如果顾客还是不喜欢，你还可以介绍别的品牌，成交的机会是很多的。但是，如果超市里面只有一个品牌的牙膏，顾客不喜欢就直接走了，就没有成交的机会了。同样的道理，如果你手上只有几个房源，客户看不中就直接走了。

小张似有所悟地说："陈经理，你说的非常对。我以前带一个客户看了一两套房子，没有合适的房源，客户就走了。就像你说的，如果没有储备房源，打电话跟进客户时真的不知道该跟客户说什么，客户也不理我。唉，浪费了我好多时间！"

为了让小张更加深刻地理解储备房源的重要性，陈经理趁热打铁，说："小张，假设你去一家店里买衣服，试穿了一件衣服，发现不合适，服务员就给你看另外一件衣服的照片，对你说可以从仓库订货，两天之后就可以过来试穿。两天之后，你过来试穿，发现衣服不合适，他又从仓库订货，让你两天之后过来试穿另一件衣服。结果，两天之后，你去店里试穿，发现衣服还是不合适。你会不会觉得很烦？

很多经纪人的做法是，先找一套房源，带客户去看，客户觉得不合适，他就再花两天时间去找一个新的房源，再打电话约客户看房。客户看完还是觉得不合适，他就再花两天时间去找一个新的房源，再打电话约客户看房。小张，你之前是不是经常这样做？如果你自己去买房的时候碰到这样的经纪人，你会不会觉得很烦？我们手上储备的房源一定要多，这样我们才能随时给客户匹配房源。这就是储备房源和不储备房源的区别，这也是专业和不专业的区别。"

小张觉得陈经理很厉害，肯定有找客户的绝招，便笑嘻嘻地问："陈经理，用什么方法找客户效果比较好？"

陈经理反问："小张，你平时是怎么找客户的？"

小张说："我开通了 58 网的会员，但是找不到客户。"陈经理没有责怪小张，反而笑得很开心。小张有点不自信地问："陈经理，难道我找客户的方法错了吗？"

陈经理继续问："公司给你们做过这个方面的培训。找客户的方法有多少种？你跟我说说。"

小张看着天花板想了一会儿，说："网络广告、在路边广告栏贴广告、发传单、微信朋友圈、朋友介绍。"

"方法你都知道，为什么不去做？"陈经理的语气很严肃。

小张不敢看陈经理，怕陈经理批评他，低下头委屈地说："这些方法不好用，陈经理，你有什么找客户的绝招吗？"

陈经理本来想批评小张两句，但转念一想还是算了，自己刚进入这个行业的时候也有这样的想法，于是说："小张，上个月公司的销冠靠在小区门口举牌子卖了好几套房子，上上个月公司的销冠靠在路边广告栏贴广告卖了好几套房子。有一些销冠是靠朋友介绍客户成交的，有一些销冠成交的客户都是网络客户，你说哪种方法是找客户的绝招？"

小张不好意思地抓了抓头发，他觉得自己太天真了，连忙给陈经理倒茶。

7. 如何发布房源信息

陈经理看了小张一眼，对小张说："我跟你说说我找客户的方法吧。"

小张眼睛一亮，身体坐得直直的。

"小张，给我看看你在网上发的房源信息。"

小张不知道陈经理想做什么，但还是从口袋里掏出手机，打开 58 网的后台，把手机递给了陈经理。

陈经理摇了摇头，指着一个标题说："幸福花园精装两居室出售，这个标题也太简单了。还有，内容和图片也太简单了。"

小张问："陈经理，为什么这么说呢？"

陈经理说："现在，网络客户的比例占 60%~70%，所以我会很认真地对待网络广告。在网站上发了房源帖子，如果没有客户，那不是白费功夫吗？我会认真地检查标题，看看标题是否包含房源所处区域或商圈、小区名称、装修情况、居室数量、交通状况等信息。只有让客户很容易地搜索到我发布的房源，他们才会给我打电话。如果让我起标题，我会这么起——南区平安路幸福花园精装两居室靠近地铁 2 号线。"

小张打断陈经理的话："陈经理，为什么要把标题写得这么详细呢？"

"小张，假设你去了外地的某个城市，想在这个城市的南区买一套两居室，但你对南区不熟悉，根本不知道南区的哪个小区好。这时，你会不会在网上搜索'南区两居室'，看哪个房源吸引你，就打电话约经纪人看哪个小区的房子？"

小张点了点头。

"小张，标题里面没有'南区两居室'这几个字的话，客户根本就搜索不到你这个房源。"

小张点点头，说："陈经理，你说的很有道理。"

陈经理说："再比如，客户想买平安路附近的两居室，就会搜索'平安路两居室'。如果标题里面没有'平安路两居室'这几个字，客户就搜索不到这个房源。很多经纪人不知道标题的重要性，吃了很多闷亏——钱花了，时间也花了，却没有客户打电话。为什么？因为客户看不到你发布的房源啊！"

小张问："客户搜索'幸福花园'不就行了吗？"

陈经理反问："小张，假设你去了外地，人生地不熟，你会知道当地有幸福花园这个小区吗？"

小张吐了吐舌头，说："陈经理，我没有想到这个问题。"

"很多客户会搜索'南区精装两居室''平安路精装两居室'，所以要把'精装'也写进标题里面，方便客户搜索。"

小张站起身来，说："陈经理，你稍等一下，我去拿笔记本做记录，我怕过一会儿就全忘了。"

小张快速走出经理办公室，拿上自己的笔记本，回到经理办公室，坐在沙发上认真地记录陈经理刚刚说的话。陈经理没有催他，自己悠闲地喝着茶。

过了一会儿，小张问："在网上打广告还有什么技巧吗？"

陈经理认真地给小张讲解："小张，我们在网上发帖的时候，一定要确保客户很容易搜索到我们发布的房源。标题是给客户看的，不是给经纪人看的。标题要包含房源所在区域或商圈、小区名称、装修情况、居室数量、交通情况等关键信息。客户习惯搜索什么样的标题，你就写什么样的标题。很多网站对标题的字数有限制，一般最多20来个字。一定要写满，不要浪费字数。在标题上浪费字数，就是在浪费自己的钱。"

陈经理等小张记完，继续说："以前的58网刷新频率太高了，发出去的房源不到1分钟就会被挤到第10页甚至第20页。所有的经纪人都在通过刷新来提高自己帖子的排名，所以长期下来效果不是很好。改版后的58网去掉了刷新功能，全靠推送。如果你发布的帖子无法推送给合适的客户，客户就只能通过搜索找到你发布的房源，这时标题就能发挥很大的作用。"

陈经理拿起茶杯喝了一口茶，慢悠悠地说："比如，你想在淘宝网上买一部型号是华为1的手机，如果你在淘宝网上搜索'华为手机'这个关键词，搜索结果就会包含华为1、华为2、华为3等一大堆华为手机；如果你搜索'华为1'这个关键词，搜索结果就只包含华为1手机。同样的道理，精确的标题可以让客户精确地搜索到你发布的房源，搜索到这些房源的客户成交的可能性也更高。

反过来，淘宝网上有很多商家喜欢把华为1、华为2、华为3等华为手机的型号全部写在标题里面，目的是让客户搜索华为手机时，无论使用什么关键词进行搜索，最后都能看到他们的店铺。很多商家都会运用这种技巧来增加店铺的曝光量。"

小张问："陈经理，我在发布房源信息的时候也可以使用这样的技巧吗？"

陈经理叹了口气，说："其实，现在58网跟淘宝网的搜索排名规则是一样的，光开通了会员还不行，还要花钱做推送、做置顶、做精选，只有这样你发布的帖子的排名才会靠前。没办法，现在60%以上的客户都是网络客户。"

"怪不得我花钱打广告也没有几个客户。"小张说。

陈经理仔细地看了小张在网上发布的房源信息，说："小张，我刚看了你发的房源信息，图片和内容看上去都有一点马虎，感觉你没有很认真地对待。"

陈经理把手机递给小张，小张仔细地看了一下，然后抬起头说："陈经理，我觉得图片和内容都没有问题啊。"

陈经理伸手拿过小张的手机，对着手机屏幕念道："步行3分钟到地铁2号线，小区干净，保安24小时巡逻，24小时供应热水，超便宜，第一次出租，楼下有超市、商场、银行等，生活十分方便。这个房源介绍才50多个字，虽然简单明了，但是并不能让客户深入地了解这套房子。"

陈经理掏出自己的手机，打开两张图片（见图1-1和图1-2），然后把手机递给了小张。

小张拿着手机看了半天，陈经理知道小张看不懂，便笑呵呵地说："小张，我还是给你简单地解释一下这两张图片吧。"

小张把手机递给陈经理，陈经理摆了摆手，说："你先拿着，我给你解释，你仔细看。"

一、多插几套房源

1.×× 小区 × 居室，面积，装修，价格。
2.×× 小区 × 居室，面积，装修，价格。
3.×× 小区 × 居室，面积，装修，价格。

二、公司介绍

×× 地产豪宅专家，专注于高端房产的不动产代理机构，业务范围覆盖全 ×× 市中高端项目。在 ×× 市，×× 地产豪宅业务市场占有率连续数年蝉联行业前列；多年间我们积累了无数成交经验，为无数家庭圆了豪宅的梦想。

三、室内介绍

两室一厅精装修，南北通透，80 平方米，屋内有冰箱、电视机、洗衣机、热水器、空调等，家具、家电齐全，采光好，可上网、做饭。

四、交通情况

距离地铁十号线 ×× 站 100 米，步行 3 分钟，距离 13 号线 ×× 站步行 10 分钟，附近有 515、516、418、966 等公交车，交通十分方便。

图 1-1　房源信息的内容（一）

五、配套情况

楼下有 ×× 商场、×× 超市、各种小吃美食城、饭店、菜市场、药店、美发店等，购物、生活十分方便。

六、小区情况

小区环境优美、干净，绿化好，2009 年建成，24 小时热水及保安巡逻，楼下有停车场，停车方便。

七、经纪人个人介绍

经纪人自我介绍：
本人从事房产经纪行业多年，具有丰富的经验，熟悉小区各种户型，了解小区周围配套，为您精确计算购房的税费及首付。本人从业期间，办理过商业贷款、公积金、转按揭等各种单子，熟悉交易流程。本人服务热情、周到、专业、真诚。

八、交易流程

全款流程：签约下定—房产过户—报税缴税—领房产证—房屋交接。
按揭流程：签约下定—银行预审—房产过户（付首付款）—面签贷款—报税缴税—领房产证—银行抵押—
　　　　　银行放款—房屋交接。

图 1-2　房源信息的内容（二）

　　陈经理说："第一条是'多插几套房源'，为什么前面要多插几套房源呢？我喜欢在网上购物，无聊的时候就会打开淘宝网，看到有什么便宜的、好玩的东西，就会忍不住下单。有时候，本来计划买一件东西，最后却买了好几件。你也经常用淘宝网、京东或苏宁易购这几个购物 App 吧？在产品详情页里，最上面的内容一般不是关于这件产品的，而是关于这家店铺其他主推产品的。

　　店家为什么要这样做？因为他们担心这款产品不适合你，说不定其他产品更适合你。你好不容易进了他们家的店铺，他们肯定不想马上放你走，他们想先让你看看店里的其他产品。

　　还有，你逛大型超市的时候有没有发现这样的现象——入口很容易找，出口却不太显眼？你好不容易进入超市，超市可不想让你马上离开，超市里通往出口的路线一般比较绕，你得逛完整个超市，才能找到出口。你本来只想买一件生活用品，但在走向出口的过程中，看到这个不错就拿了一件，看到那个不错也拿了一点。等你结账的时候，才发现购物车里已经装满了东西。这是一种很好的营销方法。

　　所以，我们在发帖的时候，最好在前面加 5 个房源的简要信息。不要加得太多，如果你密密麻麻地写了一堆，客户觉得看起来太累，他们就不想看下面的内容了。客户看了下面的内容，觉得这套房子不合适他，但他可能对前面加的几个房源感兴趣，这时他就会打电话约你看房。前面加的这几个房源最好跟下面重点介绍的房源差不多。比如，下面重点介绍的是一套两居室，上面加的几个房源最好也是两居室，也可以写公司当天的主推房源。"

　　陈经理看了看小张，小张正在认真地看图片，他知道小张正在思考这样做究竟有没有道理。陈经理不急着往下说，靠在沙发上看着小张。

　　"陈经理，这样做会不会被网站封号？"

　　陈经理看了看小张，他认为小张能想到封号的问题就说明他已经想明白了。

　　陈经理说："你刚才问的问题我之前也想过，但是我用这个方法这么久了也没被封过号。只要加的房源不是太多，在后面不加手机号码，网站一般是检测不到的。网站会不断地更新，以后的事情谁也说不准。就算以后网站会做出封禁的动作，最多也就是封了这条信息，重新发一下就行了。"

　　"陈经理，我懂了，你接着往下说。"

　　陈经理说："第二条是公司的介绍。很多经纪人不清楚为什么要写公司介绍。公司永远大于个人，公司是一个品牌。大公司能让客户产生信任感、安全感，客户会认为大公司不会骗他们，在大公司买房安全。

你想象一下，客户去了一个陌生的城市买房，联系了两家中介公司，一家是大公司，另一家是小公司。两家公司推荐了同一个房源，价格也一样，如果是你，你会选择在大公司买还是在小公司买？"

小张笑着说："我肯定会选择大公司。大公司有这么多家门店，就算出了什么问题也跑不了，在大公司买更加安全。"

陈经理点了点头，继续说："再比如，你逛街的时候看中了两件非常漂亮的衣服，两件衣服是同一个厂家生产的，布料、做工都一样。但是，一件在地摊上卖，另一件在商场里卖。在价格相同的情况下，你会选择在哪里买？"

"我肯定选择在商场买，因为商场的售后服务有保证，不会卖假货。"小张说。

陈经理笑了笑，说："小张，写好公司介绍就是为了让客户充分地了解我们公司，对我们公司产生信任感，对你产生信任感，因为你代表了我们公司！"

小张点了点头，突然想到一个问题，问："陈经理，如果在小公司工作，要不要写公司介绍呢？"

"为什么不写呢？你可以把自己公司的特点写出来。写公司介绍的时候，我会看看其他经纪人发布的信息，哪个人文笔好，我就多参考一下哪个人写的公司介绍。客户看到你写的公司介绍很专业，就会觉得你所在的公司很专业，对你产生信任感，然后打电话约你看房。"

小张咧开嘴笑了："陈经理，你继续往下说。"

陈经理靠在沙发上，继续说："第三条是室内介绍。在这个部分要简单地介绍一下房子的情况，包括房子里有哪些家具和家电。如果你看过这套房子，你可以写一写你对这套房子的感受，比如'这个阳台真的很舒服''这个客厅真的很宽敞，坐在客厅里看电视真爽''这个厨房设计得很合理''卧室的飘窗真的很漂亮'。"

陈经理看到小张在认真地记笔记，继续说："至于交通情况、配套设施、小区环境，在网上搜索这个小区的简介信息，直接复制粘贴就行了。很多开发商会在房产类网站上详细地介绍楼盘的情况，其他经纪人也会发布这个小区的房源信息，你参考这些信息就行。如果每一条都自己写，就会浪费很多时间。

如果是一些老小区，网上可能没有非常完整的介绍，我就这里复制一段，那里复制一段，把它们拼凑起来，完善一下，我写的介绍就变成了最专业的。我发的房源信息有 90% 的内容都是从其他经纪人那里借鉴过来的，我会仔细地修改内容，只要能介绍清楚这套房子的特色和卖点就行。"

小张学到了"偷懒"的方法，马上给陈经理倒茶，开心地说："这个办法很适合懒人，我喜欢。"

陈经理瞪了小张一眼，继续说："第七条是经纪人的自我介绍。你可以复制图片上的内容，然后自己加几句话，比如'本人服务热情、周到、专业、真诚，从业期间收到过 8 个客户赠送的锦旗，30% 的客户都为我介绍了新的客户'。有句话是这么说的，人的成功来自不断的自我介绍。"说完之后，陈经理放下茶杯，小张马上给陈经理倒茶。

陈经理继续说："第八条是交易流程。你可以直接复制图片上的内容，然后修改一下，写得更详细，让客户知道第一步做什么，第二步做什么，第三步做什么。很多客户是第一次买房，不知道交易流程是怎样的，如果你写得很详细，他们就会觉得你很专业，更愿意打电话约你看房。"

小张还在认真地记笔记，陈经理等小张停下笔后继续说："小张，如果两个经纪人发布了同样的房源，价格也一样，但一个房源介绍写得十分详细，另一个房源介绍只有几十个字，你会给哪个经纪人打电话？"

小张理直气壮地说："当然是前面那个。"

陈经理点了点头，说："对，客户肯定会给做事认真的经纪人打电话。前一个经纪人很快就可以带客户去看房，后一个经纪人连接待客户的机会都没有。另外，发布的时候还要注意排版，保证客户看得清楚、看得舒服。你看到图片中间一行一行的线了吗？那是用很多等号画出来的。这些线可以分隔不同主题的内容，让客户看得清楚、看得舒服。"

小张突然皱起眉头，说："陈经理，如果每一条房源信息都这样写，岂不是要花费很多时间？"

陈经理摆摆手，说："小张，每个小区做一个房源信息模板，大概花 20 分钟就能做好。以后发布这个小区的房源信息时，大部分内容都可以直接复制粘贴。我会在计算机上保存附近所有小区的房源信息模板，我还会把模板文件的名称改成这个小区的名称。很多时候，我在网站上发布新的房源信息用不了一分钟。如果遇到有些特殊的房源，就稍微改动一下，也花不了多长时间。"

小张眼睛一亮，感觉自己又学会了一招，笑得很开心。

陈经理见小张学得很快，便转向下一个话题："小张，假设你在网上买衣服，你进入一家店铺，看到一件衣服不错，就进入详情页看详细介绍，但详情页里的介绍非常简单，不到 100 个字，只是随便放了几张图片。你进入另一家店铺，看到了一模一样的衣服，于是进入详情页看详细介绍。你发现这两件衣服是同一个厂家生产的，但第二家店铺在详情页中介绍这件衣服是某知名服装设计师设计的，用了某种非常好的布料，这种布料的特性如何如何。这家店铺还找了几个不同的模特试穿这件衣服，拍了几张非常漂亮的照片。第二家店铺把这件衣服的每一个细节介绍得清清楚楚，包括衣领、口袋用的是什么面料，为什么这么设计，洗的时候要注意什么，等等。详情页的最后还有几个大字——'110 元，只限今天'。

第一家店铺给这件衣服定的价格是 100 元，每个月能卖 100 件；第二家店铺给这件衣服定的价格是 110 元，每个月能卖 1000 件。你知道这是为什么吗？"

小张用手顶着下巴，认真地思考这个问题。过了一会儿，小张说："陈经理，第一家店铺对衣服的介绍很不详细，没有介绍面料，没有介绍设计师，也没有请模特拍照。如果我是顾客，我会怀疑这件衣服是不是假货，我肯定不敢买。第二家店铺把这件衣服介绍得很详细，能让我产生信任感，我会认为第二家店铺卖的是正品。"

陈经理点了点头，说："小张，你说的非常对。在网上购物时，人们都会认真地查看产品介绍，如果店铺把产品介绍得很详细，人们就会认为这家店铺值得信任。

假设你现在去外地买房，你不知道哪个地段好，也不知道哪个小区好。你在网上看到一个房源，经纪人就写了简单的几十个字，你可能会想这个小区的环境怎么样，这套房子的户型、装修怎么样，适不适合自己。如果打电话约这个经纪人看房，最后发现房子不合适，恐怕就会白跑一趟，浪费半天时间。你会给这位经纪人打电话吗？"

小张摇了摇头，说："不会，如果经纪人连房源都介绍不清楚，我肯定不会打电话约他去看房。"

陈经理叹了口气，说："现在，网络越来越发达了，客户也变得越来越懒了。很多客户在网上看了很多房源、做完对比之后，才打电话约经纪人看房。很多客户看到房源介绍不够详细，不知道这个小区到底怎么样、这套房子到底怎么样，就直接把页面关掉了。网上有成千上万条房源信息，客户看到你发布的这条房源信息可以说是一种运气，但是，如果客户看了之后不打电话给你，你的运气就到此为止了。这就是你发布的房源信息只有点击量、没有电话量的原因！

很多客户对某个特定的小区并不了解，如果你发布的房源信息对他们没有吸引力，他们就不会给你打电话。这些客户带来的成交量占总成交量的 50% 甚至更多。你花钱开通了会员，房源信息也发布了不少，但就是没有电话，原因就在这里。"

> 我们平时在网上购物的时候，哪个商品的介绍十分详细，我们就倾向于认为哪个商品是正品——这就是绝大部分人的购物习惯！经纪人必须把房源的每一个细节介绍得清清楚楚，这样客户才会打电话约经纪人看房。

小张认真地记笔记，陈经理等小张停下笔之后说："小张，发布房源信息的时候，起好标题、把细节描述清楚还不够，如果没有漂亮的照片，就只有点击量，没有电话量。客户打开详情页之后看的主要是图片，图片往往比内容描述更重要，因为绝大部分人的阅读习惯是先看图片，再看文字。

你在淘宝网上买东西的时候，进入某个产品的详情页之后，是不是先看图片，只有图片非常漂亮，里面的内容非常吸引你，你才会产生购买这个产品的想法？如果你进入详情页之后发现只有密密麻麻的文字，没有图片，你很可能扫一眼就把页面关了，因为没有图片的详情页根本无法吸引你，你也不会产生下单的冲动。

淘宝网上的很多商家都会请专业的摄影师给自己店铺的产品拍照，并对详情页中的每一张图片进行精心的后期处理，因为他们知道精美的图片更容易吸引顾客。图片真的很重要！"

陈经理看到小张眉头紧皱，估计他还没有消化完这段话，于是静静地喝着茶。

小张从口袋里掏出手机，打开淘宝网，按平时的习惯浏览，然后有点兴奋地说："陈经理，我平时在淘宝里上浏览产品时喜欢先点开视频，看完视频再看图片，最后看文字介绍。"

陈经理点了点头，说："是的，客户的浏览习惯就是这样的，你可以按照客户的浏览习惯去打广告。"

"陈经理，你的意思是我还要拍视频？"

陈经理说："小张，你去看房的时候，能拍视频就拍视频，拍完视频再拍照片。拍一个视频也就花几分钟的时间，你不会认为拍视频很麻烦吧？"陈经理看穿了小张的心思，知道他又在想偷懒的方法，干脆直接堵住他的嘴。

小张笑着问："陈经理，我拍的视频会不会被别人盗用啊？"小张确实想找个借口不拍视频，他觉得拍视频有点麻烦。

陈经理说："你在拍视频的时候可以说'看房请打这个电话……'，这样就没有人会盗用你的视频了。如果你在发布房源信息的时候上传视频，这条信息的排名就会很靠前，看了视频的客户打电话给你的概率也会高很多，一举多得，为什么不拍视频呢？"

小张连忙给陈经理倒茶，笑着说："陈经理请喝茶！请喝茶！"

陈经理喝了一口茶，说："小张，你看下一张图片，里面有我平时拍照时常用的角度。"

小张不知道陈经理说的是哪一张图片，于是把手机递给陈经理，陈经理打开一张图片（见图1-3），然后又把手机递给了小张。

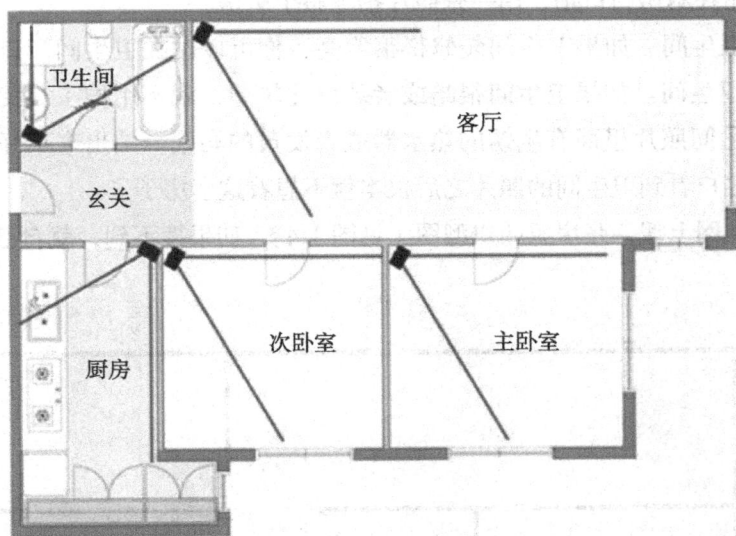

图 1-3 拍照角度图

陈经理指着手机上的图片说："这张图就是拍照角度图。在拍客厅的时候，站在一个角度，拍一张照片，就能展示整个客厅。卧室、厨房、卫生间也是一样的。"

小张认真地看着手机上的图片，问："陈经理，具体应该怎么拍呢？"

陈经理说:"现在的手机都有拍照功能,只要拍出来的照片能看清楚就可以了,毕竟我们不是专业的摄影师。你可以在室内拍 4 张内景图,在小区拍 1 张环境图,再配上 1 张户型图,一共 6 张图片。图片太多了也不好,有些客户的手机或者网速比较慢,如果打开详情页之后半天显示不出来一张图片,客户就会不耐烦,很可能会直接关掉页面。"

"陈经理,具体应该怎么拍呢?我不是很明白。"小张一脸茫然的表情。

陈经理详细地解释了拍照的方法:"小张,客厅照片是最重要的,因为通过客厅照片可以看出一套房子的格局。拍客厅的时候一定要把整个客厅都拍进去,所以你必须找一个合适的角度。千万不要只拍一套沙发、一个吊灯或者只拍一面墙,而要让客户通过照片一眼看到整个客厅。

卧室照片是第二重要的。和拍客厅一样,你也要选择一个合适的角度,要让客户通过照片一眼就能看到整个卧室。不要只拍你认为有吸引力的东西,比如单独的一张床或一个梳妆台。如果有三间或以上的卧室,只拍其中两间就够了。

厨房照片是第三重要的,很多客户都很重视厨房。厨房一般比较小,不好找角度,你可以站在厨房门口拍,用一张照片拍下整个厨房。

最后拍卫生间。如果卫生间装修得很漂亮,你可以站在卫生间门口,用一张照片拍下整个卫生间。如果卫生间很暗或者装修比较差,就不用拍了。我经常在网上看到很多卫生间照片里面有生锈的热水器或者发黄的马桶。拍出来不好看,还不如不拍,免得客户看到卫生间的照片之后根本就不想看这套房子了。

之后,从网上搜一张房源的户型图(见图 1-4),如果搜不到,就自己画一张。

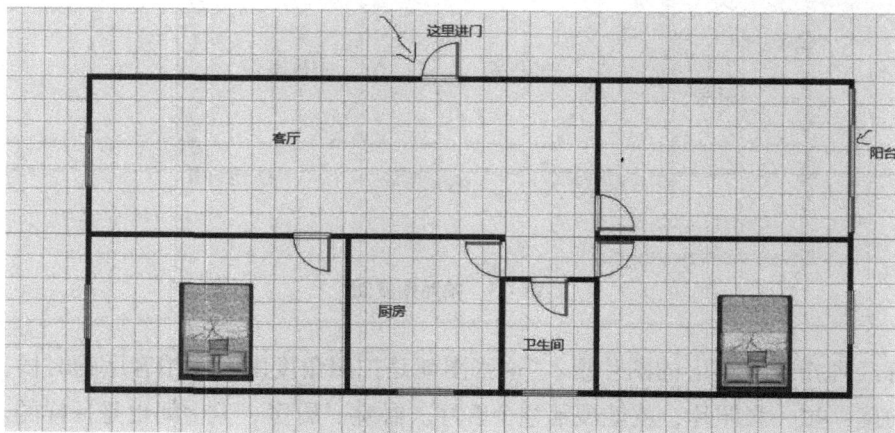

图 1-4 户型图

小区环境图也很重要，尽量从百度上搜一张比较漂亮的；如果搜不到，可以到小区里面拍一张整个小区的平面图。"

小张一边听，一边翻看手机上的其他图片，然后把手机递给陈经理："陈经理，这几张照片是你自己拍的吗？"

陈经理拿过手机看了看，说："这几张图片是我从公司的房源系统找出来的，给你们讲课用的，你可以按照这个标准去拍。"

小张笑着说："陈经理，原来你提前准备好了课程。你计划给我们做培训吗？"

陈经理没有回答小张的问题，而是说："小张，拍几张照片看起来很简单，但等你真正去拍的时候，你会发现做好这项工作需要花费一定的时间。无论什么样的房源，我们都要认真地对待，把它们当成精品房源去发布，这样才会有更多的客户给我们打电话。"

> 在网上发布房源信息或者给房源打广告的时候，一定要保证排版美观、图片清晰，这样才能吸引更多的客户认真地浏览这些房源信息，客户才愿意给发布这些房源的经纪人打电话。

陈经理见小张低着头，不知道在想什么，于是问："小张，你还有什么问题吗？"

小张在这么短的时间里跟陈经理学了很多东西，觉得自己的头晕乎乎的。他用手轻轻地拍了拍自己的头，好让自己的思路更加清晰。陈经理看着小张，在想怎样把最后一个技巧教给他。

过了一会儿，陈经理说："小张，发布房源还有一个技巧。"

小张马上坐直了身子，认真地做笔记。

"比如，我在幸福花园小区有一个报价低于市场价10万元的房源。对于这个房源，我会一次性发布10条房源信息。在很多网站上，如果两条房源信息的标题、内容一样或者介绍的房源是同一个房源，第二条信息就发不出去。所以，我会用不同的标题、不同的内容、不同的图片发布相同的房源。"

小张眼里放光："陈经理，应该怎么做呢？能具体说说吗？"

陈经理说："在标题上改动几个字，网站一般就检测不出来了。给内容排版的时候，可以调整一下各部分内容的排列顺序，并且稍微改动几句话或者几个字，网站也检测不出来。拍照片的时候，你可以从不同的角度多拍几张，在不同的房源信息里面用不同的图片。如果没有多余的图片，你还可以调整图片的排列顺序，网站也检测不出来。所以，对于一个便宜的房源，我会一次性发布10条房源信息。"

陈经理等小张记完笔记后，继续说："现在的58网没有刷新功能，全靠推送。我给一个便宜的房源发布10条房源信息，这些信息被推送给客户的机会就会增加。

比如，有一位客户想买幸福花园的房子，他在某个网站搜索'幸福花园'，他可能会在第一页看到我发布的房源信息，然后在第二页、第三页、第四页又看到我发布的房源信息。这时，客户会觉得我的房源比较多，给我打电话的可能性就会更高。

就算客户在第一页、第二页没看到我发布的房源信息，也很可能会在第三页、第四页、第五页看到，所以客户给我打电话的可能性仍然很高。

很多客户在浏览房源信息的时候不会一条一条地打开看，而是很随意地点开看。哪条信息标题起得好或者图片更漂亮，他就点开哪条信息看。如果我只发布一条房源信息，就算它在第一页，客户也不一定会点开。如果这条房源信息被排到了第六页，客户可能根本就看不到。所以，只要是便宜的房源，我都会一次性多发几条房源信息，这样就不怕客户看不到这个房源了。"

小张又学了一招，马上低头把陈经理刚刚说的话记下来。

> 房源可以分为主推房源和次推房源。对于主推房源，经纪人可以多发几条房源信息，因为主推房源一般价格比较便宜，客户看到之后更有可能打电话约经纪人看房。等客户打来电话详细沟通之后，就算主推房源不太合适，经纪人也可以带客户去看次推房源。

等小张停下笔，陈经理继续说："我在58网、赶集网和安居客这三个网站上都开了网络端口。有的客户只在58网上找房源，有的客户只在安居客上找房源，所以，58网有58网的客户，安居客有安居客的客户。如果发现当地客户经常访问某些网站，我也会开通网络端口。只要发现特别便宜的房源，我就会在每个网站发布10条房源信息。我还会花钱做置顶、做精选，用各种办法做到一网打尽。我要实现的效果是，只要客户在网上找这个小区的房源，就一定能看到我的房源。我在这个小区的房源最多，房源的价格也是最便宜的，按照客户的购物习惯，客户一定会跟我买。只要我手上有一套足够便宜的房源，我都会想办法在一个星期之内卖出去。小张，如果你也这么做，你还怕没有客户吗？你还怕不开单吗？"

8. 多管齐下，快速找到客户

小张笑着问："陈经理，发传单找客户有什么技巧吗？"

陈经理不知道小张平时是怎么发传单的，于是反问小张："小张，你平时是怎么发传单的？"

"我会到人多的地方去发，但是一点效果都没有。"

"你以前发的传单还有没有？拿给我看看。"

小张起身走出经理办公室，从自己的抽屉里拿出了一张前些时候发剩下的传单。回到经理办公室后，小张把传单递给陈经理。陈经理见上面的文字密密麻麻，大概有 50 多个房源。陈经理皱起了眉头，心里在想如何回答小张的问题。

过了一会儿，陈经理问："小张，这些房源是从哪里来的？"

"这些房源都是我自己找的。"小张中气十足地说，他认为自己找了这么多房源是很了不起的。

陈经理摇了摇头，叹了口气，说："这些房源的价格都高于市场价格，客户随便在网上找一找，就能找到更便宜的房源，怎么可能会有客户给你打电话？公司有很多独家房源，有很多'钥匙盘'，便宜的房源不算少，你为什么不去推广这些房源呢？"

小张本来想在陈经理面前炫耀自己找房源的能力，谁知道反而被陈经理责怪了一番。他想起陈经理刚刚说的话，自己找房源自己卖属于单打独斗，他惭愧地低下了头，不敢看陈经理。

陈经理说："小张啊，房源……我之前已经跟你说过了，就不多说了。假设我主推幸福花园的房源，我就会把幸福花园最有代表性的 10 个房源放到传单上，例如，一居室、两居室、三居室各 3 套。一张 A4 纸可以剪成 2 份，每份 10 个房源，这样的尺寸也方便携带。还有，我会找一块硬纸板，在上面贴一张大红纸，写上幸福花园最便宜的那个房源的价格，然后把它挂到电动车的前面。到了下班的时间，我就会骑着电动车到小区门口发传单。"

陈经理突然笑了起来："如果有其他公司的经纪人带客户看这个小区的房子，我就会大声地喊幸福花园一居室多少钱、两居室多少钱、三居室多少钱。我的房源都很便宜，客户听到之后一定会动心。客户跟其他经纪人看完房，多半会找我询问，我就会趁机给他们发传单。"

陈经理见小张在认真地记笔记，感觉小张还是挺爱学习的，便继续说："假设幸福花园属于第二小学的学区，我就会在牌子上面写'第二小学学区房'。放学的时候，很多家长都在学校门口等孩子放学，他们在这段时间都很无聊。什么样的人会看传单？无聊的人才会看传单。

小张，你是不是这样发传单的——把传单递给客户就转身走了，感觉自己好像完成了一件艰巨的任务？但是，如果客户不看你发的传单，也没有打电话约你看房，你发传单就是白费力气！"

小张笑着问："陈经理，你是怎么知道的？那……销售高手是怎么发传单的？"

陈经理说："小张，当客户看传单的时候，你要仔细观察客户的眼睛，看客户对传单上的房源感不感兴趣。如果客户对传单上面的房源感兴趣，客户就会看得很仔细，目光停留在某一个房源上的时间就会比较长。你可以给客户重点介绍这个房源，顺便留下客户的联系方式，以后约客户看房。有带看才会有成交，发了很多传单但没有带看等于浪费时间。"

"陈经理，发传单的目的就是留下客户的联系方式、约客户看房吗？如果遇到不肯留联系方式的人，应该怎么办？"

"如果遇到不愿意留联系方式的人，我就给他介绍传单上的房源；如果他对我爱理不理，我就塞给他一张传单。有些人过一会儿就把传单扔了，但也有一些人会把传单带回家。我发100张传单，只要有20个人拿回家，就已经达到我的目的了。一个家庭一般有三五口人，有20个人把传单拿回家就等于有50到100个人看到我的传单，我就可能会成交一单。"

小张又学会了一招，笑嘻嘻地问："陈经理，发传单还有什么技巧吗？"

陈经理知道小张又想学绝招、走捷径，不过，他还是希望小张能尽快地成长起来、尽快地开单，这样门店的业绩才会提升。

"小张，你经常去小区门口发传单，你把一块牌子挂在电动车前面，然后坐在电动车上低头玩手机或者看着来往的行人，你从来不主动向来往的行人介绍电动车前面牌子上的这个房源。有人过来问你，你才主动介绍房源，才给客户发传单。你是不是这样做的？"

小张脸上的表情僵住了，不用说，他平时就是这么做的。

> 很多经纪人在发传单的时候总是骑着电动车去一个没有多少行人的地方，然后低头玩手机。他们这样做只是为了不被经理批评，只是为了完成经理交给他们的任务。记住，经纪人发传单是为了找客户、为了开单、为了获得好业绩。糊弄经理就是糊弄自己，千万不要这样做，否则就是在浪费自己的生命。

陈经理叹了口气，说："我还会去附近的小商店发传单。走进商店的时候，我首先会跟店主微笑、打招呼。

我会说'你好，我是××中介公司的，今天有几套房子特别便宜，您最近有没有考虑买房'，然后把传单递给店主。

很多店主都会说'我不买房'，我就问下一个问题'您有没有亲戚或者朋友要买房'；很多店主还是会说'没有'，我就接着问下一个问题'您店里的顾客有没有要买房的'；如果店主还是说'没有'，我就找一些话题跟店主聊天。当然，有一些店主不认识我，他们会直接让我走。

比如，你坐在咱们店里，看到一个推销员打算进入店里推销东西，你就会直接摆摆手让他走，你是不是经常这么做？将心比心，很多店主这样做也是很正常的。"

小张说："是的，当推销员上门推销产品时，我都会直接让他们走。陈经理，你明知道店主会让你走，你为什么还要这么做？"

陈经理靠着沙发说："小张，前面的这些话只是一个铺垫，下面的话才是我真正的'杀招'。如果店主让我走，我就会开始讲故事。

我会很诚心地对店主说'前面有一家店的员工今年上半年给我介绍了10个客户，最后成交了5个，每个客户2000元，我一共给了他1万元，我给他的钱比他上班挣的工资还要多。还有，另外一条街上的一家店的员工给我介绍了6个客户，最后成交了2个，我给了他4000元。在这条街上有很多人都认识我'。

我先观察店主的表情，看他动不动心。如果对方想要合作，我就继续跟他聊。

如果店主问'是哪家店的员工'，我就会很难为情地说'如果您介绍朋友跟我买房，成交了我给您 2000 元，您希望朋友知道这件事吗？所以，我不会告诉任何人，这是一种保护'。我用这一句话就能让店主不再问下去。

如果店主不再刨根问底，我就会接着跟店主说'我能加一下您的微信吗？如果您有顾客要买房，您就找个机会把他介绍给我。成交之后，我用微信转账给您。很多店主都加了我的微信。"

小张笑着说："陈经理，这个办法挺不错！"

陈经理白了小张一眼，说："你以为店主都会给我留电话，都会加我的微信吗？没那么简单！有很多店主不相信我，直接把我打发走了。如果店主不肯加微信，我就看这家店有没有名片，有名片我就拿一张。如果店里的牌子上有联系电话，我就会记下电话号码，回头按照这个号码加对方的微信。小张，如果店主不肯留电话，也不肯加微信，你下次还去他的店里做推广吗？"

"别人不理我，我还能怎么办？"小张摊开手。

陈经理笑着说："小张，很多经纪人都跟你一样，做了一次推广之后发现没有效果，以后就不做了。我刚才说的只是一个开始罢了。在公司没有工作可做的时候，出去找人说说话也可能会有收获。我会打印一份房源列表，顺着街上的商铺挨家挨户发，找人聊天，让别人给我介绍客户，让别人给我介绍房源。

第一次混个脸熟，第二次他们就认识我了，第三次他们就会认可我这个人。你发传单只是为了发传单，而我发传单是为了让整条街上的人都认识我。我是做房产中介的，让别人把客户和房源介绍给我才是我真正的目的。"

陈经理拿起茶杯喝了一口，继续说："小张，你有没有想过这样一个问题，如果附近这几条街上的人都给你介绍客户和房源，附近这几个小区的人都给你介绍客户和房源，你还需要花钱打广告吗？你坐在店里，跷着二郎腿等着收钱就行了！这就是多认识人的好处。这些关系都是一点一点经营出来的。

我们看事情要看得长远一些，不要想着出去发几份传单，就可以马上成交。你要慢慢地给自己铺路，等你的路铺好了，各种关系都经营好了，你就会越做越顺。这也是做楼盘商圈的一种方法。一边发传单，一边和更多的人建立关系，可谓一举两得。不要光指望网上的广告，网上的竞争太激烈了，你花很多钱打广告都不一定会有客户给你打电话。"

小张皱着眉头，犹豫地说："可是……"

陈经理看到小张的表情，笑着问："小张，你是不是害怕告诉身边的亲戚、朋友，担心他们笑话你？"

"我入行两个月了都没有开单，告诉身边的亲戚、朋友，岂不是很丢脸吗？"小张苦笑着说。

"小张，我刚入行的时候也有这种心理。不过，很多亲戚、朋友最后在别的经纪人那里买了房子，有些房子甚至是自己公司的独家房源，被其他门店的同事成交了。我看着心痛啊！这些成交机会本来都是属于我的！"

小张苦笑着说："是的，我有一个好朋友也是跟别的经纪人成交了，而且给的是全佣。这个房源咱们公司也有，但我的朋友不知道我在做房产经纪人。陈经理，那我应该怎么样让亲戚、朋友跟我买房呢？"

陈经理看了看小张垂头丧气的样子，说："小张，假设你有一位也在做房产经纪人的朋友，他问你有没有亲戚、朋友要买房，让你把这些人介绍给他，成交之后他会给你发一个大红包，你的第一反应是什么？你叫我出卖我的亲戚、朋友？我把亲戚、朋友的电话给你，你天天打电话骚扰他们，然后亲戚、朋友肯定会跟我抱怨——你是不是这样想的？你会不会把亲戚、朋友的电话给他？"

小张想都没有想，直接说："我不可能把亲戚、朋友的电话号码给他，我会跟他说'没问题，等他们买房的时候我就联系你'。"

小张停了一下，好像有些事情想不通。过了一会儿，他问："陈经理，有什么好的话术能让亲戚、朋友介绍客户给我？"

陈经理笑了，他绕了一个很大的圈子来说一个问题，好在小张没有被绕晕。陈经理笑着说："我每次见到亲戚、朋友都会说，我们公司有套房子很便宜，真的很便宜，你有没有亲戚、朋友要买房？买下来马上就能挣钱。如果你是我的朋友，听到我这么说，你刚好又想起你的一个朋友要买房，你会不会把朋友介绍给我？"

小张看看天花板，思考了一会儿，说："陈经理，如果你这么说，我很可能会把朋友的电话号码给你。"

陈经理笑着说："有时候，好多朋友聚在一起喝酒聊天，我会突然说'今天有一套房子太便宜了，一个客户看完就买了，现在转手都能挣 2 万元'，他们各个都会眼睛放光。有的朋友当场就对我说'下次有这么便宜的房子，马上联系我，我有个亲戚正好要买房'。大部分人都有喜欢占便宜的心理，碰到这种机会，很多人都会动心。"

小张两眼放光:"陈经理,这种便宜的房源怎么找?"

陈经理笑着说:"其实,这个房源不一定适合他们,我的目的是让他们把想要买房的亲戚、朋友介绍给我。等我加了他们亲戚、朋友的微信或者拿到电话号码之后,我会问对方想买哪里的房子,想买什么价位的房子,想要买几居室,对装修有没有要求。了解了他们的需求之后,我会在第二天找合适的房源,带他们去看房。"

小张张大嘴巴说不出话,原来这样也行!过了一会儿,小张问:"陈经理,去附近商铺发传单的时候也可以这么说吗?"陈经理点了点头,小张给陈经理竖起了大拇指。

"陈经理,我觉得你说的都对,但是我是个内向的人,这样的事情我好像做不来啊!"

陈经理说:"做销售的人性格是内向的还是外向的根本无所谓。可能外向的人比较善于交际,起步比较快。但是,外向的人往往没有耐心,所以很可能做不久。你看看业内的二手房销售高手,很多都是内向的人。他们喜欢动脑思考,虽然起步可能比较慢,但是后劲很足。我本来也是一个很内向的人,但是我做了一段时间之后,我就不在意自己的性格如何了,因为人际交往已经成了我的一种习惯。"

"陈经理,你的意思是先逼着自己去做,做着做着就会变成一种习惯?"

陈经理点了点头,靠在沙发上小口地喝着茶。小张给自己倒了一杯茶,拿起茶杯喝了一口,心里在想怎么才能让陈经理教他更多的技巧。

"陈经理,找客户还有什么技巧吗?"

陈经理说:"我还会在小区附近的广告栏贴传单。不过,一定要贴在专门设置的广告栏上,如果你乱贴,被别人举报了,可别打电话找我啊!"

小张一边低头记笔记一边说:"陈经理,你放心吧,该守的规矩还是要守的。"

9. 掌控整个小区的房源

陈经理说了这么多话,有些口渴,刚刚泡的茶已经淡了,他又重新烧水泡茶。重新泡好茶之后,陈经理拿起茶杯,闻了闻茶香,喝了一小口,靠在沙发上,见小张还在认真地记笔记。

"小张,你记完了吗?我给你做一个总结,再给你来点儿干货。"

　　小张听到"干货"两个字，马上抬起头，说："陈经理，你继续说吧，我已经记完了。"

　　陈经理说："我打广告的时候喜欢'满天飞'，我会在网上的各大网站、小区里外铺满广告。"

　　陈经理还没说完，小张打断陈经理的话："陈经理，你能说得具体些吗？"

　　陈经理说："比如，我手上的房源都是幸福花园的房源，这些房源都是公司最便宜的房源和市场上价格最便宜的房源，我会选一套最便宜的房源去网上打广告。我会在各大网站铺满这个房源的广告，包括58网、安居客、赶集网、搜房网等，每个网站发10条房源信息。只要网上的客户看到我的房源，就会发现我的房源最便宜。按照客户的购物习惯，只要是想买幸福花园房子的客户，最后都会跟我买。现在有很多一键群发房源信息到十几个网站的软件，有了这种软件，我就可以节省很多的时间。如果有钱，我还会在网上花钱做推广。

　　小区外面也要铺满广告。我会选出10套最便宜的房源，做成传单，到幸福花园附近的商铺、学校、市场发传单，认识更多的人，让幸福花园附近这几条街的人都给我介绍客户。

　　我会把幸福花园附近的广告栏全都贴满，路过小区附近的人都会看到我的广告。我还会想办法到小区里打广告，让小区里的房东、租客、跟着经纪人去小区看房的客户都能看到我的广告，我甚至可以抢走别的经纪人的客户。

　　这样一来，网上、小区里外都铺满了我的广告。在幸福花园这个小区，我的房源是最便宜的，我的广告是最多的，我成交的机会就比别的经纪人多。这是就所谓的一网打尽！"

　　小张眼睛一亮："陈经理，你这是想'垄断'幸福花园的成交量吗？"

　　陈经理点了点头："我还会把这个房源发到微信朋友圈里，一般每隔一个小时发一条。"

　　"陈经理，以这样的频率发朋友圈，不会被客户拉入黑名单吗？"

　　陈经理笑着说："我会在发新的朋友圈之前把之前发的删了，当客户看我的朋友圈时，只会看到刚发的那一条，你觉得客户还会把我拉入黑名单吗？"

　　小张抓了抓头发，脑子还是有些转不过弯儿来："陈经理，你的意思是把同一条房源信息发了再删、删了再发，这条房源信息就会始终排在客户微信朋友圈的前面？"

　　陈经理点了点头，说："如果这个房源确实非常便宜，我就会挨个给以前的客户打电话，向他们推荐这套房源。如果你做了客户需求表，已经了解了客户的需求，就可以直接约他们出来看房。我还会向我的亲戚、朋友推荐这套房源。像这样，有了一个便宜的房源之后，同时使用多种方法打广告、地毯式地推广，你还怕没有客户吗？还怕房子卖不出去吗？"

　　小张给陈经理倒了一杯茶，拿起陈经理的茶杯，做了一个拜师学艺的动作，很恭敬地把茶杯递给陈经理："师傅请喝茶！"

　　陈经理摇了摇头，笑着接过茶杯，一口喝尽杯中的茶。

　　小张还有些事情想不通，问："陈经理，其他小区就不做了吗？"

　　"为什么不做呢？方法都是一样的，我会采用同样的方法去做其他小区，一个小区一个小区地'垄断'。"

　　"陈经理，这样做时间不够用啊！"

10. 工作时间的安排

　　陈经理知道小张又想学偷懒的方法，可是，拼业绩哪里有什么偷懒的方法？

　　陈经理说："我给你讲讲我以前的工作时间安排。早上开完早会之后，我会打开计算机查看最新的房源，跟进房源，跟进客户，这些工作只需要花1个小时左右。到了早上10点左右，如果有客户看房，我就带看；如果没有客户看房，我就自己跑盘。我一边跑盘，一边在路边广告栏贴广告，或者到路边的商店发传单。

　　下午2点到4点，如果有客户看房，我就带看；如果没有客户看房，我就在公司跟进房源，跟进客户。下午4点之后是买菜和孩子们放学的时间，我会去小区或者学校门口举牌子、发传单。

　　在微信朋友圈发房源信息之前，我会提前准备好资料并存在手机里。时间一到，就直接复制粘贴，发到微信朋友圈里，发一条朋友圈只花不到20秒。我可以利用无聊的时间、走路的时间、等电梯的时间、等客户的时间等零碎的时间发微信朋友圈，跟其他工作没有任何冲突。

　　晚上7点到9点，我会跟第二天看房的客户约好时间，或者跟进当天带看的客户。如果客户说房源不合适，我就马上帮客户找其他房源，约客户第二天看房。晚上9点下班，我回到家洗漱完毕大概是10点左右。我还会上网发一些房源信息，我不会认为这是在给公司免费加班，我是在给自己加班。

我都是利用晚上的时间去网上发布房源信息的，如果白天发，就要占用一两个小时，我就没有时间去带看、找房源、找客户了。白天的时间是用来跟进房源、跟进客户、带客户看房和经营各种关系的。"

"陈经理，这样做岂不是要累死了吗？"

陈经理严肃地说："你晚上回到家洗完澡之后，你能马上睡着吗？还不是刷微信朋友圈或者跟朋友闲聊？工作和放松，你自己选择吧。你去问问那些业绩出色的经纪人或者公司的销冠，他们有时间出去玩吗？我就是这样拼过来的，这样安排可以充分地利用一切时间。"小张不好意思地低下了头。

陈经理觉得语气有点重了，改用安慰的语气说："小张，你以前的工作方法是有房源就打几个电话，没有房源就不知道做什么了；客户要的房源不好找，找不到合适的房源，就放弃客户；客户要东边的房源，你就去东边找，客户要西边的房源，你就去西边找，始终被客户牵着鼻子走，就算帮客户找到了房源，你拿到的价格也不是最便宜的，客户最后还是会找别的经纪人买。如果你以后还用这种方法，你的业绩是提升不了的。

我每天做的事情是想办法控制便宜的房源，不断地跟房东谈价格，储备更多便宜的房源。有了便宜的房源，我就能吸引更多的客户，我就能反过来牵着客户的鼻子走。

就像我前面跟你讲的，假设你去外地买房，当地的经纪人小苏这么勤快地帮你找了这么多的房源，带你去看了这么多的房子，为什么成交不了？而小李什么也不懂，只带你看了一套房子就成交了。只有控制便宜的房源，客户才会跟着你走。你要想连续地开单，就必须储备更多便宜的房源。

你可以凭借运气偶尔开一单，但运气不好的话，你可能连续几个月都开不了单，这样一来，你连基本的生活都维持不了。你看看那些业绩好的经纪人，半年买一辆车，一年之后买一套房。他们是怎么做到的？都是一天一天拼出来的。"

小张低下头，大气都不敢出，因为他觉得陈经理说的都很对。

总结 | SUMMARY

　　找房源的常用方法包括：（1）使用房源信息采集软件；（2）到小区附近的广告栏贴求购广告；（3）请亲戚、朋友介绍房源；（4）在网站上发布求购信息；（5）照着客户名单打电话；（6）加入房东群；（7）找其他中介公司或经纪人合作；（8）在公司的房源系统里找出便宜的独家房源。

　　找客户的常用方法包括：（1）在网上打广告；（2）在小区附近的广告栏贴广告；（3）在小区门口举牌子；（4）在微信朋友圈里发布房源信息；（5）请亲戚、朋友介绍客户。

　　经纪人一定要同时使用多种方法找客户。如果掌握了一个小区最便宜的房源，经纪人一定要做好下面这几件事情：（1）在各大二手房交易网站上为这个房源打广告，甚至做置顶；（2）在小区里以适当的方式打广告；（3）在小区附近的广告栏贴广告；（4）在小区附近的商铺、学校、菜市场等人流集中的地方打广告；（5）联络微信上的客户、想买房的朋友、以前带看过的客户，向他们推荐这个房源。

　　做好了这些事情，你还怕没有客户吗？

第二章

带 看 技 巧

刚入行的经纪人问得非常多的问题包括：

● 如何向客户介绍房源；

● 在带客户看房的过程中如何跟客户聊天，跟客户聊什么；

● 带看时如何安排房源的顺序；

● 如何应对客户带来的"军师"。

下面，我们带着这些问题看一个实战案例。

1. 了解客户的需求

有一天，我接到了一位网络客户打来的电话。

"我想买阳光花园的房子，现在可以看房吗？"电话里传出一个女人的声音。

"我现在有时间，您知道阳光花园这个小区吗？"

"我知道，我大概 20 分钟能到。"

"好的，那 20 分钟后在小区门口见。"我说完就把电话挂了。

我提前 10 分钟到小区门口等客户。过了一会儿，我的电话响了，我拿出电话一看，号码是那个客户的。我接起电话，四处张望，远远地看到一位女士向小区门口走来，她穿着红色的长袖收身 T 恤、黑色长裤、黑色皮鞋，留着一头披肩长发，化着浓妆。她也拿着电话东张西望，我向她招了招手，她便朝我走来。我远看还以为她只有 30 多岁，但走近一看，她眼角已经有了皱纹，手也粗糙了，年龄应该在 50 岁左右。

我跟客户打了声招呼，然后带着她朝房子的方向走。

我一边走一边问客户："大姐，您贵姓？"

"我姓李，木子李。"

"李姐，听您口音，您好像不是本地人啊。"

她一开口，我就知道她不是本地人，但我还是故意这样说。其实，跟客户聊天就像认识一位新朋友一样，刚开始肯定要客客气气的，多了解对方的情况。

"我是上海人。"

"那还挺远的。李姐，您为什么想来我们这里买房啊？"

我想了解客户为什么来这个城市买房，买房的具体目的是什么。

"我有好多朋友在这里买了房，我也想过来看看。"客户说。

我继续问："您是自住还是投资？"

客户一边观察小区的环境一边说："投资。"

我点了点头，对客户说："今年有很多外地客户来我们这里买房，都是为了投资。"我继续问客户："李姐，您来我们这里多久了？对我们这里的房地产市场了解吗？"

我先从整体上了解客户的情况，如果她对我们这个城市不了解，我就给她详细地介绍当地的市场状况；如果客户对这里比较熟悉，我就会跟她聊更加深入的话题。

客户说："我来这里 10 多天了，听朋友说这里今年房价涨得厉害，所以我就过来看看。"

通过客户说的话，我可以判断出她对这个城市还不是很了解。假设你到外地的某个城市待了 10 多天，你能完全了解这个城市吗？对于刚出来看房的客户，一定要多带他们去看房，让他们自己做对比，为什么？

我们还是用买衣服来打比方。你去一家商场买衣服，走进第一家店，看见一件衣服比较适合你，价格也合适，你会马上买吗？多半不会。你会怎么做呢？你会把整个商场的服装店逛完，看哪件衣服既适合你又价格便宜，你就买哪件。如果后面看的衣服都不如第一家店的衣服，你会不会回到第一家店买？

很多经纪人觉得客户房子看多了就看花眼了，不知道该怎么选了。真的是这样的吗？

你去商场买衣服，进入第一家店，看中了一件衣服。之后，你去了第二家店、第三家店，你总会习惯性地把后面看的衣服与第一家店的衣服对比一番。这是不是你的购物习惯？

你在逛商场的过程中看中了好几件衣服，最后你一定会回过头来对比这几件衣服。如果你还是喜欢第一家店的衣服，而且这家店有特价活动，你会不会回到第一家店买那件衣服？

其实，客户看房的时候也是这样的。刚出来看房的客户对相关政策不了解，对市场行情不了解，对户型不了解，对小区不了解，所以就算看中了哪套房子，也不一定会马上买，因为他们还想多看几套，做一下对比。接待刚出来看房的客户时，不管房子的价格是便宜的还是贵的，不管房子的装修是好的还是一般的，都要带客户去看看，让他们做一下对比。如果你不带客户去看房，客户就会找其他经纪人看房。

看房看了很久的客户怎么带看？例如，一个客户看房看了一年多，他已经是一个老江湖了，可能比很多经纪人还要专业，对市场行情非常了解。这样的客户看中了房子就会出手，但是他能接受的价格一定是非常便宜的。如果房源的价格是市场价，这种客户是不会去看的，因为他完全是冲着价格来的。对于这种客户，有房源就约他出来看房；如果他不肯出来，就等找到新的房源再约他出来。面对不同的客户，带看的方法也要有所不同，跟客户聊天的时候要不断地分析客户的情况。

因此，我带客户第一次看房的时候，都会问一句"您看房看了多久了"。我这样问是为了解客户的情况，为以后的带看做好充分的准备。

很多新手都会问我一个问题："为什么客户看中了一套房子却不下单，还想再看看？"我会直接问他们客户看房看了多久，很多人都说客户刚出来看了一两天。

如果他们这样回答，我就会反问他们一个问题："现在假设你去买房，你的首付款是花了10年攒下来的，家里的老人还资助了不少。你跟着一位经纪人出去看房，第一天看了3套房，第二天又看了3套房，一共看了6套房，其中有一套还可以。经纪人开始对你使用话术，对你说'哎呀，你再不买，这套房子很快就卖出去了'，你会有什么样的感受？你会不会对这位经纪人很反感？"绝大部分人这样换位思考之后，都会点头。

我会接着问："你心里肯定会想'我才看了6套房，还没看够，你就急着叫我买，我才不会上你的当'，如果你当时心情不好，会不会把这位经纪人拉入黑名单？"之前点头的人这次同样会点头。

问完这两个问题，我就不用费口舌解释半天了，因为他们已经能够换位思考了。

对经纪人来说，具备同理心、能够进行换位思考是很重要的。假设你现在想要买房，在不着急的情况下，你可能会看房看上一年，把目标区域的房子都看完了才会买，对不对？因此，对于刚出来看房的客户和不着急买房的客户，千万不要一上来就运用过多的话术和成交技巧，而要很诚心地为客户分析市场行情，给客户一些有用的建议。

假设你现在想要买房，你想不想找一个很诚实的经纪人带你去看房？你希不希望经纪人诚心地为你提供建议？经纪人要学会站在客户的角度帮助客户想问题，盲目地"逼单"只会适得其反。

2. 介绍小区

我想进一步了解客户的情况，于是继续问："李姐，您来这里 10 多天了啊，这些天都去哪里玩了？还是一直在看房？"

客户回过头看了我一眼，说："我一边看房一边玩。我去了几个景点，感觉挺不错的。"

"李姐，这些天您看的房子是一手房多还是二手房多？"

客户想了想，说："一手房、二手房都在看，我感觉二手房比较便宜。"

我点了点头，微笑着说："是的，我们这里的二手房比较便宜，但是有些城市的二手房比一手房还贵，您知道为什么吗？"客户摇了摇头。

我想引导客户去买二手房，因为我只卖二手房，卖二手房才是我的强项。

我说："李姐，您投资二手房是对的，为什么呢？买房买的就是地段，地段才是最重要的。以后，二手房肯定比一手房贵。现在，一线城市的大部分二手房都在市中心，比一手房贵多了。现在的一手房基本都在郊区，郊区的配套设施完善起来可能需要 10 年的时间，您打算投资 10 年以上吗？"

"我打算投资三两年，价格合适就卖出去。"客户漫不经心地说。

听到客户这么说，我心里有点兴奋，但是我不会把情绪表露在脸上。

我继续想办法把客户往二手房的方向引导："李姐，很多人说一手房升值快，其实这些都是开发商的炒作手法。对很多小区来说，开发商把房子卖出去之后，5 年之内的房价基本上是固定的，因为开发商一边卖一边炒作，已经把整个小区的价格炒到了 5 年之后的价格。如果您在还没开盘的时候买，可能还有一些升值的空间；

如果您在已经卖到尾盘的时候买，可能根本就赚不到钱。等两年之后卖这套房的时候，您要算上买一手房所产生的税、手续费，还有水、电、煤气开户费，以及好几年的物业费。各种费用加起来，很可能不仅不赚钱，反而会亏钱。而且，有些开发商三五年之后才能下证，很多客户不敢买没有证的房子，这种房子很难卖出去，还把之前投入的资金套死了。万一急需用钱，在短时间内把房子换成现金会非常困难。如果您打算投资 5 年到 10 年，倒是可以考虑投资一手房。"

我瞄了一眼客户的表情，看看客户的表情有没有什么变化，是否反感我刚刚说的话。客户对我点了点头，表示对我的话很认可，我放下心来。

我继续把客户往二手房的方向引导："李姐，买二手房有很多好处。最大的好处是各种地段、各种楼盘随便挑，而地段好的房子是不会轻易降价的。买房子买的就是地段，地段好的房子对投资者来说是最好的选择。还有，二手房的产权清晰，买完就可以过户。您还可以选择装修好的房子，买下来就可以租出去，相当于您把这笔钱存了两年的定期，房子的租金比银行的利息高多了。等房产证满两年之后，如果急需用钱，您就可以快速地把房子卖出去。因为房子的地段好，所以大家都会抢着买，您周转资金也会方便得多。如果您买了一手房，每个月都要交物业费，还要等一两年才能收房，收房之后还要花很多钱装修，置办齐家具、家电才能出租，这些费用加起来也是一大笔钱呢！房子租出去 5 年，都不一定能把物业费、装修费和买家具、家电的钱赚回来，所以短期投资的人大部分都会选择二手房。"

我停顿一下，看看客户是否还在认真地听我说话。我跟客户聊天的时候都是一边说一边观察客户，如果我发现客户对我说的话不感兴趣，就马上换一个话题。有的经纪人只要开口说话，就像机关枪一样停不下来，这是一个坏毛病。有的客户左耳进右耳出，就当没听见；有的客户对这些话非常反感，很可能转身就走了。

客户没有说话，我猜她在思考我刚刚说的话是对的还是错的。我诚恳地说："李姐，如果您打算投资 5 年到 10 年，您可以选择一手房。如果您只想做短期投资，想要快速地把房子卖出去，您最好选择二手房。你是打算做长期投资还是短期投资？"

这是专门针对这类客户的话术。这类客户脑子转得快，很快就能自己得出结论。接待这类客户时，只需要给出分析的过程，不需要给出答案。长期投资和短期投资怎么选要看客户的意愿。

接待买房自己住的客户时，当然要使用不一样的话术。我们要强调附近有什么配套设施，接送孩子上下学很方便，大人上班很方便，老人生活很方便，买菜、看病很方便，出去玩也很方便。接待这类客户时，一定要详细介绍这套房子能给客户家庭的每一位成员带来哪些方便，还要强调房子的升值空间。

很多经纪人在带看的时候不知道该跟客户聊什么。其实，跟客户介绍一些房地产专业知识，分析一下投资一手房好还是投资二手房好，都是可以的。每个人的性格不一样，每个人掌握的专业知识不一样，说出来的话就不一样，聊天方式也不一样。你可以把同事的话术转化为自己的话术，也可以上网搜索房产经纪人话术，把网上的话术转化为自己的话术。这些话术必须自己去准备，只要事先准备好，你想跟客户聊什么就聊什么，因为你心里已经有底气了。我刚刚跟客户说的这些话都是我提前精心准备好的。

我话锋一转，微笑着说："李姐，您了解这个小区吗？之前看过这个小区的房子吗？"

客户摇了摇头，说："我第一次看这个小区的房子。"

客户不了解这个小区，我当然要详细地介绍这个小区的情况。

我很自信地说："李姐，这个小区总共有四种户型，一种是 55 平方米的一居室，一种是 72 平方米的两居室，一种是 86 平方米的小三居，一种是 132 平方米的大三居。我现在带您看的是 72 平方米的两居室，这种户型方方正正，卖得挺好的。"客户点了点头。

我继续说："这个小区的开发商挺不错的，虽然在其他地方没有什么名气，但是在我们这里开发过很多楼盘。到目前为止，我没听说过有人反映这些楼盘的质量有问题，所以这家开发商的房子品质是有保障的。"

我随便指向一栋楼，说："这个小区已经有五六年了，您看，外墙跟新的一样。很多质量不好的小区，过了两三年，外墙就显得很旧了，甚至会掉色或者脱皮。"

我指着小区里的路和花园说："李姐，这个小区的物业是我们市里数一数二的。您看小区门口的保安，还有保洁阿姨，都穿得整整齐齐。您再看小区的路，都是干干净净的。还有，小区里的花花草草都会定期修剪。这个小区建成已经有五六年了，各种设施保养得都很好，这体现了物业的实力。"

我一边说一边带着客户到处看，我说的这些都是真的，客户可以亲眼查证。

3. 介绍房子里的家具和家电

不少经纪人说不知道该跟客户聊什么。你对开发商以及小区的物业、环境、户型了解吗？如果你不了解，怎么跟客户聊？

当然，了解整个城市里面的每一个小区是不可能做到的，但你可以选择三五个楼盘作为主推楼盘，把相关的资料背熟，这对处于起步阶段的新手是很有帮助的。如果我去一个陌生的城市卖房，我对自己要卖的楼盘不了解，那么我也不知道该跟客户聊什么。

> 客户在买某个楼盘之前肯定会了解这个楼盘的优点和缺点，如果你对这个楼盘不了解，不清楚这个楼盘有哪些优点，怎么能说服客户买这个楼盘呢？楼盘就是经纪人的产品，只有先了解这个楼盘，才能说服客户买这个楼盘。

到了要看的房子之后，客户在房子里转了一圈。房子的装修还可以，我不知道客户心里在想什么。

我说："李姐，这套房子装修完不到半年，房东住了不到三个月，所有的家具、家电都是新的。这套布艺沙发和茶几是花 6000 多元买的，这台格力冰箱是花 2000 多元买的，这套实木餐桌和椅子是花 5000 多元买的，这台飞利浦洗衣机是花 2000 多元买的。"

我走到厨房门口，指着抽油烟机和煤气灶说："这套抽烟机和煤气灶是静音的，花了 3000 多元买的，光这个水龙头就花了 300 多元。"

我走到卫生间门口，叫客户过去看看。等客户走过来，我说："李姐，您看这套花洒，房东花了 1000 多元买的。干湿分离的玻璃也是最好的，一套下来要 2000 多元。马桶和洗手盆是整套的，花了 2000 多元买的。您看，这些都是新的。"

我走进主卧，客户也跟了过来。我说："李姐，两间卧室都有空调，都是格力的，2000 多元一台。床和衣柜都是实木的，这些家具价格也不便宜。"

不少经纪人不知道该跟客户聊什么。房子里的家具、家电的价格你都知道吗？如果你不知道，你可以问房东，也可以上淘宝网查。如果是装修比较好的房子，我就会问房东这个餐桌花了多少钱，这套沙发花了多少钱，整套家具、家电花了多少钱。有些房东会反问我问这个干什么，我就跟房东解释，我们向客户介绍房子时也会介绍家具、家电的价格，尽量帮他们把价格卖得高一些。因此，大部分房东都很乐意把这些家具、家电的价格告诉我。有些房东甚至会把家具、家电的价格清单发给我。假设你跟一个经纪人去看房，他对房子里的家具、家电的价格一清二楚，你肯定会认为他跟房东的关系不一般，你会不会对这位经纪人产生更强的信任感？

> 经纪人去看房的时候要仔细地看家具、家电，哪些家具贵、哪些家电好都要搞清楚，这些都是房子的卖点，都可以用来提高房价！

好些新手去看房的时候只是在房子里面转一圈，不到 1 分钟就看完了。他们马上打电话向经理汇报工作："经理，我已经看完房子了，我马上回去发广告。"等到给客户介绍房子的时候，他们却不知道该跟客户说什么。而有经验的经纪人看房的时候会认真地了解房子里的每一件家具和家电，特别是一些知名品牌的家电。跟客户聊天的时候，他们会向客户详细地介绍家具、家电。新手和老手的差距往往就体现在这些看似不重要的细节上。

我一边介绍家具、家电的价格，一边观察客户的表情。

客户突然皱起眉头说："主卧挺大，但这个客厅也太小了吧！"

我不慌不忙地说："李姐，卧室大睡得比较舒服。一个人三分之一的时间都是在卧室里度过的，买房就要买卧室大的。卧室大了，就可以买一张大床，睡得更舒服。睡眠好了，工作的时候就更有精神。

而且，卧室大了，衣柜也可以买大一些的。女人的衣服太多了，要两个衣柜才能放得下。这个地方可以放一张梳妆台，梳妆台越大，女人就越漂亮。我可没瞎说，化妆品多了，自然需要一张大的梳妆台。漂亮女人都是保养出来的，用了这么多化妆品，自然会更漂亮。这里可以装一台电视机，现在的人都喜欢躺在床上看电视，困了就直接睡觉。考虑到要放这么多东西，我觉得这间卧室还不够大。"

客户拧着的眉头刚松开，就又皱了起来："这个餐厅也太小了吧？"

我还是不慌不忙地说："李姐，像这种 72 平方米的两居室，基本上都是夫妻两个人带着一个孩子住的。餐厅虽然小了一点，但三个人吃饭也够用了。您可以买一张折叠式的餐桌，如果有亲戚、朋友过来吃饭，就把餐桌移到客厅，把餐桌打开，这样就可以坐下 10 个人。其实，一年 365 天，亲戚、朋友来家里吃饭的次数也不多。

我觉得餐厅没必要占用那么多的空间，房价这么贵，还是要省出一些空间给其他地方。我认为开发商设计户型时肯定考虑得非常全面。"

当客户说卧室太大或者餐厅太小时，很多经纪人马上就会反驳客户，说这间卧室不算大或者餐厅不算小。这种争论毫无意义，就算你赢了又如何，客户心里不痛快，还是不会买。因此，反驳客户是经纪人一定要避免的行为。

那么，经纪人应该怎么应对呢？很简单，客户永远都是对的。不同的客户有不同的想法，一个客户习惯住300平方米的别墅，另一个客户习惯住30平方米的单间。两个客户看同一套72平方米的两居室，前一个客户觉得卧室太小、卫生间太小、厨房太小、客厅太小；而后一个客户觉得有这么大的卧室已经很不错了，有个地方做饭就行，有个地方坐着吃饭就行，客厅能放下沙发就行。这两个客户谁是对的，谁是错的？还是那句话，客户永远都是对的。我们先认同客户说的话，客户才会认同我们说的话。客户认同了我们，才会在我们手上买房。

客户走进卫生间，说："卫生间没有窗户，太暗了。"

我不慌不忙地解释："李姐，卫生间的确有点暗，但是不影响使用。卫生间是比较私密的地方，平时进卫生间都要开灯，您在里面上厕所或者洗澡的时候需要把窗户关上，不管有没有窗户，都要开抽风机。现在的房子建得很密集，卫生间有窗户的很少。这套房子是这个小区里面性价比最高的一套，错过了这套房子，再找这么便宜的房子就难了。"

一套房子可能会有很多缺点，比如，卫生间没有窗户、房子的户型不是很好或者房子的装修不是很好，但我们都可以用价格低这个优点来弥补。别的房子户型更好、装修更好、卫生间有窗户，但不是这个价。多带客户去看几套房子，让客户自己做一下对比，他们自然就会明白一分价钱一分货的道理。

4. 带看前准备多个房源

我们在带客户看房的时候要注意观察客户的表情，判断客户是否喜欢这套房子。

客户自走进这套房子起就眉头紧皱，这说明她对这套房子不是很满意。我试探性地问客户："李姐，您是不是觉得这套房子太小了？"

客户点了点头，说："这套房子确实太小了，有没有大一点的房子？"

我不急不躁地说："我们去看看86平方米的三居室吧。这种户型相当于送了一间卧室，面积比较大，很多客户抢着买。对投资来说，这种户型是最好的选择。"

我从包里掏出钥匙，说："走吧，我们去看看，就在这栋楼的 15 楼。"

我一边说一边走出房子去按电梯，不给客户拒绝的机会。我有一个习惯，在带客户看房的时候，我身上都会多带几把钥匙，这套房子不合适就马上去看下一套，下一套不合适就再换一套。

如果我在这个时候把客户放走，我对客户的需求把握得就不会很好，只知道客户从外地过来，在本市待了 10 多天，边玩边看房，想要买一套两居室投资，看了这套 72 平方米的两居室之后觉得房子的面积有点小。接下来，让我给客户匹配房源，我也不知道该怎么办，因为客户就跟我看了一套房子，我对客户的了解太有限了。

在很多时候人们买东西完全是凭感觉的。比如，你想买一条牛仔裤，牛仔裤的款式有很多种，有修身的，也有宽松的，颜色和设计更是五花八门。你逛商场的时候走进一家服装店，对销售员说你想买一条牛仔裤。

销售员问你："您想要买什么款式的牛仔裤？直筒的还是修身的？黑色的还是蓝色的？"

你想了想，说："我想买修身的，黑色或者蓝色的都可以。"

销售员继续问你："蓝色有好多种呢，有深蓝色，也有浅蓝色，您选哪一种？我们店里的牛仔裤有各种设计，您喜欢磨白的还是破洞的？"

销售员问得这么详细，你能说清楚吗？你很可能不知道什么款式适合自己，什么颜色适合自己，什么设计适合自己。如果销售员不停地问你这些细节，你可能会感到很烦，随便看一看就走了。

你走进另一家服装店，看到一条你觉得不错的牛仔裤，你跟销售员说："我想试试这条牛仔裤。"你试了一下，发现很合适，当场就买了。你的购物习惯是不是这样的呢？

很多客户看房也是凭感觉的。比如，很多客户会说："我想买一套两居室的房子，面积大概是 ×× 平方米，楼层大概是 ×× 楼，地段大概在 ×× 小区这一片，能接受的总价大概是 ×× 万元……"

"大概"只是一种感觉罢了，感觉这种东西是说不清楚的。这些客户其实并不清楚自己想买什么样的房子，只要看中了就会买。所以，碰上刚出来看房的客户，不管房源是好的还是一般的，我都会带客户去看看，客户看中了就会跟我说。

　　站在客户的角度，有这样的想法是很正常的：看到合适的房子我就买，不合适就算了，市场上有这么多的中介公司和经纪人，哪家的房源合适我就在哪家买，谁的房源便宜我就跟谁买，其他的没有必要多说。假设你现在正在买房，你会不会也这样想呢？

> 　　只带客户看一套房子，就很难把握客户的需求。经纪人要带客户多看几套房子，这套房子不合适没关系，那套房子不合适也没关系，不断地总结客户的需求，才能真正把握客户的需求。客户多看几套房子就可能会看中其中的某一套，这时他们会直接告诉你。

　　电梯很快到了15楼，我拿出钥匙开门。客户走进房子的时候眼睛一亮，这说明客户对这套房子的户型比较满意。这是一套86平方米的三居室，南北通透，客厅非常大，有两间大卧室，送一间8平方米的小书房，也可以当卧室。房子的装修比较简单，因为以前租出去了，家具、家电都是便宜货。如果买下来自己住，家具、家电肯定要全部换掉。如果打算出租，就没有必要买新家具、新家电了。

　　客户指着客厅说："这个客厅也太大了吧！"

　　我微笑着说："李姐，我们在家里的时候多半都在客厅活动，像您这么有身份的人，客厅肯定要大一点。朋友来家里做客的时候，可不能让朋友坐到卧室里啊！客厅大一点，最起码坐得舒服。您看，这个客厅可以摆两张桌子，这个背景墙可以放一台65寸的电视机。如果您老公喜欢看足球，他坐在沙发上看球赛肯定特别爽。客厅大的房子住起来肯定舒服。"

　　我指着大厅的布艺沙发说："李姐，这套布艺沙发跟这个客厅有点不匹配，摆一套红木沙发就显得高档多了。"

　　我拿出手机，打开几张照片给客户看。照片上是户型相同的房子的客厅，里面摆了一套红木沙发，整个客厅显得非常气派。

　　"李姐，您看这套红木沙发摆在客厅里面多漂亮！"客户眼睛一亮。

　　我打开另一张照片给客户看："李姐，这套简约的布艺沙发比较适合年轻人，客厅够大的话，摆什么样的沙发都好看。"

　　客户很认真地看了一会儿照片，突然问我："这套房子多少钱？"

我把手机放到口袋里，说："您刚刚看的那套72平方米的两居室是每平方米6000元，这套房子是每平方米7000元。这是'2+1'的房子，送了一间卧室，这种户型开盘的时候就比较贵。"

客户盯着我问："这套86平方米的三居室每平方米6500元行不行？"

客户想通过我的表情判断房子的底价。我做这一行做了这么多年，无论遇到什么样的客户和事情都是面不改色，总是表现得很自然。如果我总是喜怒形于色，客户就很容易摸清我的底价，后面就不好谈了。

我想了一会儿，说："李姐，有一套三居室是每平方米6500元的，您要不要过去看看？"

"面积有多大？"

我马上从包里掏出钥匙，说："李姐，这套房子面积比较大，是132平方米的大三居，在这栋楼的对面。反正也不远，我们过去看一眼吧，您做一下对比也好。"

客户看着我手里的钥匙，高兴地说："反正都到这里了，也不差那几分钟。"

客户看到自己喜欢的房子，心情也变好了。对以投资为主要目的的客户来说，房子的面积有多大、总价是多少其实没那么重要，只要买下这套房子之后可以很快地赚到钱，一切都可以谈。对这种客户来说，多投资10万元和少投资10万元差别不大，因为他们不差这点钱。

5. 好房源要"藏"起来

我们很快来到房子门口，我拿出钥匙打开门，和客户一起走进去。

这套132平方米的三居室和那套86平方米的三居室户型相似，只是客厅、厨房、卫生间、卧室的面积都大一些。不过，这套房子的总价高了30多万元。对普通家庭来说，这是一笔不小的钱，所以很多客户都会选择86平方米的小三居，这正是小三居的卖点。

客户东看看西看看，眉头又皱了起来，这说明客户对这套房子不是很满意。

客户坐在客厅里的布艺沙发上，问我："小钟，那套86平方米房子能不能按每平方米6500元的价格卖？"客户的语气客气了很多，不像之前那样冷冰冰的，这说明她有求于我，想让我帮她跟房东谈价格。

我无奈地摇了摇头，说："李姐，刚才看的那套86平方米的房子，价格一分钱都不能谈，不过……"说到这里，我故意停顿了一下，目的是引起客户的好奇心。

客户问："不过什么？"

我难为情地说："李姐，其实我们公司有另外一套 86 平方米的房子，价格是每平方米 6600 元，装修也挺不错。可是，今天下午我同事的客户就要来公司交定金了，所以您没必要看这套房子了。"

"哦。"过了一会儿，客户才反应过来。

"下午交定金就说明现在还没有交定金。"客户看着我说。

我抓了抓头发，点了点头，然后又摇了摇头，做出一副很为难的样子。

客户问："到底能不能看房？"

我从口袋掏出手机，说："李姐，我打电话让同事拿钥匙过来，反正他们还没交定金。"这样铺垫一番之后，气氛就变得有一点紧张了，后面成交的阻力就会变得小一些。

我带客户看房的时候，先带客户看一套不是很好的，再让客户看一套价格贵的，最后让客户看一套价格一般的。先把好的房源"藏"起来，就能让客户产生好奇心，把气氛营造出来。我先让客户形成"这套房子比较便宜"的印象，然后让客户知道目前面临其他客户的竞争，客户一紧张就可能会抢先买下。

有些经纪人带客户看房的时候，总是直接带客户看那些最便宜、最好的房子。看了几套之后，客户还想看更便宜、更好的房子。其实，真正便宜的房源也就三五个，哪有那么多。如果经纪人找不到更便宜的房源，客户就不愿意出来看房了。

还有不少房产经纪人接到网络客户的电话之后马上带着客户去看一套房子，客户看完就直接走了。客户没办法做任何对比，经纪人也不清楚客户的需求。隔了一天，经纪人打电话跟进客户，客户说再考虑考虑，最后肯定是不了了之。

因此，带客户看房之前一定要多准备几个房源，就算前几个都不合适，也可以看其他的房子，增加成交的机会。打个比方，你是一个猎人，你只带着一支猎枪和一颗子弹去打猎，你打到猎物的机会有多少？如果你带着很多子弹，是不是打到猎物的机会就变多了呢？

我带着客户来到这套 86 平方米的三居室门口，过了几分钟，我的同事也到了。我为什么要打电话让同事过来开门呢？因为这样做可以让客户切实地感受到压力。在等待同事的这段时间里，我可以跟客户多交流几句，更深入地了解客户的需求。

其实，我的包里也有一把钥匙。如果同事没有时间过来开门，我就会说我的包里好像也有一把钥匙，然后翻上半天，找出这把钥匙，带着客户去看房。我早就做好了两手准备。

这套房子装修得不错，房东住过一年，然后空了一年没人住。房子里的家具、家电基本上都是好的，平常由我们公司负责打扫卫生，看起来很干净。

客户进了房子之后，每看到一样家电就开一下，看看能不能用，对各种边边角角也看得很仔细。这些举动说明客户是一个很细心的人，也是一个有丰富买房经验的人。如果客户没有看上这套房子，她会看得这么详细吗？客户在看房的过程中一定会做很多细微的动作，我们要注意观察，判断客户是否喜欢某套房子。

看到客户一件一件地检查家具、家电，我也帮着她检查。这样做，一方面可以让客户觉得我很能为她着想，另一方面也能避免客户通过挑毛病来压价。

看了一圈之后，客户问："这套房子最低多少钱？"

"每平方米 6600 元。"

"价格不能谈了吗？"

我无奈地摇了摇头。

客户说："我回去再考虑考虑吧。"

我点了点头，把客户送出了房子。我看得出来她非常喜欢这套房子。我刚刚没有挽留她是为了让她产生一种印象——这套房子的价格没法往下谈了。其实，我心里非常紧张，我怕她这一回去，再约她出来就难了。

我突然转过头，对客户说："李姐，要不去我们公司坐坐？我拿这套房子的资料给您看看，然后我想办法帮您谈谈价格，您看怎么样？"

客户一边走一边说："现在没有时间了，我已经跟其他经纪人约好了。待会儿我看完房之后，再给你打电话吧。"

我不知道客户说的是真话还是借口。不过，既然客户这么说，我也不能逼得太紧，否则客户就会认为我急于成交，就会反复地跟我谈价格。

我也一边走一边说："好的，那我回去准备房子的资料，两个小时之后我给您打电话。如果您提前看完房，也可以给我打电话。"客户点了点头。

不少经纪人都有这样的毛病：只要客户说跟别的经纪人去看房，自己心里就没有底，就开始慌张。为什么？主要是因为他们对自己的房源没有信心。我为什么要说两个小时之后？我就是要让客户去看其他房子，做一下对比。等客户对比了一番，很快就要决定要买哪套房子的时候，我正好能面对面地跟客户交流，帮助客户做出最后的决定，这时成交的可能性是非常高的。

比如，你去商场买手机，但不知道哪个品牌的手机比较好用。你走进第一家手机店看了一款华为手机，你觉得实体店的价格有点贵。这家店的销售员知道你刚来商场，还想看看其他手机，于是对你说："您可以先去别的店逛逛，我现在跟领导申请一下价格。半个小时之后您再回来，我会给您一个最低价。"

然后，你去别的手机店看了小米和苹果的手机，感觉都差不多。你心里想着第一家手机店销售员正在帮你申请最低价，所以你打算回去找他，问问最低价是多少，如果价格合适，你很可能就会买下来。

如果那位销售员在你第一次进店的时候就直接把底价告诉你，等你逛了一大圈之后，你还会回过头来找他问问那款华为手机的最低价是多少吗？

> 留一点悬念给客户，留一点希望给客户，客户才会回过头来找我们。如果客户做出决定的时候，我们正好在客户身边，我们就可以给客户提供很多意见，影响客户的决定，获得更多的成交机会。

6. 客户带朋友来看房时如何应对

客户马上要跟别的经纪人去看房，我必须给客户打好预防针，免得她把这个独家房源告诉其他经纪人。

我想了想，委婉地说："李姐，我刚刚带您看的那套房子是我们公司的独家房源，请您不要告诉其他经纪人。现在的经纪人都挺神通广大，如果您告诉其他经纪人，他们很快就会找到房东，我们公司就会损失一个房源。到时候，您想买这套房子也买不到了。"

客户一脸疑惑地看着我，问："为什么呢？"

我一边走一边说："李姐，如果您把我们公司的独家房源告诉其他经纪人，而他们手上恰好有其他客户想买这个小区的房子，他们就会告诉其他客户，其他客户就会跟您抢这套房子。我换个角度解释一下，您就明白了。假设您是这套房子的房东，之前只有一位经纪人跟您谈价格，但现在突然冒出 6 家中介公司给您打电话，都说有客户要买这套房子。这个时候，您会不会涨价？"客户点了点头。

我不知道客户是不是真的听得明白了，只好把事情说得更严重一些。我严肃地说："李姐，还有一些经纪人，手上根本没有客户，但故意来捣乱。他们会跟房东说，他们手上有客户能出更高的价，不断地让房东涨价。到时候，您就真的买不到这套房子了。我以前经常碰到这种事情。有一次，我带一个客户看完独家房源之后，叮嘱客户不要把这套房子告诉其他经纪人，客户不相信我的话，把这套房子告诉了其他经纪人。结果，突然冒出好几家中介公司去跟房东谈价格，房东要求涨价。最后，这位客户加了好几万元才买到这套房子，他后悔死了。"客户还是点了点头。

该打的预防针已经打好了，我跟客户聊了一些无关紧要的话题，问她这个城市给她的感觉怎么样，她认为这个城市以后的发展如何，她最近去哪里玩了。我故意不聊房子的事情，好让她觉得她根本买不到这套房子，所以没有必要聊。其实，我心里非常紧张，恨不得马上成交。我的同事确实有客户要买这套房子，但我不能表现出很着急的样子。我越着急，客户越容易起疑心，很可能提出一系列的问题，最后反而成交不了。

我把客户送到小区门口，客户打了一辆出租车走了。我一边往公司的方向走，一边想待会儿给客户打电话时怎样引导她下单。我心想，这个客户出来看房已经有一段时间了，应该已经看累了，也对比了很多房子，基本上看中了就会出手。

我看了看手机，正好是上午 10 点，时间还早。我回到公司之后，先把这套房子的所有资料准备好，然后才做别的工作。

两个小时之后，客户还没有打电话给我。我觉得时间差不多了，就拿出手机给客户打电话，电话很快接通了。

我客客气气地说："李姐，您看完了吗？"我竖起耳朵听电话里的声音，想要通过声音判断客户在哪里。不过，电话那头很安静，完全听不出来客户在哪里。

客户平静地说："我在朋友家里，我的朋友也想看看那套房子，现在方便看房吗？"

听到这句话，我觉得可能会出问题。客户带着自己的"军师"过来看房，这是一个危险的信号。我平复了一下心情，问："你们什么时候能到小区？"

我听到客户问她的朋友多久能到阳光花园小区，隔了几秒，客户对我说："我们大概半个小时后到。"

我说:"好的,半个小时后见,我在小区门口等你们。"

半个小时之后,我拿着一大串钥匙在小区门口等客户,客户和她的朋友准时到达小区门口。客户看到我拿了一大串钥匙,稍微愣了一下。

我连忙解释:"李姐,既然您的朋友过来,您也应该带她看看今天看的这几套房子,让她了解一下这个小区,说不定您的朋友也想在这个小区买一套房子呢。"

客户身边的"军师"说:"你直接带我们去看那套房子就行,我已经有房了,现在没钱买房。"

我一听这话就知道这位"军师"不好对付。我故意拿出手机看了看时间,说:"那套房子的钥匙被其他门店的同事拿走了,半个小时之前我已经让同事过去拿了,应该很快就到了。"我看了一眼"军师",她一副趾高气扬的样子。

我客客气气地对"军师"说:"大姐,您过来帮朋友看房,您肯定想给您的朋友找一套比较好的房子,对不对?"

"军师"不吭声,我继续说:"您肯定想给您的朋友更好的意见,对不对?""军师"点了点头,表示认可我的说法。

我趁热打铁,接着说:"大姐,您过来帮朋友看房,想给她好的意见,您不去看看这个小区的其他户型,怎么对比呢?既然已经到了这个小区,也不差那几分钟的时间。我们在大门口等着也是等着,不如去看一眼,就当散步了。"

客户听我这么说,就一边拉着朋友往小区里走,一边说:"在这里等着也是等着,我今天看的这几套房子还可以,你过去看看,给我一点意见。"

我终于松了一口气,我就怕"军师"不看别的房子,直接看那套 86 平方米的小三居,一边看一边挑毛病,挑完毛病之后再还一个很离谱的低价,这个单子肯定就完了。其实,我的同事就在小区里,我一个电话打过去,她 5 分钟之内能到房子门口。

我还是按照早上的顺序,先带她们看 72 平方米的两居室,再看 86 平方米的小三居,接着看 132 平方米的大三居,最后看主推的那套 86 平方米的小三居。如果"军师"根本不看其他房子,没有比较的对象,她就不知道哪个户型好、哪个户型不好,最后只会挑一堆毛病。我先带她们去看别的房子,让她挑毛病。她看了几套房子之后,自然就会知道其他房子不好的地方在哪里,而这套房子好的地方在哪里。

打个比方，你在一家计算机专卖店买了一台 2 万元的计算机。你每个月的工资是 5000 元，为了买这台计算机，你攒了好几个月的钱。结果，这台计算机早上买回去，晚上就坏了，你一肚子的火。第二天一早，你带着计算机去了店里，卖给你这台计算机的销售人员接待了你，他说他处理不了这个问题，得等技术人员上班之后仔细地检查一下。你一气之下，冲着销售人员喊了几句。过了一会儿，技术人员上班了，检查了一番，发现这台计算机确实有问题。技术人员说这台计算机需要寄回厂家修理，大概要花一个月。你一听需要花这么长的时间，当场就要求换一台新的。

技术人员说他没有权限给客户换新，你一气之下，又冲着技术人员喊了几句。技术人员连忙打电话叫老板过来处理。你先冲着销售人员喊了几句，然后冲着技术人员喊了几句，气已经消了一大半。等老板过来之后，你还会像刚进店的时候那样大喊大叫吗？你当然还是很不高兴，但是不会再发脾气喊叫了。

老板很快就到了，客客气气地请你坐下喝茶，了解具体情况，当场给你换了一台新的计算机。为了表示歉意，他还赠送了一些计算机配件。最后，你高高兴兴地带着新换的计算机回家了。如果这台计算机没有什么问题，你以后买计算机的时候很可能还会选择这家店。

同样的场景，当你一大早带着刚买回去一天就坏了的计算机去计算机专卖店兴师问罪的时候，如果第一个出来接待你的是老板，你肯定会把心里的怒气全都撒在老板身上。老板问你究竟哪里出了问题，你肯定会不耐烦地解答，还带着很大的火气。老板叫技术人员过来检查计算机，你很可能会认为老板在找一些借口不给你换新。最后，老板给你换了一台新的计算机，你还是觉得这个老板很不地道。为了表示歉意，老板还赠送了一些计算机配件，但你认为老板只是不想把事情闹大，影响他店里的生意。你把所有的怒气都撒在了老板身上，你认为这个老板不是什么好人，发誓以后再也不在这家店买任何东西了。

同样的场景，同样的处理过程，为什么最后的结果却不一样呢？因为人都是有情感的，很多时候人们都会不自觉地先处理情绪，再处理问题。在你没有将心里的不满情绪发泄出来之前，你很可能无法冷静地处理问题。

我先让"军师"看几套陪衬的房子，满足一下她的自尊心，然后带她们去看更好的房子，"军师"自然就没什么话可说了。

7. 及时卡位，让客户加钱

看 72 平方米的两居室时，"军师"说："这套房子太窄了，客厅太小，卧室太大。"

看 86 平方米的小三居时，"军师"说："家具、家电太旧了，必须重新买，这得花多少钱啊？每平方米 7000 元？太贵了！"

看 132 平方米的大三居时，"军师"说："没有必要买这么大面积的，比上一套贵了 30 多万元，使用面积也差不多。如果自己住，买大的倒是无所谓；如果图以后好转手，我觉得还是 86 平方米的小三居比较好。"

看完前面三套房子，"军师"把该说的、不该说的话全都说完了。等到看主推的房源时，"军师"已经没有什么话可说了，她觉得这套房子还行，可以考虑出手。我终于松了一口气，她对主推房源没有挑三拣四，我真是谢天谢地了。

> 很多经纪人都会犯这样的错误：客户带着朋友来看房，经纪人就直接带他们去看主推房源，客户的朋友为了体现自己作为"军师"的价值，说了一大堆房子的缺点，客户听了之后打退堂鼓，不想买了。我们一定不要再犯同样的错误。

客户看完房之后，我带着客户去公司，一路上都在想怎么让客户交诚意金。到了公司之后，我把客户带进了办公室，我去给她们倒水。

"军师"喝了一口水，说："这套 86 平方米的三居室，你帮我们谈到每平方米 6000 元，我们就马上交定金。"

我心想，真是怕什么来什么。她肯定想帮她的朋友谈一个更低的价格，不过我前期做的铺垫工作还是有用的，只要她不说这套房子的缺点，就有成交的机会。

我无奈地摇了摇头："大姐，您这是跟我开玩笑吗？"

"你看我像是在开玩笑吗？"她一本正经地说。

我干脆地说："如果是这个价格，那就不用谈了。我们公司还有很多不错的房源，我拿钥匙带你们去看其他小区的房子吧。"

我说完就转身走出办公室，随手拿了几把钥匙回到办公室，对客户说："李姐，我们去看别的房子吧，这套房子不谈了。我上午已经跟您说过了，有别的客户约好了下午来交定金。我本来不想带您去看，现在您还的这个价实在没法谈啊！"

我知道客户喜欢这套房子，她和她的朋友都想试探底价。毕竟，买下这套房子要花几十万元，不可能不谈价格。

这个时候，同事小李推开门，走到我身边，小声地说："小钟，那套86平方米、独家委托的房子的钥匙是不是在你手上？其他门店的经理刚才打了个电话，让你把钥匙送回去。那边说这套房子不能给其他客户看了，马上要封盘了。"小李虽然放低了声音，但客户听得清清楚楚。

我用不耐烦的语气对小李说："你别理他。公司规定，他那边的客户没有交定金，我这边就有权利成交。我把钥匙放在钥匙箱里了，你让他自己过来拿吧。"

我用眼角的余光扫了客户一眼，想看看客户有什么反应。客户露出了着急的表情，但很快恢复了平静。

我转过头，对客户说："李姐，您诚心买这套房子吗？如果您诚心买，现在交诚意金还来得及，我知道您的朋友肯定是为了您好，但是这个价格肯定谈不下来。如果您坚持这个价格，我只能带您去看其他的房子了。"

说完，我拉出椅子，坐在客户的斜对面。眼前的这个局叫"卡位"，我要求客户重新报价。我只给了客户两个选择：一个选择是加钱，另一个选择是看其他的房子。

"军师"还想说话，客户拉了拉她的手，不让她说话。客户死死地盯着我，想通过我的眼神判断我说的话是真的还是假的。

"价格真的没有办法谈了？"

我脸上的表情没有一丝变化，我无奈地摇了摇头，表示没有谈价的机会。

客户紧皱眉头，想了一会儿，说："小钟，我是个爽快的人，我能接受的价格是每平方米6500元。如果你能帮我谈到这个价格，我就买；如果谈不下来，我就不买了。"客户说话的语气很坚定。

我紧扣十指，顶住下巴，做出沉思的样子。我没有回答客户的问题，心里在想怎么样让客户交诚意金。

客户见我没有说话，又问："小钟，我刚刚说的话你听到了吗？"

我对客户点了点头，说："我在想怎么样帮您去跟房东谈价格，怎么样帮您抢到这套房子。"其实，我心里在想怎么对付"军师"。我提出诚意金的事情之后，"军师"肯定会发表她的意见。

过了一会儿，我抬起头说："李姐，要不您交点诚意金给我，我立马报总部，先把这套房子封盘，不让其他同事成交。今晚，我和我们经理买点水果，带上诚意金、合同和公章去房东家里谈价格。如果房东同意，我当场把诚意金交给房东作为定金，不给房东反悔的机会。现在，其他客户也在抢这套房子，如果其他门店的同事跟房东说其他客户能出更高的价格，您很可能就买不到这套房子了，或者您得加几万元才能买下。"

客户想了想，说："诚意金交多少？"既然客户知道诚意金，我就不跟她详细解释诚意金了。

我想了想，说："我觉得这套房子交 3 万元到 5 万元的诚意金比较合适。您给我两天的时间，如果我谈不下来，就把钱一分不少地退给你，您一点损失都没有。如果您只交三五千元，房东就可以随时涨价。如果有其他客户比您多出 5000 元或者 1 万元，房东肯定是看谁出的价格高就卖给谁。"

我故意把诚意金说得多一些，以防"军师"跟我讨价还价。果然，"军师"不等客户开口就对我说："我上次买房才交了 2000 元的诚意金！"

真是怕什么就来什么，"军师"又给我出了一个很大的难题。对于这个问题，我没有办法回答，我只能当作没听到。我紧紧地盯着客户，等待她的答复。

"军师"不依不饶地说："诚意金没有交这么多的，你给他 2000 元，叫他帮你谈。如果他谈不下来，就算了，我带你去找别的中介买。"

我不敢顶撞"军师"。在这个时候，只要说错一句话，这个单子就完了。

8. 带看时促成交易

我还是盯着客户不说话，客户拉了拉"军师"的衣服，意思是让她别说话，我估计她们俩事先已经约好了唱双簧。

客户想了一会儿，说："小钟，要不这样吧，我交 5000 元的诚意金，你去帮我谈价格。"

我摇了摇头，露出很为难的表情，说："李姐，您让我想一想怎么操作才能帮您买到这套房子。"我还是紧扣十指，顶着下巴，做出沉思的样子，心里在想怎么样让客户多交点诚意金。

很多经纪人遇到这种情况，想都不想就直接拒绝客户："5000 元太少了，真的不行！"这样回应只会让客户认为你在敷衍他，你根本没有积极地想办法帮他去争取。如果客户觉得你不可靠，就会去找别的经纪人谈价格，这就是所谓的跑单。

客户见我在想事情，就不再说话，静静地等着我的答复。在这个时候，说得再多也没有用，还不如闭上嘴安静一会儿，让客户觉得你在替她想办法。我做的这些动作都是给客户看的。

大概过了一分钟，我露出很为难的表情，说："李姐，5000 元真的太少了。我上次有个客户也是这样，只愿意交 5000 元，房东看都不看，说见面直接签合同。谁知道第二天，别的经纪人给房东报了更高的价，房东就跟别的客户签合同了。李姐，这样吧，您交 1 万元给我，我想尽一切办法帮您买下这套房子。"

"军师"又想说话，客户拉了拉她的衣角，叫她不要说话。客户看了一眼"军师"，用眼神很快地跟她交流了一下，转过头说："小钟，1 万元就 1 万元吧，明天早上我等你的答复。"

"李姐，您稍等……我去拿合同。"我说完就起身去拿诚意金合同。

我在合同上写了两天，客户指着合同问："小钟，不是一天吗？"

我本来想说"我什么时候说过一天了"，但与客户争论没有意义，就算赢了也不能怎么样，还有可能导致客户甩手而去。不少经纪人因为一些小问题与客户争论对错，客户觉得自己没有受到尊重，就跑到别的中介公司去买房子了。

我用无奈的语气说："李姐，现在离晚上下班还有 6 个小时。我今天晚上帮您去跟房东谈，万一谈不下来，我明天再去谈，所以您要多给我一天的时间。有时候，逼房东逼得太紧，房东就会觉得有很多人在抢他家的房子，很可能就会涨价。如果今天晚上能谈下来，那是最好的，明天一早我就叫您过来签合同。就算您只给我一天的时间，起码也要给够 24 小时啊！现在是中午 12 点多，就算我明天下午 6 点之前给您回复，也只有不到 30 个小时。李姐，您不差这几个小时吧？"

有时候，经纪人要跟客户一分一秒地算时间，让客户觉得谈成这个价格有很大的困难，不一定能谈得下来。如果这个价格很容易就能谈下来，你觉得客户还会拜托你去谈吗？客户还会觉得中介费花得很值吗？

客户还没开口，"军师"就指着中介费的条款说："你们还要收 1% 的中介费？我买房都不给中介费！"我心想，真是怕什么来什么，这位"军师"肯定是存心来捣乱的。

我不理"军师"，看着客户的眼睛说："李姐，我这么辛苦带你们看房，还要帮你们谈价格，就是为了挣一点中介费。您不给中介费，我们没有办法活下去啊！"

"军师"扯开嗓门说了一大堆很难听的话，我沉住气，不动声色。客户坐在一旁，也不拉着"军师"，这说明她俩就是在唱双簧。我在心里默念："我做的是服务行业，我挣的每一分钱都是从客户的口袋里掏出来的，我不会反驳客户，也不会顶撞客户，因为客户就是我的财神爷。"念了几遍之后，"军师"还是说个没完，一副不达目的誓不罢休的样子。

我叹了口气，无奈地说："李姐，我去找经理申请一下，看看中介费能不能打折，你们等我一会儿。"说完我就起身走出了办公室。

其实，对于中介费的事情，我自己就能做主，我只是找个借口出去透透气。我拉着经理到店门口，商量了一下怎么样才能让客户接受中介费。几分钟之后，我和经理一起走进办公室。

经理一进门就主动说："李姐，小钟刚刚跟我说了中介费的问题，我最大的权限只能打个9折。"

"军师"一副她在买房、让她掏中介费的样子，又说了一大堆理由，反正就是不给中介费。我看了一眼客户，她没有拦住朋友的意思，这说明她也不想给中介费，我给经理递了一个眼神。

为了化解尴尬，经理无奈地说："小钟，你签吧，我去跟房东谈。我让房东多给一点中介费，这是我的本事。如果房东不给中介费，就说明我的谈判能力不到家，我们就少收一点中介费。如果价格谈不下来，就直接退钱。小钟，你把中介费的条款划掉吧。"

我拿出笔，把中介费的条款直接划掉，客户满意地点了点头，毫不犹豫地在诚意金合同上签字、按手印，然后用微信把钱转给了我。

客户交了诚意金之后，我在第一时间把这个房源封盘，不让其他同事成交。晚上，我和经理买了水果，去房东家里谈价格，这个房东正好是经理的老客户。

其实，房东的开价是每平方米6600元，这个价格是可以谈的。我和经理很容易就能把价格谈下来，但是因为有中介费的问题，所以不得不和房东讨价还价。谈了两个小时之后，房东同意多给我们1%的中介费。

总结 | SUMMARY

很多经纪人说他们在带看的时候不知道应该跟客户聊什么。

这些经纪人应该先问问自己对这个小区的房源是否了解，能否有效地把控正在看的这个房源，对小区环境和各种户型及附近的配套设施是否熟悉。

假设你现在去买房，你想不想了解正在看的这个小区有哪些户型，小区环境如何，小区里面住着什么人，小区附近有哪些配套设施？你想不想了解这个小区的物业费、取暖费和停车费是按照什么标准收取的？

你让经纪人给你介绍这个小区，可是经纪人说他也不太了解，你还想跟这样的经纪人聊天吗？

带看的路线、先看哪个房源后看哪个房源都需要经纪人进行精心的设计。让客户对比不同的房子，客户才知道哪一套便宜、哪一套好，才会产生购买意向。

客户带着"军师"来看房是常有的事情，很多经纪人遇到这种情况就一味地赞美"军师"，希望通过讨好"军师"促进成交。个别"军师"可能会吃这一套，但大部分"军师"都会坚持自己的想法。如果客户带着七大姑八大姨来看房，几个人叽叽喳喳说个没完，而经纪人只顾着讨好他们，不想办法统一他们的意见，就没有办法成交。

经纪人要带着"军师"对比房源，之前怎么带客户看的，现在就怎么带"军师"看。带着"军师"跑一圈，他们就累了，也把各种难听的话都说完了。充分地对比价格、户型、小区之后，他们当然就会知道哪一套房子更适合客户，也就不会胡乱发表意见了。

第三章

跟 进 客 户

很多经纪人带客户看完房，直接打电话问客户考虑得怎么样了。客户说"我再考虑考虑"，这些经纪人不知道客户在考虑什么，从此以后就不再跟进这些客户了。

有些经纪人在带客户看完房之后，发现客户比较喜欢这套房子，就在客户还没有出价，也不了解税费、贷款、付款方式等细节的情况下，直接进行"逼单"。这些经纪人的口头禅是："搏一搏，单车变摩托。"他们的想法是，成交速度越快越好，虽然这么做有一定的风险，但客户也是有可能下单的。他们以赌博的心态去跟进客户，只带客户看了一次房就对客户说："这套房子很抢手，你再不下单就被别人抢走了！"结果，客户直接把他们拉入了黑名单。

还有一些经纪人带客户看完房之后，还没有为客户匹配房源，就把他们丢掉了。

其实，跟进客户是非常重要的，与跟进房东同样重要。不着急买房的客户如何跟进？着急卖房的客户如何跟进？下面我分享一个案例，请大家带着这些问题阅读下面的案例。

1. 了解客户的需求

一天早上，我在店里打电话跟进房源，突然我的手机响了。

我马上接起电话："喂，你好。"

"我在网上看到你有一套快乐花园 72 平方米的两居室在卖？"电话里传出一个中年男人的声音，带着本地口音。

"是的，我现在就在小区里，您现在有时间过来看房吗？"

这个小区就在我们公司附近，我走过去只需要 3 分钟，所以客户再快都没有我快。我这么说可以让客户产生一种感觉：经纪人已经在房子里等自己了，最好快点过去。一般来说，有空的客户都会说马上过去，如果客户当时没空，我就安排其他时间看房。

"我现在过去，大概 10 分钟就能到。"客户说完就把电话挂了。

过了六七分钟，我站在小区门口等客户，手机突然响了。我接起电话："大哥，您到了吗？"我一边说，一边四处张望。

我远远地看到一位 40 岁左右的大哥走了过来，他剪了一个平头，挺着啤酒肚，身上穿着一件黑色的 T 恤和一条黑色的短裤，脚上穿着一双黑色的凉鞋。

客户骑着一辆很破旧的电动车，一边接听电话，一边东张西望。我向客户招了招手，他朝我的方向开过来，找了个地方把电动车停好。

我带着客户朝着房子的方向走去。

"大哥，您贵姓？"

"免贵姓陈。"

我习惯性地问客户："陈哥，您是做什么行业的？感觉您上班的地方离这个小区不太远啊。"

"我是厨师，就在附近上班。我是偷偷跑出来的，时间有限，咱们走快点。"

我想起了一个经典小品里的台词——"脑袋大，脖子粗，不是大款就是伙夫"，怪不得客户身上有一股油烟味。我心想，客户在上班时间偷偷跑出来看房，这说明客户是诚心买房，也很着急买房。

"陈哥，您在哪家餐厅上班？有时间我去尝尝您的手艺。"

"嗨，什么餐厅，我只是在一家小餐馆打杂。"

如果客户想告诉我他上班的地方，他多半会说"我在 ×× 餐厅上班，你过来吃饭的话，我给你打折"。既然客户不想说他上班的地方，我就不再追问了，马上换个话题。

"陈哥，您之前看过这个小区的房子吗？"

"我之前看过几套，但是装修都不是很好，我想买一套装修好的。装修太麻烦了，而且要花一大笔钱。"

我心想，客户看过这个小区的房子，而且是本地人，我不用急着介绍这个小区，先了解他的需求，再给他介绍也不迟。

"陈哥，您看房看了多久了？"

"我看了差不多一年了。"客户一边说，一边观察小区的环境。

"陈哥，您看了这么久，有没有喜欢的小区？"

我要先搞清楚客户想要买什么品质和价格的房子。有些客户喜欢新的、环境好的小区，这种小区的房子每平方米 1 万元。也许你手上正好有每平方米 5000 元的房子，但小区的环境比较差，物业管理也不到位。如果你给客户推荐这个小区的房子，你觉得客户会跟你去看房吗？

反过来，客户之前看的都是每平方米 5000 元的房子，你给客户推荐每平方米 1 万元的房子，你觉得客户能买得起吗？因此，有经验的经纪人都会询问客户喜欢哪些小区，以此判断客户想要买什么品质和价格的房子，之后再给客户匹配房源就容易多了。

当然，市场上也有专门捡便宜的投资客，钱对他们来说不是问题。只要买下来能挣钱，他们什么样的房子都买。不过，这种客户出的价一般都很低。

客户想都没想，直接说："我喜欢未来花园，那里有个两居室的户型不错。"

我心想，未来花园离这个小区大概 500 米，那个小区的环境和配套设施跟这个小区差不多，房子的价格也差不多。

我想了解客户喜欢哪一种户型，便问："陈哥，未来花园的两居室有两种户型，一种是 68 平方米的，另一种是 82 平方米的，您喜欢哪一种？"

经纪人平时必须多看房，多了解附近的小区，这样才能有更多的话题跟客户聊，也才能更好地了解客户的需求。

客户愣了一下，他没想到我对未来花园这么了解。他说："我喜欢 68 平方米的。"

我心想，68 平方米的户型有一间卧室太小了，户型不算很好，客户想买面积这么小的两居室，可能是因为手上的资金比较紧张。

我试探性地问："陈哥，您为什么想买 68 平方米的两居室？这个户型有一间卧室比较小，82 平方米的两居室不好吗？"

客户叹了口气，说："82 平方米的两居室总价比较高，我的首付不够啊。"

"也就差十几个平方米，首付差不了多少钱呀。"

客户又叹了口气，说："哎呀，反正凑合着住就行，不要给自己那么大的压力。"

客户主动说自己没有钱，这是真的吗？我还要进一步地试探客户，因为客户说的话我永远只相信一半。有一次，一个客户说想要买两居室，我给他推荐三居室，他说他的钱不够，最后他买了四居室！这样的事情实在太多了。

2. 带看前的准备

我和客户很快走到了房门口，我拿出钥匙打开门。其实，我接完客户的电话之后就一口气跑来这个房子，把所有的窗户都打开了，所以走进房子的第一感觉是很透气、很凉快。

很多经纪人在带客户去看房的时候没有提前打开门窗，所以走进房子的第一感觉是很闷，甚至有股发霉的味道，这会让客户觉得很不舒服。客户对房子的第一印象不好的话，就很可能会挑各种毛病，压低价格。

客户买房买的是家的感觉，只要有一点感觉不好的地方，客户都会犹豫是否要买这套房子。所以，如果天气热或者房子西晒，在带客户看房之前最好叫房东把窗帘拉上，把灯和空调都打开。另外，西晒的房子最好早上去看。

如果房子里比较脏，在带客户看房之前一定要让房东打扫干净，把家具、家电摆得整整齐齐。如果阳台有杂物，一定要事先清理干净。很多家庭都会在阳台上堆放没用的杂物，像快递箱、塑料袋什么的，这些东西不仅会挡住光线，还会让客户产生不好的印象。

我站在房子的客厅里，客户自己去各个房间转了一圈。客户之前看过这个户型，所以我没有必要做详细的介绍。

客户转完一圈回来，我问："陈哥，您觉得这套房子怎么样？"

客户想都没想，直接说："这套房子还可以，我挺喜欢的。"

我笑着说："陈哥，我这里有一套 86 平方米的三居室，户型非常好，您看过这个户型没有？"

"我没看过。"

我想给客户推荐这套三居室，便说："陈哥，我们上去看看这套房子吧。这套房子挺不错的，就在这栋楼的 15 楼。买房的时候一定要多看几套房子，好的、差的、两居室、三居室都要看一下，看得多了，有了对比，才知道什么样的房子适合自己。"

"我想买两居室，三居室就不用看了，我也买不起。"客户干脆地回答道。

"陈哥，我只是叫您看，不是叫您买。您可以了解一下这个小区最好的户型，还可以顺便看看装修。您也不差这两分钟吧？按个电梯就上去了。"

客户只犹豫了一秒，说："那走吧，看看就看看。"

我为什么让客户看三居室？因为三居室是主推房源，而且这套两居室的房东不好说话，价格谈不下来。三居室的价格低于市场价，而且价格还可以谈，我要试探一下客户的实力。

我和客户很快到了三居室，客户一进门就眼睛一亮。他站在客厅，一边看一边用手顶着下巴思考着什么。我不管他，直接把所有的门窗都关上。我关好门窗之后，客户还舍不得走，我知道这下有戏了。

"这套房子是什么价格？"客户问我。

"每平方米 7000 元，面积是 86 平方米，总价是 60.2 万元。"我用轻松的语气说。

客户"嗯"了一声就走出了房子。客户急着回去上班，没有心情聊别的。我把客户送到小区门口，客户骑着电动车走了。我马上在手机上添加了一个提醒事项——"晚上跟进陈哥，看快乐花园的客户"。

晚上 8 点，我掏出手机拨打客户的电话，电话很快接通了。

"陈哥，您好，我是小钟啊，我今天带您看了快乐花园的两居室，您觉得怎么样？"

客户直接说："我再考虑考虑。"一般来说，客户说这句话就说明他不喜欢这套房子。

比如，你去服装店买衣服，拿着一件衣服试了半天。销售员过来问你："您觉得这件衣服怎么样？"你说："我再考虑考虑。"然后，你就走了，再也不会回来了，因为你心里并不喜欢这件衣服。如果你喜欢这件衣服，就会问销售员这件衣服有没有折扣，然后跟销售员讨价还价，价格合适就买。

对经纪人来说，打电话跟进客户是很重要的，我们可以通过客户说话的态度和语气判断客户是否喜欢之前看的房子。

很多经纪人在打电话跟进客户时，一开口就问客户考虑得怎么样了，很多客户都会回复"我再考虑考虑"，他们也不追问，只说一句"那您再考虑一下"，就把电话挂了。这样一来，经纪人永远不知道客户心里在想什么，也不知道接下来应该怎么跟进客户。本来客户还想了解房子的价格、税费、贷款、付款方式、中介费、家具、家电等情况，结果经纪人一句话就把客户打发了。

假设你正在买房，你看了一套非常不错的房子，你想不想了解房子的价格、贷款、付款方式、中介费、家具、家电和过户手续等细节？如果经纪人根本没有解答这些问题，就直接说"您要是动作慢了，这套房子就被别人抢走了"，你的第一反应是什么？你肯定对经纪人十分反感，根本不会接经纪人的招儿。

带客户看完房之后，我们千万不要问客户"您考虑得怎么样了"，也千万不要一上来就使用话术引导客户成交，因为客户还有很多的问题没有解决，我们跟进客户的目的是帮助客户解决问题，消除客户的所有顾虑。

有些经纪人不好意思给客户打电话，于是发微信跟进客户，总是密密麻麻地发一大堆文字过去。有些客户每次回复不超过 10 个字，一看就是在敷衍；有些客户不太会打字，甚至直接就不回复了；有些客户看到这些文字之后，心情好就回复几句，心情不好就隔几天再回复，你觉得这样的跟进有意义吗？所以，经纪人带客户看完房之后跟进客户时必须亲自打电话。

3. 试探客户是否喜欢这套房子

经纪人带客户看完房之后，当天晚上一定要打电话跟进客户，主动了解客户是否喜欢这套房子。如果客户喜欢，就马上进入讨价还价的环节，引导客户交诚意金；如果客户不喜欢，就进一步了解客户的需求，继续为客户找合适的房源。

我马上转移话题："陈哥，您是在考虑价格的问题还是其他方面的问题？"

客户开始套近乎："小钟，这套房子现在是什么价格？"

我说："陈哥，这套房子的最低价格是 43.2 万元。"

客户认为我不想告诉他底价，便语气强硬地说："你把房东的底价告诉我，价格合适我就买，不合适我就不买了。"很多客户都是这样，翻脸比翻书还快，做二手房销售这么多年，我已经习惯了。

我耐心地说："陈哥，您喜欢这套房子吗？如果您喜欢，我们再谈价格；如果您不喜欢，价格再便宜，您也不会买啊。"

客户不耐烦地说："如果我不喜欢，为什么要问你价格？"

我问："陈哥，您觉得这套房子什么价格合适？"谈判的时候，谁先出价谁被动。

客户不说话，电话里传出炒菜的声音。过了 10 多秒，客户用强硬的语气说："我就出 38 万元，你问问房东卖不卖，不卖就算了！"

客户出的第一个价格一般都是不可信的。况且，出价这么低，房东根本不可能接受。所以，我必须让客户重新出价。

"陈哥，这个价格太低了，房东不可能卖的。"我不再说话，看客户怎么回应。

客户不耐烦地说："你先帮我谈谈看，看房东那边最低能降到多少。"

我用无奈的语气说："我打电话给房东，问清楚价格再联系您吧。"我说完就把电话挂了。

我心想，我得让客户相信这个价格就是底价，所以我必须打三个电话跟进客户。

第二天早上 10 点，我走到店门口看着路边的车水马龙，心里在想打电话的时候应该跟客户说什么。想了一会儿，我拨通了客户的电话。

"陈哥，我今天早上打电话跟房东聊了 1 个小时，房东每平方米降了 20 多元，现在的总价是 43 万元。"

客户不耐烦地说："房东是不是不想卖房？"

一套 43 万元的房子，才便宜 2000 元，客户会接受吗？没有一个客户会接受。但是，这套房子没有多少降价空间，我也没有办法。

"陈哥，房东刚开始报 46.8 万元，之前我帮一位客户谈到了 46 万元，后来那个客户不买了。上个月有一个客户谈到了 45 万元。我一直跟房东谈价格，最后才谈到了 43.2 万元。今天早上，我又跟房东谈价格，房东死活不松口，最后好说歹说才降了 2000 元。房东问我客户出什么价，我没敢说 38 万元，我说客户还没出价呢，房东说先让客户出价再说。陈哥，房东不可能接受 38 万元这个价格，您重新出个价吧。"

客户不耐烦地说："我就出 38 万元，能卖就卖，不能卖就算了。"我还没说话，客户就把电话挂了。

房东的底价是 42 万元，不包含中介费。我们要收 3% 的中介费，也就是 1.2 万元。看客户这个情况，估计他是不会给中介费的，如果加上 3% 的中介费，最少要卖 43.2 万元。我手上没有什么筹码，只能先拿出 2000 元给客户折中介费，做一下试探。

其实，我在打这个电话之前已经摸清楚客户的脾气了，也知道他会表现得很强硬，但我必须搞清楚他是否喜欢这套房子、能不能加点钱，只有这样我才知道接下来应该怎么谈。

假设你正在买房，你跟一个经纪人看了一套不错的房子，你非常喜欢这套房子，你会怎么跟经纪人说？你多半会说："小张啊，你帮我跟房东谈谈价格，我还是挺喜欢这套房子的。"你会很客气地对经纪人说话，因为你想让经纪人帮你谈一个更低的价格。

如果你不喜欢这套房子，但经纪人一直在说这套房子有多么多么好，你会以什么态度跟经纪人说话？你多半会说："你能帮我谈就谈，不能帮我谈，我就找别的中介公司。"

所以，经纪人在跟进客户的时候一定要通过各种细节判断客户是否喜欢这套房子。如果客户喜欢，就继续谈价格；如果客户不喜欢，就马上调整工作方向。

下午4点，我再次拨通了客户的电话。

"陈哥，我刚刚跟房东谈了1个小时，房东又降了2000元，现在是42.8万元，您能不能加点钱？38万元的价格，房东是不可能卖的。"

客户想了一会儿，说："我加5000元，能卖就卖，不能卖就算了。"

"陈哥，您喜不喜欢这套房子？如果不喜欢，我就带您去看其他的房子，也不用老打电话烦您了。"我打开天窗说亮话，不想绕圈子了。

"我当然喜欢，如果不喜欢，干吗跟你扯半天？"客户说话的语气变了，带着很诚恳的语气说。

我心想，房东的底价是42万元，不包含中介费，如果加上3%的中介费，最少要卖43.2万元。我已经折了4000元的中介费，我给客户打了好几个电话，他才加了5000元，真的搞不懂他到底喜不喜欢这套房子。既然搞不懂，我就用诚意金试探一下。

"陈哥，您看这样行吗？您交点诚意金给我，我去帮您跟房东谈价格。"

"我是不可能交诚意金给你的，你能帮我谈下来我就买，谈不下来我就不买。"客户的态度又是180度的大转弯。

我见招拆招："要不这样吧，我再打电话跟房东谈谈价格。如果房东不愿意降价，我就帮您找其他的房源。"我说完就把电话挂了。

我认真地分析了一下：我报的价格是43.2万元，已经低于市场价，客户还的价是38万元，打了好几个电话，客户才加了5000元，而且不愿意交诚意金，现在还差4万多元，这还怎么谈？根本谈不下来。这说明客户纯粹是想捡便宜，而且也不着急买房。另外，我第一次叫客户交诚意金，他没问诚意金是什么意思就直接说不交。如果是刚出来看房的客户，根本就没听说过诚意金，这说明客户的看房经验很丰富。

很多新手在碰到这样的客户时会产生很强的挫折感，他们会怀疑自己的能力，怀疑自己的话术有问题，怀疑自己跟进客户的技巧有问题，怀疑自己是不是说错了话、得罪了客户。实际上，如果客户不着急买房，你就算有再好的话术和技巧，客户都不会理你。

客户之前说喜欢未来花园 68 平方米的两居室，第二天我在公司的房源系统里找了两套未来花园的房子，然后给客户打电话。

"陈哥，我有两套未来花园 68 平方米的两居室，您有没有兴趣了解一下？"

"什么情况？具体说说。"客户一听就来了兴趣。

我不紧不慢地说："陈哥，这个户型您都看过了，我就不介绍了。一套在 8 楼，简单装修，总价是 47 万元；一套在 12 楼，全新装修，总价是 49 万元。"

客户有些惊讶地说："什么？47 万元？太贵了！之前 43 万元的时候我都没买！"

我心想：43 万元？那不是去年的价格吗？客户从去年看到现在都不买，这充分说明客户根本就不着急买房。我无奈地说："陈哥，今年的房价一直往上涨，43 万元是去年的价格。除了未来花园，您还有喜欢的小区吗？"客户接受不了这个价格，我只能给他推荐其他的房源。

"你下次有便宜的房源再联系我吧。"客户说完就把电话挂了。

我通常把客户分两类。第一类的典型代表是之前成交的那位买房投资的女客户。这类客户着急买房，只要看中了，就算刚开始还的价很低，谈到后面也会愿意加钱。而且，这类客户说话的态度比较诚恳。碰到这类客户，我会全力以赴地为他们找房源。

第二类的典型代表是这位做厨师的男客户。这类客户不着急买房，看房看了一年甚至更久都不买，而且手上的钱不多，还的价很低，又不肯加钱。碰到这类客户，我手上有了合适的房源就打电话约他们出来看房，如果他们不肯出来，我就等碰到更合适的房源再说。

我刚入行的时候，如果碰到这类客户，早就把他们拉入黑名单了。当时我还太年轻，我觉得这类客户态度总是牛哄哄的，不尊重经纪人，跟进这种客户纯粹是浪费时间。不过，现在的我已经能够很好地掌控这类客户了。

过了半个月，我看到公司的房源系统里有一套房子挺不错的，就拿出客户需求

表一个客户一个客户地看。我突然看到了陈哥，也不知道他买到房子没有，就决定打个电话问问。

"陈哥，您好，我是小钟啊，我之前带您看过房，您现在买到房了吗？"

"没有……你有什么事？"客户用拒人于千里之外的声音说。

我笑呵呵地说："时尚花园有一套两居室，总价是 39 万元，您有没有兴趣了解一下？"

"我不喜欢那个小区，有未来花园的房子，你再给我介绍。"客户说完就把电话挂了。

又过了半个月，我看到网上有一套世外花园的两居室，我又翻看客户需求表，又看到了陈哥。我决定打电话约他看房，连打了两次，他都不接。过了半个小时，我打第三次时，他才接起电话。

"陈哥，现在世外花园有一套非常便宜的两居室，您有没有兴趣？"

"我不喜欢世外花园。"我还没说完，客户就把电话挂了。

我跟进这位客户跟进了半年，他有时候接我的电话，有时候不接。每和他通一次话，我都会在客户需求表上做记录。所以，对于他的需求，我已经了然于胸了。

有一天，同事签了一个独家房源——未来花园 68 平方米的两居室，总价是 51 万元。当时，这套房子是整个小区最便宜的一套。我马上打开客户需求表，一页一页地找想买未来花园的客户，我又看到了陈哥，于是马上打电话给他。

"陈哥，您好，我是小钟啊，未来花园有一套 68 平方米的两居室，总价是 51 万元，您要不要过来看一下？"

这次，客户很痛快地答应跟我去看房，因为他知道房价一直在涨，现在不买，以后就只能花更多的钱买同样的房子。看完房之后，客户说起话来很客气，还价还得也没有那么狠了。他第一次还的价是 48 万元，后来加到了 49 万元，再后来加到了 49.5 万元，最后以 50 万元成交。

对于不着急买房的客户，经纪人一定要有足够的耐心。在这个案例中，为什么我最后能顺利成交？因为我做了详细的客户记录，对客户的需求十分清楚，只要碰到合适的房源，我就约客户去看房。只要客户觉得到了出手的时候，我就有很大的机会成交。

4. 做客户记录非常重要

经纪人一定要坚持不懈地做客户记录，碰到便宜的房源就约客户看房。下面我再分享一个案例。

有一位老客户委托我卖彩虹花园的房子，这个小区离我们公司比较远，我对这个小区的行情不太了解，于是我把这个房源发到了58网上。

三天之后，我带一个客户看了这套73平方米的两居室，客户非常喜欢这个户型，但他还想多看几套彩虹花园的两居室，想找最便宜的。我判断这位客户是诚心来买房的。

我在这个小区只有一个房源，所以我只好为客户重新找房源。在公司的房源系统里，我找出了彩虹花园所有的两居室，包括目前正在出租的，然后一个一个地打电话问房东卖不卖。

我做了一份房源表格，选出最便宜的几套房子，然后带客户去看。看完之后，客户让我跟房东谈价格，我就试着跟房东谈价格。其中，有一套房子房东着急卖出去，但客户还的价比较低。经过几天的讨价还价，还是谈不拢，我就约了房东和客户见面谈。

双方见面之后，从中午12点谈到下午5点，谈了整整5个小时，终于谈妥了。双方签订了合同，客户正要通过手机银行把定金转给房东。就在这个关键时刻，客户的手机突然响了，客户接起了电话，他的家人不同意买！虽然已经签了合同，但没有交定金，所以合同是无效的。

把双方送走之后，我有点缓不过劲来。这半个月以来，我一直在给这个客户找房源、谈价格，马上就要成交了，客户却突然不买了。我的心就像被刀扎了一样难受。

我骑着电动车，漫无目的地在街上转，看着路上来往的行人和汽车。微风轻轻地吹着，我的心情慢慢地好了起来。转了一个小时，肚子也饿了，我就在路边找了一家小餐馆，打算吃个快餐。

我突然想到，这套房子这么便宜，没有理由没有卖不出去。我可以重新打广告、找客户，把这套房子在两天内卖掉。

想到这里，我三两口就把饭吃完，马上骑着电动车回到了公司。我把这个房源发到了58网、赶集网、安居客等10来个网站上，每个网站都发了10条房源信息，还花了 100 元做置顶。

打完广告之后，我继续想有什么办法能快速地找到客户。我突然想到了客户需求表，我把想要买两居室的客户全都挑出来，挨个打了一遍电话。

我一共打了 100 个电话。有 30 个人没接就挂了；有 30 个人接了电话，但一听是中介就把电话挂了；有 20 个人接了电话，但一听是彩虹花园的房子就把电话挂了；有 10 个人接了电话，也听我介绍了房源，但听到一半就挂了。只有 10 个客户听我介绍完了房源，其中有 5 个客户答应第二天去看房。第二天，只有 2 个客户跟我去看房，其他 3 个客户故意不接我的电话。

在这两个客户中，有一个是投资客，他完全是冲着价格来的。我再一次把房东约出来谈价格，结果第二天就成交了！

我在前一天晚上打了很多广告，第二天有不少客户打电话过来咨询，我告诉客户这套房子已经卖出去了。有些客户在电话里骂我，说我发假房源骗人；不过，也有一些诚心买房的客户问我这个小区还有没有这个价位的房子。

我赶紧翻彩虹花园的房源表格，找出了最便宜的几个房源，然后约了几位诚心买房的客户去看房。其中，有一套房子房东也着急卖，讨价还价之后，最后谈定的价格比之前成交的那套房子贵 1 万元，但客户还是很痛快地买了。

另外，我还拿着客户需求表给 100 个客户打了电话，有 2 个客户说要买天地小区的房子。我就帮客户找合适的房源，然后带客户去看房。有一套公司的独家房源是这个小区里最便宜的，但是这 2 个客户看了之后又不买。我再次打开客户需求表，给 100 个客户重新打了一遍电话，有几个客户同意跟我去看房。有一个客户看中了这套房子，经过几天的对比，他最后还是在我手上买了。

经过这件事情之后，我总结出了一个套路：客户指名要买某个小区的房子，我就帮客户把这个小区的房源翻一个底朝天，找到这个小区最便宜的房子，马上去打广告、找客户，再打开客户需求表，重新给之前联系过的客户打一遍电话，约客户出来看房。

我以前的工作习惯是，客户指名要买某个小区的房子，我就帮客户去找房源，找到了房源，我就只带这个客户去看房。这种做法相当于把所有的鸡蛋放在一个篮子里。实际上，我还有老客户，我还有客户需求表！我应该不断地找房源、筛选房源，找出这个小区最便宜的房源，让我的客户需求表"活"起来。

其实，我并不是没有客户，而是没有去积极地找房源。没有便宜的房源，我就没办法约客户出来看房；没有便宜的房源，客户就不会跟我去看房。

> 经纪人要想约客户需求表上的客户看房，就要不断地找房源、跟进房源、筛选出最便宜的房源。只要有了便宜的房源，客户就会同意跟你去看房。

5. 如何做客户记录

做客户记录真的非常重要，为什么？下面我分享一下自己做客户记录的心得。

我以前做客户记录的时候都是拿一个本子随便记，内容包括客户的姓名、电话、想买什么小区、想买几居室、首付有多少、大概住在哪个区域等，写得很乱，也没有做跟进记录，没过几天我就会把客户忘掉。而且，一个本子写满之后，我就会把这个本子丢在家里。时间一长，本子就找不到了，客户也就丢了。

我也会用手机管理客户信息，一个姓陈的客户打电话过来，我就把他的电话号码保存到手机里，名字一般是"陈总"或者"陈哥要买 ×× 小区"。过了一段时间，手机里存了几百个客户的电话号码，姓陈的、姓张的、姓李的客户都有很多，"陈哥要买 ×× 小区"就有好几个，想了半天也对不上号。好像是一个月前带他看过房？他具体的需求是什么来着？看着一堆重复的名字和没什么印象的电话号码，我根本无法把客户和房源匹配起来。

比如，我手上有一个比较便宜的房源，本来想打电话给陈总，但是怕打错电话，引起客户的反感，或者不知道该跟客户说什么，所以干脆就不打了。

随着工作时间的增加，1 个客户变成了 100 个客户，100 个客户变成了 1000 个客户，这种管理客户信息的做法成了一个大问题。我不知道自己丢掉了多少客户，也不知道自己错过了多少成交机会，这就是没有做详细客户记录的结果。

我下定决心改变自己的工作习惯，我从网上找了很多客户需求表，然后把它们下载到自己的计算机上，按照自己的习惯不断地修改，形成了一张适用于自己的客户需求表。我在网上买了一些 A5 的白纸，然后打印了很多空白的客户需求表，订成一本小册子，这个尺寸放到公文包里正合适。有了这个小册子之后，我只需要在客户需求表上写写画画，做客户记录变得非常简单。

但是，过了一段时间之后，我发现了两个不足的地方：一是需要整天带着几个本子，非常不方便，而且很容易丢失；二是查找和分类非常麻烦。

我每天都会接到几个客户的电话，多的时候会有七八个。几个月下来，本子上记录的客户信息越来越多。客户数量在 100 个以内的时候，我大体还能分清，但客户数量超过 100 个以后，我就很难分清了。买两居室的客户、买三居室的客户、买四居室的客户、买别墅的客户、买商铺的客户全都混在一起，根本没法查找和分类。

比如，我本来要找想买未来花园的陈总，但找了半天都找不到。有时候，一个客户看了几套房子，我打了十几个电话跟进，跟进记录已经写不下了。

看着客户需求表上密密麻麻的文字，我不禁感叹：原来管理客户也这么麻烦！我决定换一种工具，于是找了很多不同的 App，但没有一款 App 能让我满意。最后，我突然想到，我还不如做个电子版的客户需求表。

我又试用了很多不同的软件，最后发现用印象笔记做的电子版的客户需求表还不错，而且资料可以在手机和计算机之间保持同步，这下就方便多了！

比如，今天早上公司出了一个未来花园的便宜房源，我马上打开客户需求表，搜索"未来花园"，发现我曾经跟进过的陈总想买未来花园的房子，于是马上打电话给陈总："陈总，您好，我是小钟啊，我之前带您看过快乐花园的房子。上次您说想买未来花园的房子，现在未来花园出来一套特别便宜的房子，不知道您现在买到房子没有？"

陈总说："我还没有买到，你说说这套房子的情况。"我详细地介绍这套房子之后，如果陈总感兴趣，我就约他出来看房，整个过程非常高效。

我在客户需求表上写着客户想买快乐花园的房子，后来我打电话跟进客户时，客户又说他想买未来花园的房子。客户的需求随时都会改变，这是很正常的。只要是想买未来花园的客户，我不管他想买两居室还是三居室，先打一个电话问问。有些客户本来想买两居室，看着看着又说想买三居室；有些客户刚开始想买三居室，看着看着发现自己的钱不够，最后买了两居室，这样的事情实在太多了。

不少经纪人不知道怎么跟进客户，也不知道跟客户聊什么。其实，我们做好客户记录之后，客户想买哪个小区的房子，我们就可以快速地向客户推荐哪个小区的房子。客户的需求发生了变化，我们就马上做记录，之后碰到合适的房源就马上约客户看房。我经常把客户需求表直接作为客户名单，一个一个地打电话跟进。

有了电子版的客户需求表之后，做跟进记录这件事变得非常简单。一条跟进记录大概有几十个字，但我用讯飞语音输入法录入文字，只需要10秒就能完成，根本不用打字。

每打一通跟进电话，我就增加一条跟进记录。我可以打100通跟进电话，我可以增加1000条跟进记录，因为电子版的客户需求表永远写不满。打给每一个客户的每一通电话的谈话内容，我都原原本本地记录下来。客户喜欢什么、不喜欢什么、客户的需求有没有改变都被记录在了表格里，打开表格就能看得一清二楚。下一次打电话跟进客户的时候，我就可以直接进入正题。

不少经纪人见公司出来一个便宜的房源，马上打广告，结果这套房子当天就被其他同事卖给老客户了。他们总会抱怨："唉，为什么我没有老客户？为什么我的客户都不相信我？"

难道你们之前带看的客户不是老客户吗？这些客户已经被市场、房东、经纪人教育过了，只要看到了合适的房子就会出手，不会那么挑剔，你们就直接把这些客户丢掉了吗？这些客户都是宝贝，都是你的财神爷，你把他们都丢掉了，难道不心疼吗？

还有一些经纪人打电话跟进客户，发现客户已经买到房子了，就伤心不已，心里埋怨客户为什么不相信自己，为什么不跟自己买房，心灰意冷地把电话挂了。其实，只有消极的经纪人才会这么做！

积极的经纪人会怎么做？他们会说："陈总，您好，我是小钟啊，以前带您看过快乐花园的房子，您还记得我吗？您现在买到房子了吗？哦，已经买到了啊，那恭喜您了！你买了哪里的房子？多少钱买的？哇，这么便宜呀！今天我们公司新出了一个便宜的房源，我本来想介绍给您。这套房子也很便宜，您身边有没有亲戚、朋友要买房？同事呢？老乡呢？同学呢？"积极的经纪人会不厌其烦地提醒客户，万一客户突然想起有个同学要买房，不就可以带来一位新的客户了吗？

做好客户记录之后，碰到合适的房源，就直接给客户打电话，约客户出来看房。不要总想着如何去破冰，如何跟客户培养感情，如何跟客户套近乎。有些经纪人专门跑去学什么大客户销售，其实作用不大。有不少客户也是做销售的，他们也学过这些方法，甚至用得比经纪人还熟练。你说完第一句话，客户就知道你下一句话要说什么，你根本施展不开。

假设你正在买房，你所在的城市有几千个经纪人，你会跟一个素不相识的经纪人聊家庭、事业、小孩、兴趣爱好吗？即便每天只有10个经纪人给你打电话，你也肯定是接到经纪人的来电就会感到厌烦。不过，为了买到称心的房子，你不得不接这些电话。

有的经纪人向你推荐了合适的房子，你就跟着他们去看房；有的经纪人根本不了解你的需求，总是向你推荐不合适的房子，你很可能接几次电话之后就把他们拉入黑名单。

我使用的这种方法完全适用于新手，上手非常简单，也用不着什么复杂的技巧。客户想要什么，你就给他什么，这就是最高效的成交方法。

用了这种方法之后，做客户分类就方便多了。我给想买一居室、两居室、三居室、别墅、商铺的客户各建一个文件夹，客户再多我也不怕。我还可以按照年份进行分类，2018年的客户全都放到"2018年客户"这个文件夹里，2019年的客户全都放到"2019年客户"这个文件夹里，以此类推。我还可以建一个"着急买房的客户"文件夹，近一段时间内我只为这些客户找房源，就算过了一个星期、一个月，也不用担心忘了这些客户。

这些资料可以实时同步到手机和计算机上。在外面带客户看房的时候、回到家的时候、到外地玩的时候，我可以随时拿出手机查找信息。就算手机丢了，这些资料也全部完好无损地保存在云端。我再也不用怕丢掉这些客户了，这些客户会跟我一辈子。

有些经纪人可能不太习惯在电子设备上操作，叫他使用电子版的客户需求表，他一个头两个大，叫他在手机和计算机上使用软件，他学半天都学不明白。对这些经纪人来说，可能纸质版的表格更好用。还有一些经纪人习惯用自己公司的房源系统做记录。记录客户、跟进客户的工具只是工具而已，适合自己用的工具才是最好的工具。工具本身不是财富，客户才是真正的财富。

经纪人每天都会接到大量客户的电话，有的是咨询房源的，有的是约看房的，多的时候一天会有七八个客户打进来。就算平均每天接3个客户的电话，一个月下来也能积累90个客户，一年下来就能积累1080个客户。很多经纪人说自己没有客户，这1080个客户都去哪里了？

只要做好客户记录，一年就能积累1080个客户。这1080个客户里只要有四五个客户跟我成交，我每年就能增加不少收入！这就是做好客户记录的好处。

我并不是想吹嘘我的客户需求表有多好用，我只是想强调做好客户管理的重要性。每个人的工作习惯不同，如果你有更好的工具，完全可以用自己的工具管理客户。

下面是购房客户需求表的模板。我试用了很多种软件，我觉得用印象笔记做记录是最方便的，而且它的功能比较齐全。

购房客户需求表

来源：□安居客　□58网　□赶集网　□传单　□其他

姓名：_____　**性别：**□男　□女

当前住址：_____

看房时间：□节假日　□工作日　□随时

联系方式：（1）_____　（2）_____

户口所在地：□本市　□本省　□外省

年龄：□20~29岁　□30~39岁　□40~49岁　□50~59岁　□60岁以上

家庭结构：□单身贵族　□二人世界　□三口之家　□三代同堂

家庭月收入：_____　**所需面积：**_____

购房原因：□刚需　□换房　□投资　□其他

所需房型：□步梯　□高层　□商铺　□别墅　□民房　□其他

户型：□单间　□一室　□二室　□三室　□四室　□复式

户型朝向：□南北通透　□朝南　□朝向不限

何时入住：□急需　□一个月　□三个月　□半年

付款方式：□一次性　□按揭　□公积金

首付：□10万元以下　□10万元~20万元　□21万元~30万元　□30万元以上

装修要求：□精装　□简装　□毛坯

最在意的方面：□房价　□户型　□装修　□采光

看过哪些房子：_____

推荐房源：＿＿＿＿＿＿＿＿＿＿＿＿＿＿＿

特殊要求：＿＿＿＿＿＿＿＿＿＿＿＿＿＿＿

1. 电话跟进：＿＿＿＿＿＿＿＿＿＿＿＿＿＿

2. 电话跟进：＿＿＿＿＿＿＿＿＿＿＿＿＿＿

3. 电话跟进：＿＿＿＿＿＿＿＿＿＿＿＿＿＿

……

总结 | SUMMARY

经过这么多年的历练之后，我发现自己刚入行的时候太笨了——自己花钱找客户，带客户看完房之后把客户拉入黑名单。这完全是在浪费自己的钱。

现在，我使用客户需求表做跟进记录，碰到合适的房源就给客户打电话，客户有兴趣就带他们去看房，没兴趣就不看。

客户拒绝你的时候，不要怀疑自己的话术，不要怀疑自己的技巧，也不要怀疑自己的能力，因为客户可以有一万个理由拒绝看房。客户不着急买房，你的话术再出色、技巧再纯熟、能力再出众，也没有用武之地。

有些客户看中了一套房子，但犹豫不决，最后房子被别的客户抢走了。这些客户经过市场、其他经纪人和房东的教育之后，最终还是会回来买房的，甚至会加钱买和之前他们看中的那套差不多的房子。我自己就遇到过很多这样的客户，最终也和他们成交了。

第四章

独家委托

前面介绍了如何跟进客户，与之同样重要的问题是如何跟进房东。

下面分享一个关于独家委托的案例，这个案例包含了给房东打第一个电话、得到房东的信任、让房东同意配钥匙、获得房东的独家委托、签完独家委托合同之后跟进房东、让房东放心地把房子交给经纪人卖直至最后成交的整个过程。这个案例可以帮助大家掌握跟进房东的方法和技巧，快速地获得独家委托。

1. 让房东记住你

有一天早上，我正在店里打电话跟进房源，突然看到一个有点特别的房源。这套房子的价格不高，很多同事都做了跟进，但房东无法配合开门看房。现在这套房子空着，没有人住，距离登记已经过去了三个月。我一看到这个房源，就觉得很有希望获得独家委托。

我马上给房东打电话，电话很快接通了。我客气地说："梁姐，您好，我是××公司的小钟，我在公司的房源系统里看到您有一套山水花园的房子在卖，门牌号是不是 1 栋 1 单元 1001 室？"

"是的。"话筒里传出一个女人温柔的声音。

"您家的房子是 87 平方米的小三居吗？"

"是的。"

为了让房东一下子就记住我，也为了展示我的专业程度，我接着说："梁姐，您家的房子是不是一进门就是餐厅，再进去是厨房？"然后，我把客厅是什么样子、卧室是什么样子都描述了一遍。

房东很诧异地问："你是不是看过我家的房子？"

我笑着说："您家的房子我没有看过，不过，这个小区的房子我卖了不少，2栋1单元901室是我卖的，1栋1单元1301室也是我卖的。这个户型的房子我已经卖了好几套了，我手上还有几个客户想买这个户型的房子。我想待会儿带客户去看房，请问您方便吗？"

> 第一次打电话给房东时，一定要说有客户想看房，只有这样房东才愿意跟你聊。我为什么跟房东这样说？我就是想要告诉房东：我对这个小区、这个小区的户型、你家的房子都很熟悉，我还卖了好多这个小区的房子，我是这个小区的"专业户"，如果你把房子交给我卖，我很快就能卖出去。

很多经纪人在给房东打电话时都会使用同一种话术，我自己也曾经用过这种话术，但我现在非常讨厌这种话术，而且认为这种话术是无效的。什么样的话术呢？

我刚入行的时候在另一家公司工作，我当时很喜欢新办几个电话号码，以房东的身份在网上发布房源信息，发完之后就会有很多经纪人给我打电话，他们中的很多人都会使用同样的话术。10个经纪人里有9个都会这样问我："您家的房子是几栋几单元几号？现在是出租还是自住？证满二唯一吗？有贷款吗？"

其实，我在发布房源信息的时候写得清清楚楚：目前房子空着，没有人住，看房提前联系就行，没有贷款，满二唯一。他们根本就没有仔细看这些信息，一上来就这样问，所以我一听到这些问题就很不耐烦。

我们可以站在房东的角度考虑一下，如果房东每天接到几十个经纪人打来的电话，几十个人都这么问，房东会不会很烦？

所以，现在我每次给房东打电话，都会先说有客户想买这个小区的房子。这样一来，房东就愿意好好地跟我说话，多花一点时间跟我聊。接下来，我问房东怎样看房，目的是再次强调我手上有客户想看房，房东自然会告诉我房子目前是自住还是出租。

房东无奈地说："看房不是很方便啊，我从家里开车过去要40分钟，有点远，房子目前没有人住。"

听到房东这么说，我心里很高兴，因为获得独家委托的机会非常大。我平静地说："您住得确实有点远，跑一趟来回就得花一个半小时。如果我一天有三个客户看房，您一天就得跑三趟！梁姐，您着不着急卖房？如果着急卖房，老是来回跑也太麻烦了。"

房东说："想卖但不着急卖，下班的时候顺路的话就可以过去开门配合看房。"

我打第一个电话的目的是让房东记住我这个人，让房东觉得我很专业，我的客户很多。人们常说感情是慢慢培养出来的，其实信任也是一样的。

刚入行的时候，我以房东的名义在网上发布房源信息，有很多经纪人给我打电话，想跟我谈独家委托。我刚接起电话的时候，他们都表现得非常热情，吹捧自己的公司有多好，问我考不考虑独家委托。我说不考虑，他们的态度就会发生 180 度的大转弯，语气也变得很不耐烦，好像我欠了他们很多钱似的。

我当时是这样想的：你第一次打电话给我，聊了还不到一分钟，我不知道你是谁，连你叫什么名字、长什么样我都不知道，你的能力怎么样我也不清楚，我为什么要无缘无故地跟你签独家委托合同？就算我不跟你签独家委托合同，你凭什么用这种恶劣的态度跟我说话？

站在房东的角度，这么想是很正常的。因为我有这些经历，所以在后来的工作中我往往能够进行换位思考，这对我的帮助非常大。现在，我第一次给房东打电话时目的只有一个，那就是让房东知道有我这么一个人，我不会提过多的要求。有了这个铺垫，下一步才是获得房东的信任。

既然房东不方便开门，我就想着先让房东配一把钥匙给我，完了再慢慢地跟房东谈独家委托也不迟。

"梁姐，您家的房子里有没有贵重物品？这个小区有很多房东都给我配了钥匙，我都给他们写了室内物品清单。我就住在这个小区里，随时都能过去给客户开门。而且，有不少客户只有晚上有时间看房，我带他们去看房也很方便。我住在 3 栋 1 单元，去您家只需要 2 分钟。"

我告诉她已经有很多房东给我配了钥匙，我自己就住在这个小区，带客户看房很方便，省去了她大老远跑过来开门的麻烦。不知不觉，我们之间的关系就拉近了。

房东有点不情愿地说："房子里有很多的家具、家电，有点不方便啊。"

"我给您写一份清单，把房子里的每一样家具和家电都写上去，包括品牌、型号等信息。如果家具、家电在带客户看房的过程中发生了损坏，我们公司照价赔偿。"

"嗯……我还是考虑考虑吧。"

我很清楚房东多半会拒绝我。我第一次打电话给房东，房东没见过我这个人，可能连我们公司都没听说过，不可能随随便便地把家里的钥匙给我，拒绝我再正常不过了。

我马上转移话题："下午有个客户想看房，您方便过来开门吗？"

房东说："我下午还要上班，开不了门。"

"梁姐，那我现在去找您拿钥匙，看完房就把钥匙给您送回去，您看行吗？"

"到时候再说吧。"房东根本不相信我。看起来，房东是一个非常谨慎的人，不会随便把家里的钥匙给别人。

"梁姐，那我先打电话给客户，问一下客户几点看房，之后再给您打电话约时间吧。"我说完就把电话挂了。

2. 让房东相信你有能力把房子卖出去

下午 3 点，我再次给房东打电话，电话很快接通了。

"梁姐，今晚我带一个客户去看这个小区的其他房子，您今晚 7 点钟有空开门吗？我想带客户去看您家的房子，这个客户诚心买房。"

打第一次电话的时候，我通过声音判断房东的年龄大概是 30 岁。在本地，这个年龄的女性多半已经成家甚至生孩子了。她下班之后可能要接孩子回家，还要做饭、辅导孩子写作业、做别的家务，事情肯定特别多。所以，她在晚上 7 点是不可能有空的。晚上 7 点已经天黑了，让一个女人出门开 40 分钟的车给客户开门，这个要求其实有点过分，而且她自己也会感到不太安全，所以她一定会拒绝我。

果然，房东说："如果是 6 点还行，我那会儿刚下班，可以顺便过去，7 点就太晚了。"

我叹了口气，说："客户 6 点半才下班，来到小区刚好 7 点。这位客户诚心买房，我已经带她看了一个多月的房了。梁姐，您在哪里上班，为什么这个时间下班呢？"

"我在银行上班，上班比较忙，所以这套房子卖了三个月都卖不出去。"

房东没时间过来开门，上班又比较忙，这正是我拿下独家委托的好机会。

我有点兴奋，但不能表现出来，我用平静的语气说："梁姐，您在银行上班，有时候接电话不方便，又没空过来开门。我有一个好办法能帮您解决这个问题，您想听听吗？"

房东问："有什么好办法？"我先让房东产生兴趣，再跟她谈独家委托的事情。

"梁姐，您听说过独家委托吗？"

"别的经纪人跟我提过，但我不想搞得太麻烦。做了独家委托之后，就不能给其他中介卖了。"

"梁姐，做了独家委托之后，房子就能更快地卖出去，而且成交的价格更高。我们刚签了一个独家房源，不到一个星期就卖出去了，也是这个小区的。"

"能这么快吗？"房东有些不相信。

我清了清嗓子，说："我们经理特别厉害，他是这个小区的'专业户'，他今年已经卖了六七套这个小区的房子。还有，我的同事小李也卖了五六套这个小区的房子，他们两个的客户都比较多。我们公司每年都卖二三十套这个小区的房子，3 栋 3 单元 501 室是我们上个月卖出去的，2 栋 1 单元 802 室是我们上个星期卖出去的。这个小区是我们公司的主推楼盘，这个小区的房子有一半都是我们公司卖出去的。我们手上有很多客户都想买这个小区的房子。

上一次，4 栋 1 单元 603 室的房东把房子委托了另一家公司，卖了三个月都卖不出去。后来，他把房子独家委托给我们公司，我们带了几个客户去看房，有一个客户看中了这套房子，当场就交了定金。我们公司只卖附近这几个小区的房子，我们的客户基本上只看这几个小区的房子，所以成交速度非常快。"

> 经纪人一定要在房东面前证明自己有足够的能力把他们的房子卖出去，只有这样房东才愿意跟经纪人继续聊下去。

房东想了想，说："我再考虑考虑吧。"这说明房东可能不是很着急卖房，也可能是她对独家委托还不了解。

第二天早上 10 点，我又给房东打了一个电话，电话很快接通了。

"梁姐，有一个客户想现在看房，您有时间过来开门吗？"

"中午 12 点可以吗？"

"我先打电话问问客户，看看客户中午有没有时间。"我说完就把电话挂了。

我手上有几位不着急买房的客户，我已经带他们看了一年多的房。他们只看不买，但随叫随到。即便如此，我也不断地约他们出来看房，万一他们看中了哪套房子，就会有成交的机会。所以，不管新出来的房源是好的还是一般的，我都会约他们出来看房，让他们陪我跑跑盘也是好的。

我挑房东上班的时间叫她过来开门，就是要让房东产生一种感觉：我没有时间过去开门，肯定错过了很多成交的机会。我每次给她打电话都说有客户想看房，就是要让她觉得我手上有好多客户都想买房，我也是诚心诚意为她服务的。只有获得房东的信任，先让她同意配一把钥匙给我，我才有机会跟她谈独家委托。

过了5分钟，我又给房东打电话："梁姐，客户中午没有时间，到了下午才有时间。您工作太忙了，总是没有时间过来开门。我建议您配一把钥匙给我，这样一来，您就可以省很多的心。经常有客户想看房，但您总是没时间过来开门，这样是很难把房子卖出去的。咱们约个时间去一趟您的房子，清点一下家具、家电，我写一份详细的清单给您。如果在带客户看房的过程中家具、家电发生损坏，我们公司照价赔偿，您完全没有后顾之忧。"

"嗯……我跟老公商量商量，再给你打电话吧。"房东的语气缓和了很多。

"好的。"我心想，八字终于有一撇了。

> 在跟房东谈独家委托之前，一定要让房东知道你有非常多的客户，你有能力在短时间内把这套房子卖出去，否则房东很难下定决心把房子独家委托给你。

下午3点，我又给房东打电话："梁姐，刚刚又有一个客户打电话给我约看房，您有没有时间开门？"

"我正在上班，等下班之后，我去你们公司看看吧。你们公司在什么位置？"电话里传出嘈杂的声音。

"您的电话号码是您的微信号吗？我加您的微信，把位置发给您。"

"我的电话号码就是我的微信号，你现在加我吧。"

"好的。"加了房东的微信之后，我就给她发了一个位置。

下午6点30分，房东到了我们公司，她发现我们公司是一家小公司，门店只有30多平方米，总共就七八个业务员。她皱起了眉头，这说明她对我们公司不满意。

我安排房东坐在接待区的小圆桌旁，给她倒了一杯水。我转身从钥匙箱里拿了一大串钥匙，跟她说这些都是这个小区房源的钥匙。她看着这串钥匙，愣了一下。

我说："梁姐，这个小区有很多房东都把钥匙放到了我们公司。我们公司经营这个小区已经很多年了，这个小区 60% 以上的房子都是我们公司卖出去的。"

我手上拿的那一大串钥匙里有一些是正在出租的房子的钥匙，有一些是正在出售的房子的钥匙，有些房子已经卖出去了，有些房子房东暂时不想卖。平时，我们会把这些钥匙拿出来给房东和客户看，好让他们知道我们公司有很多的房源。

为什么要这么做呢？因为人们都有从众心理。我记得有社会学家做过这样一个实验，参加这个实验的人和一大群实际上是演员的人站在路口，其他人都无视红灯，直接过马路。这个人本来想等绿灯，但为了不让自己显得很另类，他也会跟着其他人去闯红灯。这就是从众心理。

这一大串钥匙可以告诉房东：这个小区所有想卖房的房东都把钥匙放在我们公司，他们对我们公司非常信任，所以把钥匙放到我们公司是非常安全的。只要让房东产生这种从众心理，后面的工作就好做了。

房东微微点了点头，但是没有说话。我一直留意房东的表情，怕房东连钥匙都不给我配，见房东点头便连忙说："梁姐，我们先过去看房，我给您写一份详细的清单。"

3. 独家委托

房东站起来说："走吧，先去看房，一会儿我还要回家做饭呢。"

我马上起身，快速地拿了一份钥匙委托书、一份室内物品清单、一份独家委托合同和公司的印章。

小区就在公司的附近，走路过去大概只需要 3 分钟。路上，我通过眼角的余光观察房东的表情，房东脸上的表情舒展了很多，这说明她愿意把钥匙放到我们公司。下一步，我要想办法让她同意签独家委托合同。

我一边走，一边问："梁姐，其他经纪人跟您谈过独家委托吗？"

"有几位经纪人跟我谈过，但是我没签。"

"为什么呢？"

"我怕签了之后只能给一家中介公司卖，万一卖不出去怎么办？"

我点点头，说："梁姐，您这个想法也有道理，独家委托有利也有弊，但是，以您的情况来说，利大于弊。"房东转过头，一脸不解地看着我。

我自信满满地说："独家委托的第一个好处是防止其他经纪人打电话骚扰您。您在银行上班，有时候正在开会或者接待客户，不方便接电话，经纪人打不通您的电话，您可能就会错过成交的机会。做了独家委托之后，您就可以省去很多的麻烦。现在给您打电话的以经纪人居多，对吧？100 个电话有 99 个是经纪人打过来的。而且他们手上都没有实实在在想买您这套房子的客户。他们是不是都问您同样的问题——房子卖出去没有，现在什么价格，证满几年了？其实，这些都是骚扰电话。"

房东惊讶地看着我，问："小钟，你是怎么知道的？"

我笑了笑，说："我干这一行已经好些年了。每一位房东都会遇到这样的情况。独家委托的第一个好处就是防止其他经纪人打电话骚扰您。您把房子独家委托给我们，我们就会把您的电话号码屏蔽，只有我跟您单线联系，我会对您全权负责。如果我的同事想带客户去看房或者了解房子的信息，他们就会给我打电话，不会打给您。"

房东微微点了点头，继续往前走。刚才房东在认真地听我说话，我最好把独家委托的好处全部说完。之后，我看看房东的反应如何，再做下一步的打算。

"梁姐，独家委托的第二个好处是能帮您卖个好价钱。"

房东看了看我，意思是让我继续说下去。

"梁姐，现在 70% 的客户都是网络客户，他们都非常精明，跟一家中介公司看完房之后就让经纪人去谈价格。他们还会找第二家中介公司带他们去看房，然后让这家中介公司的经纪人帮他们谈价格，后面很可能还会找第三家、第四家。到最后，有很多家中介公司都在帮他谈价格，您觉得您能扛得住这么多中介公司的软磨硬泡吗？这些中介公司里都有经验丰富的经纪人，他们都经过专业的培训，都是谈价格的好手。"

房东摇了摇头，坚定地说："我就一个价格净收，不管他们怎么说，我都不降价。"

我也摇了摇头，说："梁姐，不瞒您说，每一个房东都会这么说，但最后能做到的几乎没有。您看，我的口才其实不是很好，但是整个市里有几千个经纪人，其中一些经纪人干了很多年头，砍价对他们来说就是家常便饭。他们天天打电话跟您谈价格，您烦不烦？有些经纪人会堵在您单位门口，等您下班的时候跟您谈价格；还有一些经纪人会跑到您的家里跟您谈价格，他们会想尽一切办法跟您谈价格。绝大部分房东根本经不住这种软磨硬泡，不知不觉地就把价格降了下来。梁姐，您觉得您能扛得住吗？"

房东皱着眉头问："小钟，你也是这样谈价格的吗？"

我笑了笑，没有正面回答她的问题，而是说："梁姐，现在大部分客户都是网络客户，他们会通过多种渠道获得房源信息。只要看中了您家的房子，他们就会找多家中介公司去跟您谈价格。如果您把房子独家委托给我们公司，不给其他中介公司卖，客户就只能找我们公司买。"

客户的表情没有什么变化，可能是因为我说得不够具体。我想了一下，决定换一种方法跟客户说。

"梁姐，打个比方，您去商场里买衣服，您在一家店里看中了一件衣服，但这件衣服的价格是 1 万元，实在太贵了。如果这家店不打折，您肯定会去其他店里转转，看看有没有同款的衣服，对不对？如果其他店里没有同款的衣服，而您又特别喜欢这件衣服，您会不会回来这家店买？这就是独家委托的好处。"

房东点了点头，但没有说话。

"梁姐，如果好多家服装店都有这件衣服，您会不会对比每一家店的价格，看哪家便宜就去哪家买？"

"肯定是哪家便宜就去哪家买啊！"房东说。

我笑了笑，说："梁姐，买房也是一样的道理。客户看哪家中介公司的报价低，就去哪家买。客户会通过多家中介公司跟您谈价格，您想不降价都难。"

房东愣了一下，但是只是一瞬间，然后问："小钟，你们公司只有几个人，什么时候才能卖出去？"

这个问题很难回答，如果我说一个月之内，她可能会说把房子独家委托给我们公司也行，但只给我一个月时间。这套房子的价格只是一个普通的市场价，哪有这么好卖？

我只好模棱两可地回答："梁姐，这就是独家委托的第三个好处——帮您快速地把房子卖出去。"房东一脸疑惑地看着我。

我挺直了胸脯，信心满满地说："梁姐，我们公司深耕这个小区已经五年了，积累了五年的客户，大部分客户都想买这个小区的房子。我们公司在网上发布的很多房源都是这个小区的，虽然我们公司的人不多，但只要客户在网上找这个小区的房子，就会看到我们发布的信息，所以您不用担心客户的问题。

我们公司每个人一年下来广告费就要花五六千元，一个门店 10 个人，一年在这个小区就能花五六万元的广告费，您觉得我们会没有客户吗？一个人在一个网站上可以发 40 条房源信息，就算只有 20 条是这个小区的，10 个人下来就是 200 条。在这个小区，我们公司的房源最多，小区里的很多业主都知道我们公司，都委托我们公司出租或者销售房子。只要客户想买这个小区的房子，不管他们之前看的是哪家的房子，我们都会推荐客户去看您家的房子。毕竟，独家房源才是我们公司的主推房源。梁姐，您想想，成交速度能不快吗？"

房东微微点了点头，但是脸上的表情没有变化。

4. 独家委托的三个好处

我继续说："以前中介公司经常在路边大量地贴小广告，但现在已经不贴了，因为一旦被抓住，就要交罚款。现在，我们会在一些专门设置的广告栏贴广告。不过，有时候我们刚贴上去，其他公司的经纪人就会把广告撕掉。所以，我们经常过去检查，如果有人把广告撕了，就重新贴上去。上个月有一个客户在广告栏上看到了我们贴的广告，当天就约我的同事看房，第二天就交了定金，这套房子就是独家房源。只有独家房源，我们才会不遗余力地打广告。"

房东点了点头，说："你们的确不容易。"

我笑了笑，说："梁姐，每隔一段时间，我们都会到附近的小商店发传单。"

房东疑惑地看着我，她显然不知道做二手房销售还需要发传单。

我说："梁姐，我们成交的很多单子都是通过传单找到客户的，因为有一部分客户不怎么上网，特别是上了年纪的客户。我们会给附近做小买卖的老板发传单，因为他们没有太多时间上网；我们会给菜市场里的摊贩发传单，因为他们也没什么时间上网；我们还会给小区附近学校门口的家长发传单，因为好些家长都很关注学区房，这些客户成交的可能性都是很高的。前两个月，我们通过四处发传单成交了两套房子，这两套房子都是独家房源。只有独家房源，我们才会大力地做推广。"

房东刚到我们公司的时候眉头紧皱，后来脸上的表情慢慢地和缓了，现在已经愿意跟我有一句没一句地聊天了。我知道房东刚开始为什么不信任我，因为她见我们公司只是一家小公司，而且只有几个人，她担心我们猴年马月才能把她的房子卖出去。这个时候，我跟房东吹嘘我们公司的实力如何强大是没有任何说服力的，所以我干脆跟房东说我们是怎么打广告的，打什么样的广告，我们通过哪些渠道找客户。听了这些话之后，只要是稍有社会阅历的人，就会认识到我们做了这些工作之后的确可以加快成交速度。通过这些话术，我逐渐地获得了房东的信任。

我说："梁姐，我们还经常在微信朋友圈发布房源信息。我卖这个小区的房子已经好几年了，积累了很多客户，也加了很多客户的微信。上个星期，我的同事在微信朋友圈发布了一条房源信息，结果很快就成交了，那个客户的微信是他去年加的。但是，我们不会频繁地发，否则就会跟微商一样，很快就会被客户拉黑。只有碰到特别便宜的房源或者独家房源，我们才会帮房东在微信朋友圈打广告。"

> 房东也是需要接受教育的，我们要告诉房东我们是如何找客户的，我们是如何打广告的，我们会做哪些类型的广告，哪一种广告可以吸引哪一种客户。房东接受了这样的教育之后，才会明白经纪人的工作是有价值的，才会相信经纪人有能力把他们的房子很快地卖出去。

"不把房子独家委托给你们，你们就不给打广告？"房东问。

我叹了口气，说："梁姐，不是独家委托的房源，我们很难控制，我们也没有办法控制客户，就算我们做了很多工作，到最后也都是浪费时间。上个月，有一个房东把房子挂到我们公司卖，他说他很着急，叫我们快点帮他找客户。我们公司所有的人都帮他打了好多广告，也找了好多客户过去看房，好不容易找到一位诚心买房的客户。我们跟客户谈了整整一个星期，客户好不容易才把价格加了上来，房东突然说不想卖了。我们花了整整一个月帮他打广告，帮他找客户，帮他做客户那边的工作，他一句话就不卖了，这不是逗我们玩吗？我们所有人都白忙了。每个人花的广告费加上人力、物力等各个方面的开销，一个月下来要2000元左右，公司还要支出房租、水电费，一个月也要1万多元，一个月下来的总开销得好几万元。房东突然说不卖了，我们公司就得损失一大笔钱。其实，我们做中介的也有难处啊！"

房东紧皱眉头，可能在思考独家委托的利弊，也可能在想我说的话是真的还是假的。

我刚才说了一大堆话，估计她一下子消化不了，我还是要反复强调独家委托的好处。我说："梁姐，我刚才说了独家委托的三个好处，您还记得吗？"

"哪三个好处来着？"房东果然不记得了。

"第一，没有其他经纪人打电话骚扰您；第二，帮您卖个好价钱；第三，帮您快速地把房子卖出去。"

房东还是紧皱眉头不说话。她在银行上班，应该是一个精打细算的人，她肯定在考虑把房子独家委托给我们公司能给她带来什么好处，可能会有什么坏处。我不再说话，以免打断她的思路。

到了她家的房子以后，她坐在沙发上，我拿着清单去清点家具、家电。写好清单之后，我坐在她的斜对面，把清单递给她，她看得很仔细。看完之后，她把清单放到了茶几上。我见她脸上仍然是一副不太放心的表情，就很快地想了一下如何消除她的顾虑。

我笑着说："梁姐，家具、家电要不要重新清点一遍？我怕我写漏了。"

房东站起来，说："好。"

我跟着她，从厨房开始一样一样地清点。只要她提出疑问，我就详细解释，比如，家电的型号是从哪里抄的。每一件物品她都要核对，看得出来她做事非常谨慎。我们花了大概 15 分钟，清点完了所有的家具、家电。我们回到客厅，坐到沙发上，我拿出笔和印泥，让房东先签钥匙委托书，心想等她签完字、按完手印再跟她说独家委托的事情。我担心万一她不同意独家委托，连钥匙委托书也不签了。

我说："梁姐，您跟我们公司签了独家委托合同之后，我们公司就按照您的报价去卖，绝对不会少一分钱。如果成交的价格高于您的报价，多卖的每一分钱都是您的，何乐而不为呢？现在的客户随时都会改变主意，上个星期我们好不容易和一个客户谈好价格，但房东没有空过来收定金。因为这套房子不是独家房源，所以我们也收不了定金，客户就回家了。客户跟家人商量之后，决定不买了，我们所有的工作都白做了。如果当时有独家委托合同在手里，我们就可以直接收客户的定金，不给客户反悔的机会。您看，把房子独家委托给我们之后，成交速度就会加快。"

"跟你们签了独家委托合同，你们卖不出去怎么办？"房东问。

我不知道房东问这个问题的目的是什么，于是试探性地问："如果到时卖不出去，您觉得会怎么样？"

房东瞪着我说："我又不是做中介的，我哪里知道？你们起码要给我一些保障，给我一些信心啊！"

听到房东这么说，我知道房东已经动心了，于是说："梁姐，您有这样的顾虑也是正常的，每一个房东都会有这样的顾虑。这样吧，我们公司有一种操作方式，公司可以给您几百元的保证金。当然，和房子的总价比起来，这点保证金不算什么。不过，如果我们在约定的时间内卖不出去您的房子，这个保证金就归您了。"

5. 用客户跟进房东

房东问："保证金到底是多少？独家委托合同一般签多长时间？"

我不慌不忙地说："梁姐，独家委托合同一般签 3 个月，保证金是 500 元。这500 元对您来说真的不算什么，但对我们来说是一种诚意的体现。卖房子不是什么开玩笑的事情，我刚才跟您说了，您把房子独家委托给我们之后，我们会做很多工作，也会产生很多成本，包括各种广告支出、员工的开销和门店的房租等，如果我们卖不出去，损失的不是 500 元保证金，而是几万元。您这边反而没有什么损失，只是房子晚一点卖出去而已。其实，我们比您还想尽快地把房子卖出去，因为只有这样我们才能尽快地收取佣金啊。"

房东微微点了点头，说："小钟，你有独家委托合同吗？给我看看吧。"

我从文件袋里拿出一份独家委托合同给房东看，房东认真地看了每一个条款，一边看一边问我具体的意思。房东每提出一个问题，我就详细地解答一番。就这样，看完一份独家委托合同足足花了 20 分钟。

房东说："我跟你们公司签一个月吧，但是你们要给我 500 元保证金。我是见你人特别老实才跟你签的，如果是别的经纪人，我才不会签。"

我一边摇头一边说："梁姐，一个月太短了，公司的领导是不会同意的。主要问题在于您的报价是 50 万元，这个价格有点高了。我们前两个星期刚成交一套户型相同的房子，总价才 47 万元。您这套房子以这个价格在一个月之内卖出去是非常困难的。这套房子已经挂在网上卖了 3 个月，肯定有很多中介公司给您打过电话，但问一下价格就没有下文了，对不对？其实，现在真正诚心买房的客户没几个。"

房东靠着沙发想事情，我也不说话，静静地等着房东的回复。签独家委托合同不是目的，在约定的时间内把房子卖出去才是最重要的。随随便便地把独家委托合同签了既是对房东的不负责任，也是对公司的不负责任。

大概过了 30 秒之后，房东叹了口气，说："小钟，我最多只能给你两个月，因为时间拖得太长就耽误我卖房了。"

我用为难的语气说："您稍等，我打电话问问经理，看他同不同意。"

我走到阳台，给经理打了一个电话，经理回复了一句话"签两个半月"，就把电话挂了。经理和别人谈判时有一个习惯——永远给自己留足够的筹码，他担心答应房东太快，房东就会讨价还价或者反悔。一分钟后，我回到客厅，坐到了沙发上。

我无可奈何地说："我们经理说签两个半月，因为您的报价确实有点高。"

"我给你们两个月，你们要签就签，不签就算了。"房东用坚决的语气说。

经理提前做了"卡位"是对的，如果房东能签两个半月，那是最好不过了；如果房东不肯，我们还有讨价还价的余地。从房东的角度来说，我们这边答应签两个月，她会产生一种成就感，她会认为自己通过谈判拿到了自己想要的东西。

我用无奈的语气说："好吧，我再给经理打个电话问问。"

我又拿出手机走到阳台，打电话给经理。大概过了一分钟之后，我又回到客厅，坐在沙发上。我用不太情愿的语气说："梁姐，我好不容易才说服了经理，他同意签两个月。您先签字、按手印吧，我叫经理通过微信把保证金转给我，我再转给您。"

折腾了这么久，总算把独家委托合同签完了，也把保证金交给了房东。

很多经纪人觉得把独家委托合同签下来之后就大功告成了，但这只是刚刚开始而已，把房子卖出去才是最重要的。如果你签独家委托合同只是为了完成公司交给你的任务，你就是在欺骗房东，这是一种非常不负责任的行为。

回到公司之后，我马上在各大网站发布房源信息。我之前开通了 58 网的网络端口，58 网的客服送给我一些置顶的余额，我在第一时间给这个房源做了置顶。50 万元的价格算是市场价，没有什么优势。就算有客户看中了这套房子，也肯定会讨价还价，所以房东特意叮嘱我把报价提高到 52 万元。

一个星期过去了，我接到了几个客户的电话，但他们只是询问一下价格，一个看房的客户都没有，我感到非常郁闷。

在此期间，我没有给房东打过电话。有一天，房东突然打电话给我。

"小钟，这几天有没有客户看房？房子看得怎么样了？"

我想到这几天同事带他们的客户去看了这套房子，就对房东说："这几天，我的几个同事带了 4 个客户去看您家的房子。昨天有个客户看上了您家的房子，但还价

45 万元，我觉得这个价格太低了，就没有打电话给您。客户在酒吧上班，睡到下午才起床。等下午 3 点之后，我让同事给那个客户打个电话。等我问清楚客户的情况之后，再给您回复吧。"我跟房东聊了一会儿就把电话挂了。

等到下午 3 点，我问同事那个客户怎么样了，同事说："客户加了 5000 元，现在的价格是 45.5 万元。"

很明显，房东的报价太高了，我得想办法跟房东谈谈价格。我想了一下待会儿应该怎么说，然后拨通了房东的电话。

我用无奈的语气说："梁姐，我的同事刚刚给客户打了电话，客户比较喜欢您家的房子。同事跟客户聊了 10 多分钟，客户加了 5000 元，现在的价格是 45.5 万。梁姐，您觉得这个价格怎么样？"

房东说："这个价格太低了，你让他加钱吧，不肯加钱就算了。"

我连忙说："晚上我再让同事给客户打个电话，看看这个客户肯不肯加钱，不肯加钱就算了。下午 4 点还有一个客户看房，我尽量帮您谈个好价格。"。

6. 一定要把做了哪些广告告诉房东

晚上 8 点，我接到了房东的电话。

房东问："小钟，下午 4 点的客户看房看得怎么样？"

我不慌不忙地说："客户看完之后说要考虑考虑，我还没来得及打电话跟进客户。明天早上我再打电话跟进一下，看看客户考虑得怎么样。"

挂了电话，我开始思考房东为什么老是打电话问我客户看房看得怎么样。我觉得房东很可能着急了，如果是这样，我能不能用不着急买房的客户来跟进房东，先把价格谈下来，再快速成交呢？这套房子现在的报价是 50 万元，根本没有客户打电话约我看房。

第二天早上，同事带着一位客户去看这套房子，还拍了一个小视频，他把小视频发到了公司的微信群里。我马上把小视频转发给房东，并给房东留言："同事带客户看了房，晚上跟进客户之后再给您回复。"

我之前跟所有的同事都打了招呼，只要带客户看这套房子，就拍一个小视频，并把小视频发到公司的微信群里。我可以时不时地把小视频转发给房东，向房东汇报工作，证明我们确实带着客户去看了她家的房子。

中午，我又给房东发了一个小视频，告诉房东有个客户看房，我跟进客户之后再详细说明情况。下午，我又给房东发了一个小视频，告诉房东有个客户出 42 万元，价格实在太低了，同事正在跟进客户谈价格，房东给我发了一个笑脸的表情。

不管房源是不是独家委托的，只要有客户看房，我们都要向房东汇报情况，让房东知道有客户在看房，我们正在为他的房子操心。只有这样，房东才会安心地把房子交给我们去卖。如果我们跟房东签了独家委托合同之后，一个月都没给房东打过一个电话，也没有告诉房东有客户看房，房东就会认为我们对他的房子根本不上心，很可能会偷偷地联系别的中介公司，委托别的经纪人帮他卖房。

又过了一天，仍然没有客户打电话约我看房。这样下去的话，这套房子是很难在两个月内卖出去的。既然房东把房子交给我卖，我就要对得起房东的信任，我必须有所行动了。

又过了一天，置顶已经到期了，我打算继续做置顶。网站页面显示置顶费用是200 元，我顺便拍了一张照片，用微信发给房东，告诉房东"我前几天花了 200 元做房源信息置顶，现在已经到期了，我继续花钱做置顶"，房东发了一个"辛苦了"的表情。

说来奇怪，这么长时间了，没有一个客户找我看这套房子。我继续给房东发小视频，告诉房东有两个同事带客户去看了她家的房子，客户的还价是 44 万元和 45万元。

房东在微信上问我："小钟，我的报价是不是太高了？"

这个问题其实不太好回答，如果我说这套房子可以卖 50 万元，我就很难找到客户；如果我说这套房子只能卖 46 万元，房东肯定不高兴，她可能会偷偷地联系其他中介公司。

我回复房东："现在的行情不是很好，我们公司前两天成交了一套户型相同的房子，价格是 46 万元。我的同事带了很多客户去看您家的房子，客户都说价格有点高，接受不了。"

房东很快回复我："我降 2 万元，你可以报 48 万元，请尽快帮我找客户吧。"

房东终于松口了，我非常兴奋，但我不能表现出来。我回复房东："好的，我帮您改一下价格。我尽量帮您多打一点广告，用最快的速度把房子卖出去。现在的报价是 48 万，但是客户看中了之后很可能还会谈价格，最后的成交价也许是 46 万元。"

房东回复："你先报价 50 万元，客户看中了再说。"我回复了一个 OK 的表情。

平时，我想尽一切办法去跟房东谈价格，很多房东都死活不肯降价。现在，我还没开口跟房东谈价格，房东就主动降了 2 万元。

我在微信朋友圈里发了这套房子的信息，报价是 50 万元，有几个朋友和客户在下面评论，问我什么时候可以看房、最低多少钱等问题。我一一回复，并把这些信息截图发给房东，房东给我发了一个点赞的表情。

又过了几天，还是没有客户看房，我感到很郁闷，心想：是房源有问题吗？还是我做的广告不给力？我能不能做点其他广告呢？

我用 A4 纸打印了一些广告，把这些广告贴到了小区附近的广告栏。我贴完之后拍了几张照片发给房东，告诉房东"今天我去小区附近的广告栏贴广告了"，房东又给我点赞。

贴完广告，回到公司不到半个小时，我就接到了两个客户的电话。他们都问我这套房子的情况，但是都只是了解价格，没有约我看房。一个小时之后，我去检查广告栏，发现广告都被撕掉了。我回公司打印了一些广告，重新贴到广告栏上，完了又拍了一个小视频发给房东，告诉房东"之前的广告被其他人撕掉了，我现在重新贴上去"。

这一个月以来，没有一个客户约我看这套房子，反倒是我的同事带着几个客户去看了这套房子，这种情况实在太少见了。刚想到这里，我的电话就响了，有个客户说要看房。

> 不管签没签独家委托合同，在跟进房东的时候，我们都一定要把自己打了哪些广告、花了多少钱、想了哪些办法通过照片和小视频告诉房东，让房东知道我们付出了很多努力。得到房东的信任之后，在成交阶段跟房东谈价格就比较容易了。

7. 签完独家委托合同后的第一次带看

我兴奋地跳了起来，马上拿着钥匙带客户去看房，这是签了独家委托合同之后的第一次带看。

这位客户 50 多岁，穿着一双擦得锃亮的皮鞋、一条黑色的西裤、一件白色带花纹的衬衫，挺着啤酒肚，夹着一个公文包。客户在房子里看了半个小时，仔细地看了每一样家具和家电，还有边边角角的地方。他每看一样家电都要开一下，看看能不能用。从这些举动来看，这个客户是一个比较精明、比较细心的人。

客户问：“这套房子最低多少钱？”

“50 万元。”

“43 万元，房东卖不卖？”客户面无表情地还价。

我的报价是 50 万，这一刀下去就砍了 7 万元，这个客户看起来是一个砍价的高手。

我说：“房东不可能接受这个价格。”

客户报的第一个价格不能信，我一定要咬住价格。客户的目的是打探底价，如果我直接把底价告诉客户，客户就会继续还价，谈判很快就会陷入僵局，所以我只能死咬着 50 万元不放。房东的底价只有我知道，只要控制底价，就能控制客户。

我想先了解一下客户的基本情况，便问：“李哥，您在这个小区看了多久房子了？”

客户说：“我看了一个多月了吧，这个小区的房子我基本都看过，儿子下个月结婚，所以我很着急买。你安排一下时间，把房东约出来，我跟房东当面谈。”

这位客户确实很精明，他想从我的表情、反应试探出底价。我面无表情地说：“好的，我回去就给房东打电话，问问房东什么时候有时间，完了我再给您打电话。”

客户说他也住在这个小区，他现在住的房子的户型和这个房子一样。他有两个儿子，其中一个儿子马上就要结婚了，他想买一套房子作为儿子的婚房。他还说 87 平方米的三居室住不下三代人，所以他想在同一个小区买一套户型相同的房子，以后有了小孙子，去儿子家里帮忙看孩子就方便多了。

我和客户谈了一下价格，他最后加到了 45 万元，我坚持不透露底价。我在房子里面跟客户聊了一会儿，然后回公司跟进房东。

在拨通房东电话的一刹那，我突然想到了一个问题：客户在这个小区已经住了好些年，也跟其他经纪人看了很多房子，肯定认识很多经纪人，跟物业也比较熟，他是一个非常精明的人，会不会跑单呢？想到这里，我出了一身冷汗。

房东问：“小钟，有客户看我家的房子了？”

我回过神来，说："梁姐，我刚刚带一个客户看了您家的房子。这个客户也住在这个小区里，他是做生意的，非常精明。客户最开始出的价是 43 万元，我跟他聊了半个小时，他又加了 2 万元。"

"这个价格不行。"房东用坚决的语气说。

我说："我知道这个价格不行，所以我需要您配合我一下，好让客户加钱。这个客户真的诚心想要买房。"

"怎么配合？"房东问。

"梁姐，这个客户是一个非常精明的人，他肯定会找其他中介公司来打探您的底价，还会找其他中介公司跟您砍价。可能会有一些经纪人说自己手上有客户要买您家的房子，然后跟您谈价格；还会有一些经纪人打电话让您涨价，说您家的房子可以卖 51 万元或 52 万元。这些经纪人的目的是让客户觉得您出尔反尔、不想卖房，然后带客户去看其他房子。客户也可能通过物业联系您，跟您谈价格。不管谁给您打电话，您就说已经把房子委托给我们公司了，让他们找我谈。他们用的方法和技巧我都懂，你全权交给我去谈，我会尽最大的努力帮您卖一个好价钱。"

"小钟，你会不会想得太多了？"房东笑呵呵地说。

我无奈地说："梁姐，可能是我想得太多了，但我干这行这么多年，经常碰到我刚说的这种情况，最后的结果是客户跑掉了，成交不了。"

房东笑呵呵地说："你放心吧，这段时间你这么辛苦地帮我找客户，我心里有数。不管谁打电话过来，我都让他们找你谈。"房东很爽快地答应了我，我放下心来。只要房东肯配合我，我就一定能想出办法和客户尽快成交。

当天晚上 7 点半，我打电话给客户，客户居然把我的电话挂了。隔了半个小时，我又给客户打了一个电话，客户还是把我电话挂了。我心想，客户是不是想跑单？

我在微信上问房东："今天有人给您打电话吗？"

房东回复："有个男的给我打电话，说他想买我家的房子，我让他打电话给你。当时我正在开车，不方便接电话，就把电话挂了。"我回复了一个 OK 的表情。

原来，客户真的想跑单，他很可能通过物业查到了房东的电话。如果不是提前跟房东打好了预防针，如果不是签了独家委托合同，这个客户可能真的会跑单。

第二天早上 10 点，我给客户打了一个电话，这次他接了电话。

我客客气气地说："李哥，昨天那套房子您觉得怎么样？"

客户也客气地说："小钟，那套房子45万元能不能卖？"

"李哥，这个价格太低了。我们最近卖出去的几套户型相同的房子都是以49万元成交的，您现在出45万元，房东是不可能卖的。我昨晚给房东打了一个电话，问她45万元能不能卖，结果房东数落了我一顿。"

客户还是客客气气地说："房东说最低多少钱？"

"昨晚我跟房东聊了一会儿，房东降了5000元，现在是49.5万元净收。"

客户说："你跟房东说，我只出45万元，能卖就卖，不能卖就算了。"我刚想说话，客户就把电话挂了。

我很熟悉这个小区，这个户型的房子从来没有以45万元的价格成交过。

8. 客户想跑单怎么办

第二天早上，一个客户打电话约我看房。我和客户约好在小区门口碰面，到了之后，我看到两个30多岁的男人正在聊天。我带着他们去看房，一路上他俩聊个不停。我听得清清楚楚，有一个在这个小区买了房，另一个是来这里玩的。已经买房的那位想说服朋友在同一个小区买房，也好有个伴。

他俩越说越兴奋，我心想这次有成交的机会。我拍了一个小视频发给房东，告诉房东有客户正在看房。

已经买房的那位问我："这套房子首付最低多少钱？"

我直接回答："这套房子首付最低要20万元。"

已经买房的那位继续问我："我买的时候首付才13万元，为什么现在要20万元？"

我无奈地说："今年房价涨得太厉害了，现在首付最低也要20万元。您应该是去年买的吧？"

已经买房的那位说："嗯，我是去年买的，你能不能帮他把首付做低啊？他现在没有这么多钱。"我无奈地摇了摇头，表示没有办法。

想买房的那位刚进门时一脸兴奋，现在脸上全是失落，看起来确实是钱不够。送走客户之后，我回到公司，看到房东给我发了一条微信，内容是"今天早上有两个经纪人打电话跟我谈价格"。原来，这两个客户也想跑单。

我问房东："他们是怎么说的？"

房东回复："他们说有客户要买我家的房，一个出 43 万元，另一个出 44 万元。我之前答应过你，所以我直接把电话挂了。"

如果不是签了独家委托合同，如果不是提前给房东打好了预防针，如果不是一早就让房东同意配合我，这套房子十有八九要跑单。

我无奈地拿起手机，打开微信，搜索客户的手机号码，看客户有没有开通微信。第一次申请加好友的时候，客户拒绝了；我很快又发了加好友的申请，5 个小时之后，客户才通过了加好友的申请。我估计他问了好多家中介公司，房东不理其他的经纪人，也不理他，他这才同意加我。我发了一段文字："我是 ×× 公司的小钟，前两天带您看过山水花园的房子，您还有兴趣吗？"

过了一个小时，我见客户一直不回复，就又发了一条微信："这个小区还有几套房子在卖，您明天有时间过来看房吗？我可以安排一下。"

这一次，不到两分钟，客户就回复了。

"多大的面积？什么价格？"

客户想看其他房子，这说明客户确实想要买房。我筛选出这个小区的 10 多个房源，做了一份表格，表格里有楼层、面积、装修情况等信息。我把底价也写了进去，最便宜的是 49 万元，最贵的是 55 万元。面对这种精明的客户时，必须使用特别的方法。我相信他早就跟别的经纪人看过这些房子，也知道这些房子的价格了。我手上的这个独家房源目前的价格是 48 万元，而且价格还可以谈，这就是我的王牌。

大概过了 10 分钟，客户回复："这些房子价格太贵了，有没有便宜的？"

我问："什么价格才算便宜呢？"

客户立刻回复："47 万元左右。"

看到这个价格，我立刻兴奋起来。我心想，成交的机会还是很大的。我马上回复："47 万元的房子也不是没有，就看您着不着急买了。"

他立刻回复："如果有 47 万元的房子，我马上交定金。"

看样子，这个客户确实诚心买房，我继续问："我之前带您看的那套房子，您觉得什么价格合适？"

客户马上回复："45 万元。"这个客户确实太精明了，刚刚还说 47 万元，现在又说 45 万元。

我反问客户："您觉得 45 万元这个价格可能吗？"客户发了一个偷笑的表情。

客户想要跑单，我必须先打消他跑单的念头，否则没法谈下去。我回复："李哥，您明知道这个价格不可能，为什么非要还个45万元的价？前两天有个人给我大姐打电话，说要买她家的房子，我大姐直接把电话挂了。这两天还有别的经纪人给她打电话，我大姐都不理他们。我大姐问我，最近好多人想买她家的房子，是不是房价要涨，她的房子是不是也应该涨涨价。"我暗示客户，如果继续找其他经纪人跟房东谈价格，房东就会涨价。

"房东是你大姐？"

我没有回复客户，反问了一句："您说呢？"这个客户疑心比较重，让他自己去想吧，想得越多越头痛。之后，客户不再回消息了。

第二天早上，我的同事带客户看这套房子，并把带客户看房的小视频发到了公司的微信群里。我给客户转发了这个小视频，告诉客户有人正在看房。

中午，我又给客户发了一个小视频，告诉客户有人正在看房，客户没有回复我。到了下午，我把网站上的置顶广告和微信朋友圈广告的截图，还有广告栏、传单广告的照片都转发给客户，还发了一段文字："我们公司现在主推这套房子，这是我自己打的广告，我的同事也打了很多广告，估计这套房子这几天就卖出去了。"

我要告诉客户，我们打了这么多广告，根本不愁这套房子卖不出去。客户有了危机感之后，才会好好地跟我谈。

晚上7点半，客户在微信上给我发了一条消息："这套房子最低多少钱？"

我回复："50万元。"

我估计他已经问了不少经纪人，但都没有给他报价。这个独家房源的性价比很高，装修比较温馨，可以拎包入住，这就是我的底气。他的儿子马上就要结婚了，没有时间装修房子，这套房子非常适合他。

"你不是说47万元吗？"

"我什么时候说过这套房子的价格是47万元？"

客户把之前的聊天记录的截图发给我，还用红笔把那句话圈起来："47万元的房子也不是没有，就看您着不着急买了。"

我马上回复客户："确实有一套47万元的房子，在顶楼，而且是毛坯房。"

这套房子已经卖了半年了，一直卖不出去，客户肯定看过这套房子。他的儿子马上要结婚了，根本来不及装修，而且他跟我看房的时候说过不要顶楼的房子，所以我知道他肯定不会买这套房子。顶楼的房子和其他楼层的房子价格至少相差 3 万元，加上装修、家电、家具的话，至少相差 10 万元。我相信客户肯定算得清这笔账。

晚上 9 点，客户在微信上回复："家里人想明天早上 10 点去看房，你方便开门吗？"

看起来，客户终于沉不住气了。

9. 让房东配合促成交易

第二天早上 10 点，他们一家六口人过来看房，连没过门的儿媳妇也过来看房。他们非常熟悉这个小区的户型，可能比我还熟悉，我就不费口舌介绍了，一个人走到阳台上看小区的风景。

过了大概 10 分钟，客户走到阳台上，问我："小钟，你打电话给房东，问问房东现在有没有时间，我想跟房东见面谈。"

"约中午或者下午吧，这个时间我大姐在上班呢。"我说。

现在他们一家六口人都在，就算把房东叫过来，他们六个人六张嘴，肯定会有不同的意见，最后也很难成交。

不过，如果客户见不到房东，他就不可能彻底相信我。现在看起来，客户诚心想要买房，而且我已经跟房东沟通好了，也不怕客户跑单，还是让他们见面谈比较好。只要客户愿意加一点钱，房东愿意降一点价，就有很大的机会成交。

把客户送走之后，我马上掏出手机给房东打电话："梁姐，有个客户想跟您见面谈，您下午什么时候有时间？"

房东高兴地问："客户诚心买房吗？我下了班还要接孩子呢。"

我说："客户诚心买房，如果不诚心，我是不会打电话给您的。您看，这么长时间了，我打电话让您跟客户见过面吗？"

房东想了一会儿，说："下午 5 点半行吗？"

"好的，我先打电话问问客户 5 点半有没有空，完了再和您约时间。"

挂了房东的电话，我马上拨通客户的电话："李哥，我大姐 5 点 40 分到我们公司。您一定要带 2 万元现金过来，谈好了直接交定金、签合同。您也知道，这几天有很多人在看这套房子，如果双方谈好了但您不交定金，我大姐可能第二天就会涨价。这几天好几个经纪人给她打电话，她一直问我要不要涨价。"我要让客户知道，谈价的机会只有一次。

"好的，5 点 40 分在你们公司见吧。"

我突然想起来中介费的事情，赶忙说："李哥，我们这边收 1% 的中介费。不管你们谈成什么价，只要成交，我们就收房屋总价 1% 的中介费。"

"中介费不是房东给吗？"客户反问。

"我们公司的规定是收房东两个点，收客户一个点。后续我们还要帮您办理过户等手续呢。40 多万元的房子，中介费才 4000 多元。"

客户不耐烦地说："到时候再说吧。"

我理直气壮地说："如果您同意支付中介费，就见面谈；如果您不同意支付中介费，就不用谈了。"这是独家房源，所以我有充足的底气，如果客户不同意支付中介费，我宁愿选择不成交。

客户沉默了一会儿，说："4000 多元是吧？我同意支付中介费。"说完就把电话挂了。

我马上给房东打电话，跟房东确认时间。

"梁姐，这个客户太精明了，还的价比较低，但是我有办法当场成交。"

"什么办法？"房东问。

"我跟客户说您是我大姐，见面之后您叫我小弟就行。还有很多细节，不过在电话里说不清楚。您 5 点半准时到我们公司就行，我到时候跟您细说。"房东答应了。

为什么让房东提前 10 分钟到公司？有了这 10 分钟，我就可以跟房东提前沟通好如何给客户降价。

下午 5 点 30 分，房东准时来到我们公司。我带着房东到办公室里，给她倒了杯水。我坐在房东旁边，说："梁姐，我现在给客户报的价是 50 万元。待会儿见面之后，客户肯定会跟您讨价还价。这位客户太精明了，刚开始还价 43 万元，我花了几天时间做客户的工作，他才加到了 47 万元。但是，我知道您不可能接受这个价格，所以我们需要一起想办法让客户加到 48 万元。"

"嗯……小钟，你有什么办法吗？"我本来想说说自己的办法，但是见房东一脸轻松的样子，我决定先听听房东的想法。

我说："我倒是想了几个办法，不过，我拿不准行不行得通。"

房东充满自信地说："谈判是我的强项，你一会儿配合我就行。"

我一脸好奇地看着房东，问："我怎么配合您？"

房东得意地说："小钟，待会儿你留意看我的手势，我十指相扣，你就劝我降价，我会说看在我弟弟的面子上降 5000 元，你想办法让客户加 3000 元。我再次十指相扣，你就再次劝我降价，我还是说看在我弟弟的面子上降 5000 元，你再想办法让客户加 3000 元。也就是说，每次我十指相扣，你就劝我降价，我就会降 5000 元。你不是说这个客户很精明吗？咱们分四次给他降价，我一降价，你就让他加钱。"

我竖起大拇指，夸赞道："梁姐，您才是真正的谈判高手啊！"房东笑着点了点头。

我突然想起了中介费的事情，赶忙说："梁姐，这个客户非常精明，他过来之前已经答应给我 1% 的中介费，我怕他过来谈好价格之后就不给中介费了。您看，我们一个单子才挣不到 1.5 万元的中介费，公司要扣除各种费用和成本，而且这个房源是我的同事先登记的，他要拿走一半的业绩，最后到我手上也就是 1000 多元。我已经花了几百元帮您打广告，如果客户那边不给中介费，我真的是白忙活半天啊。"

房东笑着说："小钟，我知道你很辛苦，如果客户不给中介费，我就不签字。"

之前，我把自己打的所有广告和带客户看房的经过都通过图片、小视频或者文字汇报给房东，好让她知道我付出了多大的努力，并得到她的信任。如果之前没有做好这些铺垫工作，现在就很难开口和房东谈中介费的事情。

过了几分钟，客户一个人来到公司。我介绍买卖双方认识，客户刚坐下来，就开始展现他的口才，叽里呱啦说了一大堆。房东的表情一直很轻松，我见客户说得差不多了，就转头看着房东。房东很自然地把手放在大腿上，十指相扣。

我见状赶紧说："大姐，李哥这边诚心买房，您就给他降点价吧！"

房东用无奈的语气说："好吧，看在我弟弟的面子上，我降 5000 元，49.5 万元。"

客户当然不会同意，他不给我开口的机会，继续展现他的口才。过了几分钟，我觉得客户说得差不多了，给房东递了一个眼神。房东也给我递了一个眼神，意思是：刚才咱们说好了，我这边降 5000 元，你就让他加 3000 元，你还没有完成任务呢。

我心领神会，笑呵呵地对客户说："李哥啊，我觉得您的口才特别棒，特别适合干我们这一行。以后有时间的话，您可以过来给我们做一场培训。"

客户一下子没反应过来，隔了几秒自己笑了。

我抓住机会赶紧说："刚才我姐已经降了 5000 元，您是诚心买房，她是诚心卖房，总不能一直叫她降价，您好歹也加一点。您看，加个 3000 元？"

客户又打开话匣子，说了一堆降价的理由，但最后同意加 3000 元。客户刚说完，房东就将身体侧向我，把一只手放在沙发的扶手上，然后抬起另一只手，十指相扣。

我转过头，笑着对房东说："姐，李哥这边确实有困难，他刚才也表示了诚意，您看价格能不能再优惠一点？"

房东犹豫了一会儿，说："这样吧，我见你诚心买房，看在我弟弟的面子上，我再给你优惠 5000 元，49 万元。"

客户一脸无奈的表情，他心里的成交价是 47 万元，虽然刚才加了 3000 元，但还是比房东让步后的底价低 1.7 万元。

我又转过头对客户说："李哥，我姐这边已经降了 1 万元了，这个诚意真的没话说了。您要是诚心买房就再加点钱，要不然，我姐降 1 万元，您才加 3000 元，这还怎么谈？"我先用这句话把客户的嘴堵上，让他知道不加钱根本没办法往下谈。

客户低下头想了一会儿，咬了咬牙，说："我最多出 47.8 万元，您要是同意，我就交定金、签合同；您要是不同意，那就算了！"

我没想到客户一下子加了这么多钱，我觉得现在可以成交了。我不敢露出放松的表情，我在心里默默地告诫自己：绝对不能为了成交而直接压低价格，否则就会失去底牌。

如果我一下子把价格压到最低，客户就会觉得成交太容易了，就会产生怀疑，很容易反悔。只有让客户觉得他好不容易才把价格谈下来，他才能获得成就感，才不容易反悔。

人们常说的那句话很有道理：越容易得到的东西越不珍惜，越难得到的东西越珍惜。

10. 跟房东配合

房东换了一个坐姿，十指相扣，很自然地把手放在大腿上。

我转过头，对房东说："姐，李哥这边直接加了 8000 元，也真的很有诚意。您这边还能不能再让一点？"我现在要把价格降到位，让客户看到成交的希望，这样客户才愿意继续谈。

房东说："我弟弟帮我卖房挺辛苦的，那就再给你优惠 5000 元吧，48.5 万元。"

这个价格比客户刚才咬着牙报出的最高价还高了 7000 元，客户肯定不会同意。不出意料，客户又一次展现他的口才，东拉西扯地说了 10 多分钟，他一边说一边看房东的反应。

房东一直很轻松，因为她不用动脑筋，也不用花力气去说服客户，说服客户加钱是我的任务。客户看到房东不是很着急卖，自己反而越说越着急。

突然，房东的手机响了，房东接起电话："好的，我现在就过去。"房东挂了电话，起身要走。

我不知道发生了什么情况，起身拦住房东，问："姐，价格还没有谈好呢，您这是去哪儿啊？"

"刚才有朋友打电话过来，说有人要买房，叫我过去谈。你的客户说了半天都不肯加钱，我先去那边看看。"房东从容地说。我回头看了一眼客户，客户满脸着急的表情。

我拉着房东说："现在不就差 7000 元吗？您先坐下来，再给我 5 分钟，如果谈不成，您就去那边谈。"

房东没有说话，坐下来跷着二郎腿，明摆着告诉客户"你爱买不买，价格就这样了"。

我坐下来，劝客户："李哥，现在只差 7000 元，要不这样，两边都让一步，各让 3500 元，您看怎么样？"

客户低下头，想了很长时间，最后抬起头说："唉！那就加 3500 元吧！"

我在约买卖双方见面之前给客户打了预防针，现在终于起作用了。这套房子目前是这个小区户型相同的房子里最便宜的一套，他的儿子急着入住，我估计客户考虑到了这两点，才这么爽快地答应加钱。

我赶紧抓住机会成交："李哥，定金带来了吗？"客户从包里拿出两叠现金，每叠 1 万元。

我转过头对房东说："姐，李哥诚心买房，您看，定金都带过来了。现在还差 3500 元，您这边……"

房东犹豫了一下，估计她在考虑这套房子是不是卖便宜了。看到房东的表情，我的心一下子悬了起来——房东不会想涨价吧？

房东想了一会儿，说："那就降 3500 元吧！我是看你的面子才给他优惠的，如果是其他的经纪人，我一分钱都不降。"

我马上拿出提前写好的合同，当场把价格填上去，给他们每人一份，然后各递一支笔给他们。我说："如果有什么不对的地方，用笔画出来，我重新写一下。"

客户指着中介费的条款说："我不出中介费，中介费由房东出。"合同上面写着房东出 2% 的中介费，客户出 1% 的中介费。

我还没说话，房东就抢着说："我弟弟帮我卖房，我都给他两个点的中介费，如果你不给中介费，我就不卖了。"说完，她把合同放到了桌子上。

房东的语气很坚决。我心想，可能是因为我帮她多卖了 1500 元，她想感谢我吧。

我连忙说："李哥，过来之前，我不是跟您说好了吗？我们收 1% 的中介费。"

客户看了看房东，又看了看我，无奈地摇了摇头，继续看合同。

看到客户默认了，我悬着的心终于落了地。谈单就像坐过山车一样，免不了起起伏伏，在没交定金之前，各种危机都有可能发生。不过，这个单子最终顺利地成交了。

总结 | SUMMARY

做二手房销售，得房源者得天下。

很多中介公司以前对独家委托这件事不太重视，这几年才发现了独家委托的重要性。现在，很多中介公司都会采取这种做法：它们不是签一两个独家房源，而是把整个小区一半以上的房源签下来，甚至"垄断"整个小区的房源。

有一家公司就是这样做的。这家公司财大气粗，不断地鼓励员工去签独家房源，签下一个独家房源就给房东 500 元保证金。假设签下 10 套，只要能成交 1 套，成本就收回来了。这家公司在一个城市就有 1000 多个员工，根本不愁独家房源卖不出去。如果碰到一些特别便宜的房源，这家公司甚至可以给房东 5000 元或 1 万元保证金，前提是房东愿意签 3 个月的独家委托合同。有一个小区的绝大部分房源都掌握在这家公司手里，只要客户想买这个小区的房子，最后都会找这家公司买。

现在信息传播非常便捷，很多房东在网上发布房源，很多客户在网上找房源。你带客户看完房，客户回到家就从网上找到了房东的电话，很可能偷偷成交了你都不知道。

不少经纪人带客户去看房，客户看中了一套房子，但不愿意给那么多的中介费，要求经纪人打折，如果经纪人不同意，客户就很可能跑去其他中介公司成交。

鉴于以上种种情况，为了保证收取全佣，很多中介公司都主推独家房源，根本不会用心推非独家房源。我个人认为，中介公司拥有越来越多的独家房源应该是未来行业的发展趋势之一。

第五章

诚 意 金

诚意金是谈单过程中最好用的工具之一。诚意金也叫意向金，不同的地方有不同的叫法，但用法是一样的。有很多经纪人不会用诚意金，这些经纪人在谈单的过程中往往会遇到很多的问题。

你碰没碰到过下面这样的客户？

你带客户去看了一套房子，客户非常喜欢这套房子。这套房子的底价是 100 万元，客户看房的时候当场还价 98 万元。你花了一天时间跟房东谈价格，终于谈到了98 万元。

第二天，你兴高采烈地给客户打电话说："房东同意按 98 万元卖给您了，您什么时候有空过来交定金？"

客户说："我跟家里人商量一下，明天给你回复。"

第三天，客户没有打电话，你忍不住给客户打了一个电话。客户说："我跟家里人商量过了，能降到 97 万元就买。"

你对客户说："好的，我再打电话跟房东谈价格，回头给您打电话。"你又花了一天的时间跟房东谈价格，房东同意降到 97 万元。

你马上给客户打电话说："房东同意按 97 万元成交了，您什么时候过来交定金？"

客户说："我再跟家里人商量商量，很快回复你！"

隔了一天，你再打电话给客户，客户却不接电话了或者直接说不买了！

其实，很多客户只是看房的时候觉得房子还不错，随便还了一个价，他们根本没有打算买这套房子，你又何必为不诚心买房的客户变卦而伤心呢？

当客户说"只要谈到 ×× 万元就买"这样的话时，你要用诚意金来试探客户，看客户到底是不是诚心要买这套房子。如果客户不愿意交诚意金，就马上给客户推荐其他房子，不要在之前的那套房子上浪费时间。

下面分享一个关于诚意金的案例，这个案例可以帮助大家学会跟进客户、让客户相信自己、防止客户跑单或者反悔。

1. 帮客户找房源

一天早上，我在公司上网发房源信息。发了一个小时，眼睛有点涩，我就走到店门口透透气。突然，我的手机响了，我马上接起来。

"你好！我想看城市花园小区 72 平方米的两居室，现在可以看房吗？"电话里传出一个女人的声音。

听口音，客户应该不是本地人。我怕她不了解这个小区，就问："您知道城市花园小区吗？"

"我知道，我大概半个小时后到。"

"好的，那我们一会儿见面聊。"

半个小时之后，我在小区门口等客户，等了 20 分钟，客户还没到。我拿出手机给客户打电话："大姐，我已经到小区门口了，您到了吗？"

"马上就到。"客户说完就把电话挂了。

我想走但又不敢走，万一是诚心买房的客户，岂不是错过了成交的机会？又等了 20 分钟，我看到一辆黑色捷达汽车慢悠悠地开了过来。车里坐着两位大姐，其中一位降下车窗打电话，我的手机突然响了，我正想接电话，那位大姐拿着手机冲我招了招手，电话也挂断了，看来给我打电话的就是她。

我指引她们停好车之后，带着她们朝着房子的方向走，两位大姐你一言我一语，说的都是我连一句都听不懂的方言。我想问客户具体的需求是什么，但是根本插不上话。我带她们到了房子以后，她们还是用家乡话聊个没完。

我见她们看得差不多了，就问："大姐，您觉得这套房子怎么样？"

"我再看看。"客户头都不回，仿佛我根本不存在。

我足足等了她 40 分钟，她就回我一句话"我再看看"，我心里当然很不爽，但是我不能把这种情绪表露在脸上，这是经纪人的基本素质。

下了电梯之后，我放慢脚步，跟在客户后面。客户的电话突然响了，接起电话冷冷地说："马上到！"说完就把电话挂了。

原来，不止我一个人在等她，还有其他经纪人也在等她，而且恐怕等得更久。

白天带客户看完房，晚上一定要跟进客户，因为这时客户对房子还有一些印象，如果等到第二天再打电话跟进客户，客户很可能已经忘了这套房子是什么样子了。

当天晚上跟进客户还有一个好处，如果客户看不上这套房子，就可以马上为客户匹配其他房源，约客户第二天看房。如果等到第二天再跟进客户，客户已经安排好了当天的工作，很可能当天没有时间去看房，到了第三天才有时间。还有一种可能是客户跟别的经纪人去看了你推荐的这套房子，万一客户看中了，跟别的经纪人成交，那你就亏大了！

晚上8点，我打通了客户的电话："大姐，您好，我是小钟啊，今天中午带您看了城市花园的房子，您还记得吗？"

"嗯，我记得，你说吧。"客户冷冷地说。

"您觉得这套房子怎么样？"

"房子还可以。"客户冷冷地说，不带任何情绪。我没有办法通过客户的语气判断客户到底喜不喜欢这套房子。

我继续问："您觉得小区环境怎么样？"

"一般。"

"您觉得这套房子的户型和楼层怎么样？"

"一般。"

很明显，客户对这套房子的兴趣不大。我本来还想问她对房子的装修、家具、家电有什么意见，但听她这个态度，也就不用问了。

再在这套房子上面下功夫纯属浪费时间，我打算重新了解客户的需求，重新给客户匹配房源。我话锋一转，问："大姐，您看房看了多久了？"

"没几天。"

"那您有没有喜欢的小区或者地段？我们公司有很多便宜的房源，我可以找其他合适的房子带您去看。"

"有合适的再说吧。"客户说完就把电话挂了。

每一个经纪人都会遇到这样的客户，他们根本不把经纪人放在眼里，也很难沟通。而且，她刚刚出来看房，没有喜欢的小区，也没有喜欢的地段，看到合适的房子也不会出手，肯定还想多对比几套房子。

有一些经纪人带客户看完房之后，不敢打电话跟进客户，总是用微信跟进客户，这种做法大有问题。为什么这么说？因为很多客户每次回复不超过10个字，有些客户第二天甚至隔好几天才回复。用微信跟进客户时，经纪人没有办法通过客户的语气、语调来判断客户是否喜欢这套房子，也没有办法知道客户的真实想法。有些客户上了年纪，不太会在手机上打字，所以收到经纪人的消息之后根本就不回复。

带看之后跟进客户是非常重要的，这是因为：如果客户看中了，经纪人就可以让客户出价，然后引导客户交诚意金，跟房东谈价格，快速进入价格谈判阶段；如果客户没看中，经纪人就可以问客户为什么不喜欢（也许是不喜欢小区的环境，也许是对楼层、装修或户型等不满意），当场确认客户的需求，马上重新为客户配房源，安排第二天的带看。

如果你用微信跟进客户，万一客户不回复消息，或者没办法用文字把自己的意思表达清楚，你就不清楚客户的真实想法，也就不知道如何给客户匹配房源，如何再次跟进客户。

之前客户看了城市花园的两居室，价格是40万元左右。公司的房源太多，我一下子想不起来应该向她推荐哪个小区的房子。

我在计算机上打开地图，查找公司附近面积在70平方米左右的两居室。我看到了北方花园，就想起来这个小区有一个68平方米两居室的户型。我打开房源系统，查找北方花园的两居室，打电话联系房东，落实最新的价格，最后选出了两套最便宜的记在本子上。

我继续看地图，想起来都市花园也有一个75平方米两居室的户型。我打开房源系统搜索都市花园的两居室，又打电话落实了两个便宜的房源，记在本子上。

我接着看地图，看到了世纪花园，这个小区好像也有一个两居室的户型。我记不清了，就用百度搜索世纪花园的户型，确实有一个75平方米两居室的户型。我打开房源系统，搜索世纪花园的两居室，落实了两个便宜的房源，记在本子上。

我花了1个多小时，选了五六个小区，准备了十几个两居室的房源。

第二天一早，我给客户打电话。

"大姐，您好，我是小钟啊，我昨天带您看过房。我这里有几套两居室挺不错的，您有没有时间了解一下？"

"什么小区？"客户冷冷地说。

"北方花园有个 68 平方米的两居室，您看过吗？"

"这个小区我还没看过，多少钱？"

"这套房子目前是这个小区最便宜的一套两居室，现在卖 47 万元。"我自信地说。

"太贵了，有没有 40 万元以内的房子？"

客户说北方花园贵，我就不提北方花园了，马上给客户介绍其他房源。

"大姐，世纪花园有一套 75 平方米的两居室，您去看过吗？"

"我知道这个小区，但没去看过，多少钱？"

"40 万元。我觉得这套房子可以去看看。其实，买房就像买鞋一样，要多看、多试，鞋合不合脚，只有看了、试了才知道。多看几套，对比一下，只有这样才知道什么样的房子适合自己。大姐，您说对吗？"

客户想了一会儿，说："你刚刚说的这套房子什么时候能看？我最近到处看房，跟你去看看也行。"

"您一般什么时候有时间？我联系一下房东，安排好时间之后再给您打电话。"

"我一般下午都有时间，你联系好房东再给我打电话吧。"

"大姐，要不这样吧，反正您也要过来看房，我干脆多准备几个小区的房源带您去看，把附近的小区都了解一下，也对比一下户型。等您选中了小区、选中了户型，我再帮您找这个小区最便宜的房源，您看怎么样？"

"那你安排好之后再给我打电话吧。"

"大姐，跟您聊了这么久，我还不知道您贵姓呢。"

"我姓张，弓长张。"

"好的，张姐，我安排好房源之后再给您打电话。"我说完之后就把电话挂了。

客户说话的态度客气了很多，这倒不是因为我多会说话，而是因为我能给客户带来价值——我能帮客户找到更多的房源、更便宜的房源。如果我无法给客户带来任何价值，客户为什么要找我买房呢？

> 带客户看完房之后，客户很可能不太满意，这时经纪人要再次为客户匹配房源。很多经纪人只找到一套房源就打电话约客户看房，如果客户觉得这套房子还是不够好，就很可能直接把电话挂了。此时，不少经纪人就会开始埋怨客户，说客户不是诚

心来买房的。

　　我思考问题的时候喜欢换位思考。如果我去买房，而经纪人手上没有适合我的房源，我也会直接把电话挂掉。因此，经纪人要想成功地把客户约出来看房，就必须多准备几个房源，一个房源不合适，就马上推荐另一个房源。

　　我先带客户去看世纪花园的两居室，客户说房子太旧。接着，我带客户去看北方花园的两居室，客户说有个卧室太小，而且价格太高了。

　　客户已经 50 多岁了，如果选择贷款，只能贷几年，而且要支付很多手续费、提供各种证明、支付可观的利息，所以客户想要一次性付款。

　　虽然我已经准备好了十几个房源，但我每隔两三天才带客户去看两三个。公司上了新的房源，我也会约客户去看房。如果一次带客户看完十几个房源，就算客户看中了，也不会马上出手，因为客户还没看够，还想多对比几套房子。

　　如果没有房源，我也不知道该跟客户聊什么。如果没有房源，即便我每天都跟进客户，客户也不会理我，因为我不能给客户带来价值。所以，我总是用房源跟客户保持联系。

　　如果客户着急买房，看中了马上就能交定金，我就会集中在一两天内带客户看完十几个房源。大部分房源都是公开的，就算你不带客户去看房，别的经纪人也会带客户去看。所以，面对不同的客户，带看的方法也要有所不同。

　　客户看房已经一个月了，还没有看到让她想要立即出手的房子，所以我根本没提成交的事情。很多经纪人只带客户看了一套房子就频繁催促客户成交，这样做只会让客户对经纪人感到厌烦。

　　我的做法是在进入成交阶段之前先得到客户的信任。得到客户的信任之后，客户每看一套房，都会告诉我他们的想法，让我帮他们参谋一下。

　　我非常诚恳地为客户提供意见，比如，这个小区好在哪里、不好在哪里，这个户型好在哪里、不好在哪里，这套房子的装修好在哪里、不好在哪里。客户觉得我真心实意地为他们提供意见，就会更加信任我。

2. 给房东打电话时的话术

　　我带客户看房已经一个月了，我对客户的需求、家庭情况等非常了解。客户想要买 40 万元以内的房子，她想留点钱装修和养老。

有一天，我突然在房源系统里看到一套富贵花园的两居室。前几天我有一个客户指名买这个小区的房子，我觉得这套房子也挺适合张姐。我想先打电话问问房东房子的情况，然后向客户推荐这套房子。

我马上拨通了房东的电话。

"周哥，您好，我在我们公司的房源系统里看见您有一套富贵花园的房子在卖，现在房子卖出去了吗？"

房东有些不耐烦地说："没卖呢！你手上有没有买家？你们这些中介公司天天打电话问东问西，但一个诚心买房的买家都没有！"

"周哥，我手上有一个诚心买房的客户，这才敢打电话给您。客户前几天看过这个小区的房子，她指名买这个小区的房子，我看到您家的装修挺好的，就打电话问一下您能不能约个时间带客户过去看房。"

我的做法和很多经纪人都不一样，我总是一上来就告诉房东我手上有客户诚心买房，而且指名买这个小区的房子。我这样说很容易获得房东的信任，如果房东根本不信任我，很可能几句话就把我打发了，根本聊不下去。

"每一家中介公司都这么说，也不知道是不是真的有人买房。"房东的语气比刚开始缓和了一些。

我马上转移话题："周哥，我们公司的房源系统登记的信息不是很详细，万一登记错了，给客户报了错误的信息，客户就会推翻之前谈好的价格，以信息错误为借口继续压价。我想跟您核对一下信息，这也是为了您好。您现在方便吗？"

很多房源信息是刚入行的同事登记的，他们只是为了登记而登记，所以很多信息登记得不够详细，甚至有不少错误。有些经纪人根本不核实房源信息就往下推进工作，结果最后栽了跟头，彻底失去了客户的信任。所以，我总是先仔细核对房源信息，确保所有信息无误之后才向客户推荐房源。

房东不说话，可能之前其他经纪人根本没有和他说过这些，他正在想核对房源信息是不是真的对他有利。隔了几秒，他说："那你核对吧。"

"您这套房子的门牌号是 3 栋 2 单元 201 室吗？"

"是的。"

"您这套房子是满五唯一、没有贷款吗？"

"是的。"

"周哥，您现在想卖多少钱？"

"33 万元。"

"周哥，这个价格有点高，我是给客户报 33 万元还是报得高一些？我怕报得高了，客户就不过来看房了。"我自问自答，目的是试探 33 万元是不是他的底价。

有些经纪人可能会直接问："我给客户报 33 万元吗？"这种问法大有问题。33 万元很可能是净收价，而且不包含中介费。如果经纪人这样问，房东可能会很反感，并心想："这是你的房子还是我的房子？你这是想套我的话吗？"

"你先报 34 万元，有人看中了再谈价格。"房东说。

听到这个价格，我感到很兴奋，因为市场价是 36 万元左右。

"33 万元包含中介费吗？"

"包含两个点的中介费，你尽快带人去看，我急着用钱呢。"

我压抑住兴奋的情绪，用平静的语气说："周哥，如果下午有客户想看房，我怎么带客户去看房呢？"

"钥匙在门卫那里，你自己去拿钥匙带客户看吧。"

我听到钥匙放在门卫那里，心里不知道有多开心，因为我随时可以带客户去看房，而且买卖双方见不着面，客户不知道房东的想法，房东也不知道客户的想法，这对接下来的谈单非常有利。

"好的，周哥，我下午带客户看完房再向您汇报情况。"我挂了电话之后，马上骑着电动车去小区门口，从门卫那里拿到了钥匙。

这个小区是 2000 年左右建成的，以前属于单位房。整个小区有 16 栋楼是步梯楼，小区中间有两个大花园和几个凉亭，住在这个小区的都是那个单位的干部。这套房子在 2 楼，我以前看过这个户型的房子——方方正正的 78 平方米的两居室，阳台朝南，没有公摊面积。

我走进房子，发现这套房子整体翻新过，墙壁刚刚粉刷过，门和厨房也是新的，但是家具、家电很陈旧，看样子已经用了十几年了。沙发是老式的木沙发，冰箱很小，洗衣机很小，电视机也很小。

我看完锁上房门，在小区里面转了一圈，发现一楼全都是杂物房，我看到了这套房子的门牌号。我马上掏出手机拨通了房东的电话："周哥，我在一楼看到了您家的杂物房，这个杂物房是送的吗？"

房东想了想，说："送吧，送吧，尽快帮我卖出去。"

这个价格还送杂物房，我心里别提多高兴了。

"周哥，我看到这串钥匙还有一把钥匙，这把钥匙是不是杂物房的？"

"是的。"

"好的，我现在就打电话约客户看房。"

房东突然严肃地说："你先别跟客户说这个杂物房是送的，等客户看中之后，谈到合适的价格再说杂物房可以送给他。昨天有个经纪人开口就对客户说送杂物房，把我的底价都告诉了买家，结果买家还不依不饶地谈价格。我没降价，那个买家就走了。"

"行，您放心，我知道了！"

我打开杂物房的门，进去看了一眼。杂物房的面积大概有 5 平方米，已经装好了电灯和插座，至少能放两辆电动车，还可以放其他的杂物。

我掏出手机给前两天指名买这个小区的那个客户打电话，客户冷冷地回复："暂时不买房了！"客户怎么突然变卦了？我真搞不懂她的想法，一会儿说着急买房，一会儿又说不买了。

我带着沉重的心情回到了房子，站在客厅里想怎么给张姐介绍这套房子。如果直接带她来看房，她肯定看不中，理由有三个：第一，小区太老了；第二，装修太差了；第三，家具和家电太旧了。不过，这个价格客户倒是能接受。

3. 介绍养老房

我在客厅里来回走动，琢磨怎么给客户介绍这套房子。

> 　在约客户看房之前，经纪人要先亲自去看房，想清楚如何给客户介绍这套房子，如何说服客户来看房。只有做好准备工作，成交率才会高。

半个小时之后，我突然想到了办法，于是马上给客户打电话，电话很快接通了。

"张姐，我现在手上有一套房子特别适合您。虽然房子稍微旧了一点，但是我觉得这套房子特别特别适合您。"我反复强调这套房子特别适合客户，这样才能引起客户的兴趣。

"小钟，你慢点说，你跟我说说房子的情况。"

"张姐，在电话里说不清楚，我现在就在这套房子里，您现在有没有时间过来看房？房东急着卖出去。"

"什么小区、多少钱、几楼、装修怎么样？"客户问。

房东让我跟客户报34万元，但我看到网上有很多经纪人报33万元。客户认识这么多经纪人，如果我把价格报高了，客户很可能会找别的经纪人买或者不再信任我。

我想了想，说："张姐，这个小区是以前的单位房，名叫富贵花园。这套房子现在卖33万元，步梯二楼，简单装修。这个小区住的都是那个单位的干部，年纪跟您差不多，素质都不差。您想想，早上有人陪您晨练，中午有人陪您打牌，晚上有人陪您散步，这不就是您想要的退休生活吗？如果您买了新小区的房子，很多房子都是空的，根本没人住，您住进去能放心吗？新小区里基本上都是年轻人，您连个说话的人都找不到。就算小区再漂亮、房子装修再好，但是没有同龄人作伴，您也不会住得开心啊！"

她的老公自己开公司，平时很忙，很少在家。我之前带她看了很多房子，她反复跟我说想在老人比较多的小区买一套房子，起码能找个人陪她买菜、跳广场舞或者逛街。

客户沉默了一会儿，然后问我："小钟，你说的靠不靠谱啊？"

"张姐，我带您看了这么多房子，我忽悠过您吗？"客户又沉默了好久。

"行吧，反正我现在也没什么事情，看看也好，我现在打车过去。"

"张姐，您干吗要浪费钱？我骑电动车过去接您吧。"

"我现在离那个小区挺远的，我打车过去大概要半个小时，我怕你的电动车没那么多电开到这里。"

我心想，打车都需要半个小时，骑电动车来回岂不是要一个多小时？我的电动车还有20%的电，肯定开不到那里。

"好吧，那我在房子里等您。"我说完就把电话挂了。

我去楼下的超市买了一瓶矿泉水，又回到房子里，坐在客厅的沙发上想待会儿怎么样向客户介绍这套房子。过了半个小时，客户还没到，我已习惯了她每次都迟到。再看时间，已经过了一个小时，我实在忍不住了，掏出手机给客户打了过去。

"张姐，您到了吗？"

"再有 10 分钟就到了。"

"张姐，您不用着急，我还在房子里等您呢！"

又等了 15 分钟，我的电话响了，客户终于到了小区门口，我马上下楼去接客户。到了小区门口，我跟客户打了一声招呼。我看了一下时间，已经是下午 4 点多了，小区门口来来往往的人不少。

我微笑着对客户说："张姐，我先带您看看小区的环境吧。"

我先带她看小区的环境，免得她进入房子看到那些陈旧的家具、家电之后就不想买了。我打算重点介绍这个小区的住户及附近的配套设施。我以前出租过这个小区的几套房子，也卖过两套房子，我对这个小区还是比较了解的。

客户站在小区门口，看了看老旧的小区，又看了看我，表情有些无奈。

"小钟，看看就看看吧，都到这里了。"

我诚恳地对客户说："张姐，我刚才在电话里已经说了为什么要约您看这个小区的房子。这个小区的空气特别好，这个小区的好多住户都是单位的干部。虽然看起来旧了一些，但小区里的路都是干干净净的，花花草草也都是整整齐齐的。"

我指着小区的保安亭说："保安亭 24 小时都有保安值班。您看，每一个角落都有摄像头。这个小区这么多年都没有发生过盗窃案件，您知道为什么吗？"

客户问："为什么？"

我挺直腰板说："这个小区住着几位公安局的领导，小偷根本不敢来。"一个女人独自住一套房子，多多少少都会有一些害怕，所以我用安全性来消除她的顾虑。

"张姐，您看小区的凉亭。现在是买菜的时间，有好几位大姐坐在那里聊天，晚上人更多。您住一段时间之后就认识小区里的住户了，也不用担心一个人在家无聊了。您可以跟其他大姐打打球、跳跳广场舞或者逛逛街。"

我瞄了一眼客户，看她是不是正在认真地听我说话。她正打量小区里来往的行人，看样子她在琢磨我说的话是真的还是假的。

我指着一个方向说："那边有一个菜市场，骑电动车过去只需要 3 分钟。再往前走就能看到一个小公园，早上有很多人在那里运动，晚上有很多大姐在那里跳广场舞。离小区不远的地方还有一个大超市，您平时可以跟其他人结伴去逛超市。"

我指着小区里的健身器材说："张姐，您看，这里有很多健身器材，您早上可以来这里活动筋骨。现在有很多人平时不怎么运动，结果肩、腰、腿全是毛病，不是这里疼，就是那里疼。如果每天来这里运动 10 分钟，您肯定会更健康。"

我指着前面的一块空地说："张姐，这里每天早上都有人打太极，您会不会打太极？"客户摇了摇头。

我说："张姐，人是群居动物，只有找到人陪您玩、陪您运动、陪您聊天，您才会过得开心，这才是老年人应该过的生活。"

我看着客户，客户正在皱着眉头思考，估计在想我说的话到底有没有道理。她买房的目的就是养老，我说的都是跟养老有关的事情。她肯定没想到我会说这些，她之前只想着买个小区环境好的、空气好的、比较安静的房子作为养老房。

对老年人来说，如果买了一套这样的房子——去买菜要开半个小时车，去公园要开半个小时车，回到家就关上门，两个老人大眼瞪小眼，就跟住进鸟笼没什么两样。小区环境当然很重要，但拥有良好的人际关系对快乐养老来说更重要。

我突然想到了以前的一个客户，于是说："张姐，我以前有一个客户通过我买了一套用来养老的房子。这套房子是 80 平方米的两居室，装修花了 20 多万元。这个小区的环境在咱们市是数一数二的，物业管理也特别好。他们夫妻两个在老家住了一辈子，很少吵架，但自从住进这套房子就天天吵架。过了一年，他们就把房子卖了，亏了 20 多万元的装修费。您知道为什么吗？"

客户一脸疑惑地看着我，我没有说话，因为她还没有问我为什么。如果我没有激起她的好奇心就直接说出答案，她肯定不会认真听，也不会产生深刻的印象。客户见我没有往下说的意思，终于忍不住开口问："为什么？"

我笑着说："张姐，客户卖完房之后对我说，老太太天天在小区里瞎转，没有人陪她说话，因为这个小区刚交房不久，入住率还不到 3%，根本就没有多少住户。而且，入住的都是年轻人，跟她也聊不起来。她只能回到家找大爷说话，但大爷有自己的兴趣爱好，哪能时时刻刻陪着她，一来二去，两个人就免不了吵架。在老家的时候，老太太可以串门、找邻居聊天，大爷也能找到其他人陪他玩，两个人过得都挺开心。他们买这套新房本来是为了开开心心地养老，哪知道住进去之后两个人天天闹别扭。最后，大爷干脆把房子一卖，回老家去了。"

> 不同的客户有不同的需求。即便是同一套房子，面对不同的客户时，所使用的话术也应该不一样。根据客户的需求，有所侧重地向客户介绍房子，客户才会感兴趣。

客户听得很入神，我估计她家的情况差不多也是这样的。我觉得铺垫工作做得差不多了，可以带客户去看房了。

我说："张姐，我们去看房吧，我有钥匙。"客户点了点头。

走进房子以后，客户看到家具、家电和装修情况，眉头皱得更紧了。我当然知道客户一定会做出这个表情，因为她之前说要精装全配的房子，省得折腾。我得先想办法把家具、家电的事情说清楚，免得客户纠缠这个问题。

我说："张姐，家具和家电确实旧了一些，不过这不重要，您知道为什么吗？"客户看都不看我。

我指着有些生锈的绿色小冰箱说："买二手房，冰箱肯定是要换的，为什么呢？之前的住户吃剩的饭菜全都放在冰箱里，万一住户有什么传染病，病菌就会随着剩饭剩菜进入冰箱。您想想，为了自己的健康，是不是得换掉冰箱？"

客户的眉头皱得更紧了，我指着阳台上米黄色的小洗衣机说："洗衣机就更别提了，之前的住户用它洗过内衣内裤，也不知道有没有皮肤病什么的，您肯定不会安心地把自己的衣服放进去洗。您想想，为了自己的健康，是不是得换掉洗衣机？"

我走到主卧门口，指着床说："张姐，买二手房千万不要留下之前的床。您想，之前的住户每天晚上都睡在这张床上，兴许还有别的乱七八糟的人睡过。您住进来之后，每天睡到这张床上，心里能舒服吗？"

我指着掉皮的衣柜说："衣柜和床都是配套的，既然要换床，衣柜也得一块换掉。只要是买二手房的客户，我都会建议他们把床和衣柜换掉，宁愿买一套便宜的，也不要睡别人睡过的床，因为你根本不知道之前有什么样的人睡过这张床。"

我本来想说饭桌，但一转头看不到饭桌，而且餐厅也有点小，干脆就略过不提。

我指着客厅里老旧的沙发说："张姐，这套沙发有些破旧了，我觉得实木沙发更适合您。"客户微微地点了点头。

我走到厨房门口，对客户说："张姐，您看，厨房是重新装修过的，您买个煤气灶和抽油烟机就可以做饭了。"客户没有说话。

我又走到卫生间门口说："我觉得这个卫生间还不错，洗手盆和马桶都是新的，省了不少事。"

4. 看完整个小区的房源

我走进客厅，看了看墙壁，指着雪白的墙壁说："张姐，房子住久了之后，边边角角的地方就会发霉，变得很脏。所以，买二手房一定要重新刷墙。您看，这套房子的墙是刚刷过的，买下来就能直接入住。"

显然，客户对这套房子还没有产生购买的冲动，我接着说："张姐，买了这套房子，您买一台洗衣机、一台冰箱、两张床、两个衣柜，就可以直接住进来了。这台电视机是 32 英寸的，虽然小了一点，但可以将就着看。两间卧室都有空调，不用重新买了。如果您不喜欢这个沙发，您可以重新买一个沙发。即便换掉所有的家具和家电，也花不了 1 万元。"

客户没有什么反应，我就试探性地问："张姐，这个小区还有其他房源，要不要多看几套，对比一下？"

客户拿出手机看了一眼时间，想了想，说："既然来了，就多看几套吧。"

我给同事打了一个电话，让她把另外两套房子的钥匙拿过来，同事说 5 分钟后到。我在等客户的时候已经打电话和同事说好了，让她帮我找这个小区的其他房源，到时候一起带客户看房。

"我的同事现在带钥匙过来，大概 5 分钟后到，我们下楼看一眼杂物房吧。"

客户愣了一下，问："还有杂物房？"

我点了点头就走出了房子，等客户也走出来，我一边关门一边说："张姐，这个杂物房还不错，可以放两辆电动车充电，暂时用不到的一些杂物也可以放进去。每个家庭都免不了会有一些杂物，大家都喜欢把它们放到阳台上，但这样放又占地方又挡阳光，晒衣服、被子的时候很不方便，想坐在阳台上晒晒太阳都没有地方。还有，如果去外面给电动车充电，一个月怎么也得花几十块钱。有了杂物房，一个月只需要花几块钱电费。时间长了，光充电就可以省一大笔钱。所以，这个杂物房是非常实用的。"

我带着客户来到了杂物房，客户站在门口认真地看着。

"小钟，这个杂物房是送的吗？"

我想起了房东说的话——等客户看中了房子，价格谈好了，再说送杂物房给客户。我只是摇了摇头，没有说话。

客户一脸兴奋地说："如果送杂物房，我就可以考虑买这套房子。"

客户的说法是先送杂物房再考虑买不买，这就说明客户还没有下定决心买这套房子，所以在这个时候我还不能松口。前几天的那个客户指名买这个小区的房子，还说一定要买这个户型的房子，但隔了几天又说不买了，我碰到过太多这样的客户了。如果现在松口说送给她，她又不下单，就白送了。这个杂物房可能是房东最后的筹码，没有房东的同意，我不可能现在就把这个筹码扔出去。

我看了看时间，已经过了 5 分钟，正要拿出手机给同事打电话，这时远处有个人向我招了招手，原来同事已经到了。

"张姐，我的同事到了，我们过去看房吧。"

同事领着我们上了 4 楼，走到一间房子门口敲了敲门。很快，有一位阿姨打开了门，让我们进来随便看。我们一起走进房子里面，阿姨走进厨房做饭去了。

这套房子的户型和刚刚那套房子的户型一样，装修风格是中式的，家具都是实木的，看起来很漂亮，房子里面非常干净整洁。客户走进卧室看了看，走进厨房、卫生间和阳台看了看，在客厅里来回走动，不知道在想什么，看样子有点舍不得走。

客户突然走进厨房问那位阿姨："您好，您是房东吗？"

我见客户过去直接问阿姨，瞬间出了一身冷汗。我刚才只是安排同事把钥匙拿过来带客户看房，并没有给客户打预防针，也不知道同事有没有给这位阿姨打预防针。万一客户真的喜欢这套房子，直接跟房东谈好价格，那么我之前的工作就都白做了。如果客户和房东谈好价格，并且双方都不给中介费，只给我们一个代办手续费，场面就会变得非常尴尬。

阿姨正忙着做饭，头也不回地说："我不是房东，我是租客。"

可能很多经纪人都带客户来看过这套房子，客户经常问阿姨这个问题，她已经习惯了。我悬着的一颗心总算落了地。我看着同事，同事也看着我。我递了一个眼神，她对我笑了笑，她知道我想说什么。我和同事配合了好几年，成交了很多单子，所以她联系房东看房的时候，我根本不会过问，我对她特别放心。

人靠衣装马靠鞍，房子靠装修。看得出来，客户喜欢这套房子的装修。

客户有些兴奋地问："小钟，这套房子卖多少钱？"

我小声说："张姐，咱们出去再说吧，在这里说话不是很方便。"我指了指正在厨房做饭的阿姨。

走出房子之后，我问同事这套房子卖多少钱，同事对客户说："张姐，这套房子稍微贵一点，总价是 38 万元，而且有些家具要搬走。"客户点了点头。

我和同事带客户看了很多房子，同事跟客户也挺熟。我问同事还有没有别的房子能看，同事拿出手机拨了一个电话，电话很快接通了。

"王哥，您到房子里了吗？好的，好的，我们现在就过去。"

同事把电话挂了，微笑着对客户说："张姐，还有一套房子可以看，简单装修，总价是 36 万元。咱们先去看看，看完再说。"客户点了点头。

我拿出手机，用微信问同事是否已经给房东打好了预防针，同事发了一个 OK 的表情。

5. 带看之前要打好预防针

之前我疏忽了，这次可不能犯同样的错误了，我得马上给客户打预防针。

"张姐，一会儿去看房，您就算看中了，也不要表现出来。如果像刚才那样，您觉得房子不错就舍不得走，房东就知道您看中了他们家的房子，接下来我们就很难跟房东谈价格了。您想想，如果您正在卖房，有一位客户一眼就看中了您家的房子，表现出很想买的样子，您会不会主动降价卖给他？"

客户有些不耐烦地点了点头。我停下脚步，一脸认真地说："张姐，一会儿去看房，就算您看中了，也要出了房子再告诉我，我会帮您去跟房东谈价格。我们有一套完整的谈价方法。您千万不能让房东知道您看中了他们家的房子，如果房东知道了，就不可能同意降价了。"

"小钟，你已经跟我说了很多遍了，我知道应该怎么做。"

我心想，您嘴上说的和刚才做的可不一样啊，我能不多说几遍吗？

在带客户看房之前，一定要给买卖双方都要打好预防针。有一些客户根本不相信经纪人的报价，也不按经纪人说的去做，见了房东就直接问房东底价是多少，这往往会让后续的价格谈判的难度大大提高，甚至无法进行。保险起见，房东那边也要打好预防针。

> 经纪人怎么给房东打预防针？我一般会跟房东这样说："我带这个客户看了很多房子。他确实诚心买房，但每次带他看房，他还的价都很低。现在，我们给客户报的价是 100 万元。待会儿客户去看房，客户问您价格的时候，您就说 100 万元。如果客

户想跟您谈价格，你就说已经把房子交给中介公司代理了，让他和我们谈，我们尽量帮您卖个好价钱。这个客户非常精明，如果他知道您着急卖房，还的价只会更低，所以谈价格的事情您就交给我吧，我保证谈一个让您满意的价格。价格不满意，您也不会卖，对不对？"

如果买卖双方在看房的时候直接把价格谈好了，就会反过来跟经纪人谈中介费。不少客户会说："你只带我看了一套房子就拿三五万元的佣金，你们中介公司也太黑了吧？"

如果经纪人坚持中介费不打折，客户和房东就很可能因为不愿意支付中介费而放弃交易，然后找别的愿意打折的中介公司来成交。中介费不是一笔小钱，不是三五百元，也不是三五千元，往往是三五万元，这笔钱足够买一套家具了，所以客户和房东计较中介费也是可以理解的。

因此，在带看之前，经纪人一定要给买卖双方打好预防针，上好双保险。

到了房门口，同事敲了敲门，然后往后退了一步，等着房东开门。

之前，有一位同事带客户看房，敲完门之后就凑上去看猫眼，想知道里面有没有人。这个房子的门是往外开的，房东猛地把门打开，一下就撞到了他的鼻子，鼻血不停地往外流，那个场面别提有多尴尬了。

房东很快把门打开，让我们进去。房东说了一句"你们随便看"，就坐在客厅的沙发上玩手机。

这套房子装修很简单，家具和家电也很普通，估计之前一直处于出租的状态。如果买了这套房子，家具和家电肯定要全部换掉。

我坐在客厅的沙发上跟房东闲聊，让客户自己看房。之前我已经跟客户说了这套房子里有哪些家具和家电，装修情况如何，就没有必要再说一遍了。

我以前有一位同事，他在带客户看房的时候总是跟客户保持1米的距离，客户往前走一步，他也往前走一步，客户往后退一步，他也往后退一步客户看什么，他就介绍什么。他的这种做法会让客户产生一种很不舒服的感觉。

打个比方，你去买衣服，走进一家服装店，销售员一直跟你保持1米的距离，好像防贼一样。你刚拿起一件衣服，销售员就马上给你介绍这件衣服，说这是最新款的；你又拿起一件衣服，销售员又马上给你介绍这件衣服，说这是今年最流行的，你会不会感到很烦呢？

假设你现在要买房，你跟着经纪人去看一套房子，你觉得这套房子很不错，你会不会考虑客厅里的沙发买多大的、怎么摆，电视机买多大的、怎么摆，卧室里的床买多大的、怎么摆，衣柜买多大的、怎么摆？如果经纪人在你旁边说个没完，总是打断你的思路，你会不会感到很烦呢？

我带客户看房的时候，总会尽可能地给客户留一点空间，让客户自己思考，而不是一味地自卖自夸，等客户提出疑问再给客户解答也不迟。

客户之前看过户型相同的房子，所以只看了 2 分钟就走了。下楼之后，我问同事还有没有其他房子可以看。同事不紧不慢地从包里掏出两把钥匙，说："还有两套可以看，一套是两居室，一套是三居室。"

我扫了一眼钥匙上的门牌号，这两套房子我之前都看过，这个小区两居室的户型都是一样的，三居室的面积稍微大一些。

我对客户说："张姐，我们去看看吧，这两套房子的装修都不错。人靠衣装马靠鞍，房子靠装修。您可以多看看别人家是怎么装修的，等您买完房之后，就可以按照自己喜欢的风格去装修。"

客户有些累了，带着一脸不情愿的表情说："小钟，两居室的户型都是一样的，还有什么好看的？三居室面积太大，我用不上，三居室就不看了。"

我说："张姐，买房和买衣服差不多。您买了一件几千元的衣服，如果不会搭配，那么这件衣服穿在身上的效果就跟几十元的衣服差不多。反过来，您买了一件几十元的衣服，如果裤子、鞋、发型都搭配得很好，显得您特别有气质，那么这件衣服穿在身上的效果就跟几千元的衣服一样。有些人懂得装修，花 2 万元就能装出 10 万元的效果；有些人不懂装修，花了 10 万元才装出 2 万元的效果。那套房子就在前面，看一下也就需要 5 分钟。"我说完就直接走在前面带路，不给客户拒绝的机会。

同事语气温和地说："张姐，我们是为了您好。我们见您诚心买房，才带您多看几套；如果是别的客户，我们根本不会准备这么多房源。买房的时候就要多看几套，这样才不会买错。"我和同事已经形成了很好的默契，我说服不了客户，她就出面说服客户，她说服不了客户，我就出面说服客户，这就是和同事配合带看的好处。

客户一脸无奈，但还是选择跟着我们去看房。

> 为什么要带客户看这么多房子？客户看这么多房子不会看得眼花缭乱吗？假设你要买房，你跟着经纪人去看了好些房子，觉得有一个小区还不错，回家之后你会做什么？你会不会上网把这个小区的全部房源找出来，打电话约经纪人去看房，一套一套地对比，看哪一套便宜、哪一套装修比较好、哪一套更适合自己就买哪一套？
>
> 现在，90%的房源都是网络房源，你有的房源别人也有。你不带客户去看房，客户就会找别的经纪人去看房。如果客户找别的经纪人买，我前面做的所有工作都是白费力气。所以，与其让客户找别的经纪人去看房，还不如我自己带客户多看几套房子，至少我很清楚客户喜欢哪一套、不喜欢哪一套，也能更有效地掌控客户。客户见我这么卖力地带他看房，也不好意思跑单。

我带着客户很快就走到了前面那栋楼三层的一套两居室房门口。走进房子之后，我站在阳台上看风景，同事坐在沙发上等客户。两居室的户型都是一样的，该说的话之前已经说了，所以我们就让客户自己看，留出时间让她思考一下将来怎么装修房子。

这套房子也是重新装修过的，打扫得干干净净，家具和家电刚买了不到半年，房东自己住在这里。这套房子的装修风格比较适合年轻人，看起来温馨时尚。

客户站在客厅中间，双手抱在胸前，看样子她比较喜欢这套房子的装修。她先走进主卧看了看床和衣柜，然后走进餐厅打开冰箱看了看，接着走到阳台打开洗衣机看了看，完了又走进厨房打开橱柜门看了看。最后，她回到客厅，双手抱在胸前，似乎在考虑如果买下这套房子应该怎么装修。

过了好一会儿，客户说看完了，可以走了。通过她刚才的举动可以看出，她还是比较喜欢这套房子的，因为她连续看了三套户型相同的两居室，但看这套两居室的时候足足花了10多分钟。在这个时候不适合提成交的事情，毕竟客户接受这个小区还需要一定的时间，而且我现在也不能百分之百地确定客户喜欢这套房子。

我带着客户走到小区门口，转头问客户："张姐，您现在去哪里？我送您过去吧，您就不用打车了。"

客户想了想，说："我住的地方离这里不远，你送我回去吧，我懒得打车了。"

我去路边骑上电动车回来，对客户说："张姐，您着急回去吗？要不我带您到小区附近转转，看看菜市场、小公园和其他的配套设施吧。"

客户掏出手机看了一眼时间，说："走吧，去转一转也好。"同事见我带着客户去兜风，就自己骑着电动车回公司了。

菜市场就在小区门口不远的地方。到了菜市场门口，我停好车，带客户进里面逛了一圈。其实，我也不太清楚这个菜市场里什么菜比较便宜，我只是挑本地人喜欢吃的几样菜说说。我有时候自己做饭，有几道菜做得还凑合，我凭着有限的做饭经验跟客户聊这个菜怎么做汤，那个菜怎么炒好吃。客户做饭的经验比我丰富多了，说起炒菜、做汤，她来了兴趣，跟我说起了她平时是怎么做饭的。

从菜市场出来的时候，客户还在不停地跟我说做饭的事情。我心想，带客户来菜市场算是来对了，这个菜市场离小区非常近，客户肯定会对这个优点印象深刻。说到最后，客户说买了房子之后邀请我到她家做客，让我尝尝她的手艺，也让我教她几道本地菜的做法，我笑呵呵地答应了。

我骑车带着客户到了小公园门口，停下车来，简单地介绍了小公园里有哪些适合老年人参加的活动。接着，我带着客户绕着小区转了一圈。低头一看，我的电动车还有 10% 的电。我怕待会儿走到半路车没电了，就先把客户送回了酒店。

晚上 7 点，我打电话跟进二楼两居室的房东。电话一接通，我马上说："周哥，我今天带客户看了您家的房子，客户觉得还不错。我想问问您这套房子现在最低多少钱，过一会儿我打电话跟进客户，想办法让客户下单。"

"33 万元净收，啥也不管。"房东不耐烦地说。

我心想，居然涨价了？这个房东真的不好把握啊。

"周哥，您今天下午不是说 33 万元，还包括中介费吗？"

"刚刚别的经纪人打电话过来说他那边可以 33 万元净收。"房东理直气壮地说。

真是涨价比翻书还快啊！我隐约感觉到房东买卖房子的经验很丰富，就试探性地问了一句："周哥，我看这套房子刚装修完没多久，是不是买的时候就打算很快转手？"

话一出口，我觉得自己问得太直白了，马上解释："周哥，我必须跟客户说清楚证件的问题。我以前接触过不少炒房客，他们事前不跟我提公证委托书的事情，最后拿着公证委托书跟客户签合同。很多客户是第一次买房，不相信公证委托书，所以不敢签合同，成交不了。最后，房东和客户都怪我，说我太不专业了。您说我冤不冤？周哥，房本上是您的名字，还是做公证委托书？"

> 　　有时候，因为房东没有时间或没有条件到现场办理手续，就会办理公证委托书，委托第三人跟买方签订房屋买卖合同，办理过户手续，缴纳相关税费，协助买方办理贷款，办理水、电、煤气、有线电视、物业交割等手续。
>
> 　　有些买房投资的人会利用这个漏洞规避因过户产生的费用，但这种做法存在很大的风险。等办完所有的公证手续、付完房款之后，万一发生房子被查封或房东出现财务纠纷等情况，就会产生很大的麻烦，甚至引发法律纠纷。

　　房东笑了："你怎么知道我要做公证委托书？"

　　其实，我在看房的时候发现厨房、卫生间都重新装修过，门窗是新换的，墙壁也是重新粉刷过的，房子里面非常干净，没有人住过的痕迹。更重要的是，装修用的材料都不太好。这完全是炒房客的做派：买下一套房子，简单装修之后再快速转手。我不想跟房东解释这么多，只想确认证件的问题。

　　我问："周哥，这套房子是用公证委托书去过户吗？"

　　房东想都不想，直接说："是的，用公证委托书过户。"

　　原来他真的是炒房客，怪不得涨价比翻书还要快。我叹了口气，说："好吧，我现在给客户打电话，问问客户能出多少钱，完了再给您回复。不过，您这边临时涨价，我估计很难成交。"我说完就把电话挂了。

6. 帮客户选房

　　我想了想待会儿怎么跟客户说，然后拨通了客户的电话。

　　"张姐，您觉得今天看的这个小区怎么样？我怕小区太旧了，您不喜欢。"我用自问自答的方式来试探客户，以此判断客户到底喜不喜欢这个小区。

　　"小钟，我本来想买新的、环境好一点的小区，之前已经看中了一个新楼盘，准备交定金，但今天看了这个小区的房子之后吧……唉！我又不想买了。第一次跟你看房的时候，开车送我过来的朋友就住在新小区。我之前去过她家，那个小区太安静了，没有人气。我这个人比较喜欢热闹，我老伴也喜欢热闹的地方。"

　　看来，我今天的工作没有白做，客户对这个小区的印象还不错。我心里非常高兴，但不能表现出来。我用平静的语气说："张姐，我觉得这个小区非常适合您，所以才向您推荐了这个小区的房源。有些经纪人只带客户看了一套房子就逼着客户买，没有诚心诚意地为客户着想，也没有花心思挑选合适的房子。客户刚跟经纪人看完一套房子，经纪人就说其他客户马上交定金，现在不交定金，这套房子就卖出去了。您碰到过这样的经纪人吗？"

客户笑了："呵呵，小钟，你怎么知道的？"

"张姐，其实这些经纪人多半都是新手。他们入行太浅，还不明白要站在客户的角度考虑问题。您看，我带您看房看了这么久，我催您交过定金吗？"

客户不说话，好像在想我到底说没说过让她交定金。我打这个电话的目的是了解客户是否喜欢这个小区、喜欢哪套房子，所以我马上转移话题："张姐，今天我带您看了好几套房子，您喜欢哪一套？"

"最后看的那一套多少钱？"

"你说的是三楼那套吗？"我问。

"对，三楼那套。"

"张姐，三楼那套卖 36.8 万元。"

"那么贵！第一套最低多少钱？二楼、装修很差的那套。"

"二楼那套目前的报价是 33 万元，我还没有认真地跟房东谈过价格。我还不清楚您喜欢哪一套，所以我没法去谈啊。手上没有客户就跟房东谈价格，房东肯定得数落我半天。"我先明确客户喜欢哪一套房子，再让客户报价，接着让客户交诚意金，最后再谈价格。

客户想了一会儿，说："你先帮我跟二楼这套的房东谈谈价格，我考虑一下买哪套。"

什么？让我先跟房东谈价格，谈出来一个最低价，你才考虑买哪一套？你都没还价，我怎么去跟房东谈？

打个比方，我跟房东谈到了 100 万元，客户说降到 95 万元就买，我谈到了 95 万元，客户又说降到 90 万元就买，客户永远希望成交价格可以再低一点。但是，房东永远觉得成交价格可以再高一些，我一味地帮客户压价，最后的结果就是无法成交。所以，我必须先确定客户喜欢哪一套房子，只有这样我才知道怎么跟房东谈价格。如果我一上来就跑去跟房东谈价格，也总算把价格谈下来了，但客户这个时候说不想买了，那我岂不是白忙活吗？

我用为难的语气说："张姐，您得先确定买哪一套，我才好跟房东谈价格。假设您现在要卖房，我跟您谈了半天，最后您总算同意降价了，客户却说不想买了，您会不会怪我？"

客户想了十几秒，说："嗯……小钟，你觉得哪一套房子比较好？"

在给客户打电话之前，我已经决定向客户推荐二楼这套房子，因为这套房子的价格很便宜。但是，我不能一上来就推荐这套房子，否则客户就会觉得我是带着目的给她打电话的。我先把每一套房子的优点和缺点分析一遍，然后引导客户买二楼这套房子，效果就会好得多。

"张姐，如果让我买，我会买五楼这套，因为我喜欢住得高一些，空气也比较好。五楼这套房子的装修不错，但是房东要搬走一些家具、家电，这么算下来，价格就高了一些。"

客户打断我的话："小钟，三楼那套呢？"

原来客户喜欢装修漂亮的房子，我想都没想，直接说："张姐，三楼这套挺好的，装修很温馨，看着很舒服。不过，现在的价格是 36.8 万元，不算便宜。如果买这套房子，墙壁肯定要重新粉刷，还要买洗衣机、冰箱、床，还要定做橱柜，加起来差不多 40 万元，有些不划算。"

客户又打断我的话："那你觉得哪一套比较好。"

我想了几秒钟，说："张姐，我觉得二楼这套比较划算，也比较适合您。先说楼层，有时候您买了很多菜或者提着比较重的东西，走楼梯就会很不方便。但是，这套房子在二楼，上二楼只需要走几个楼梯，不费什么劲。再说价格，二楼这套的价格便宜很多。而且，厨房、卫生间都是重新装修过的，门窗是新换的，墙壁也是刚粉刷过的，您买一些家具、家电就可以搬进去住。买这些家具、家电只需要 1 万元左右，就算买好一点的，也只需要 2 万元左右。全都加起来，也就是 35 万元。我觉得二楼这套比较划算。张姐，您觉得呢？"

客户用满不在乎的语气说："小钟，这套房子的厨房、卫生间、门窗用的都是便宜货，最多用一两年就坏了，装了还不如不装。我买了还得拆掉重新装修，反而要花更多的钱。二楼这套房子的底价是多少钱？"

如果我说房东的底价是 33 万元，客户肯定不相信，还价还得会更狠。我说："张姐，之前房东的报价是 36 万元，上个星期我的同事的客户跟房东谈价格，谈到了 35 万元，前两天我有个客户跟房东谈价格，谈到了 34.5 万元。昨天，我的另一个同事的客户跟房东谈价格，谈到了 33 万元。现在，房东打死都不肯降价了。"

面对只问底价不肯出价的客户，我的做法是先把价格拉高，然后解释半天，强调自己千辛万苦才把价格谈了下来。我要让客户产生一种感觉：房东已经不太可能再降价了，如果还的价太低，就不可能谈成了。我在公司的房源系统里面看到了同事打电话跟进房东的记录，同事花了一个月反复跟房东讨价还价，从 36 万元谈到了 33 万元，我也是实话实说。

等了十几秒，客户才慢悠悠地说："小钟，我出 31 万元，谈得下来我就买，谈不下来就算了，毕竟我还要买家具、家电什么的。"

这个价还得也太狠了！绝大部分客户第一次出价只是为了试探房东的底价，所以客户的第一次出价往往不可信。

我无奈地说："张姐，昨天我的同事的客户出 32 万元，我都谈不下来，您现在出 31 万元，根本没法谈啊！"

我直接把价格卡在 32 万元以上，免得客户还以为有很多降价空间。我之前做了很多铺垫，目的是把价格卡住，不让客户的出价过低。

"你试着帮我去谈吧，先按 30 万元去谈，慢慢地加钱，但最多加到 31 万元，谈不下来再说。"客户说完就把电话挂了。

我遇见的绝大部分客户第一次出价时都是这样，我已经见怪不怪了。我还得打第二个、第三个电话，说服客户加钱。

7. 交诚意金的好处

过了一个小时，我拨通了房东的电话。

"周哥，我是小钟啊。我刚刚跟客户聊了好久，客户看中了您家的房子。我今天带客户看了这个小区的四套房子，装修都比较好，其他房子的价格贵一些。您这套房子的装修差一些，客户买下来还要重新装修。现在最低多少钱？我想办法让客户加点钱。"

房东很不耐烦地说："刚刚不是跟你说了吗？33 万元净收。"

"周哥，这也太贵了吧？虽然这套房子刚刚装修过，看着还行，但是客户挺懂行，客户说卫生间、厨房、门窗用的都是便宜货，最多用一两年就坏了，装了还不如不装，客户还得拆掉重新装修，还得花更多的钱。那些家具、家电就不用多说了，都是古董了。"

"我就卖这个价，你不要跟我谈价格，她能出得起我就卖，出不起我就不卖。"房东说这句话就像背书一样，我估计有很多经纪人都跟他谈过价格。

客户挂电话之前让我从 30 万元开始谈，房东肯定不会接受这个价格。不过，这个房东买卖房子的经验比较多，应该已经习惯了客户在第一次出价的时候出低价，我不妨就按客户的要求出价。

"周哥，我刚才跟客户聊了好久，客户出 30 万元，您觉得怎么样？"

"这个价格不卖！"房东说完就把电话挂了。

这只是第一回合，接下来我得想其他办法试探房东的底价。

第二天早上 10 点，我又给客户打电话，电话里传出很嘈杂的声音，估计她正在超市或者菜市场之类人多的地方。

"张姐，现在方便说话吗？"

"小钟，什么事？你说吧。"

"张姐，您那边有点吵，我想跟您说说房子的情况……要不，我待会儿再打给您吧。"

"好吧，半个小时以后我打给你。"

打电话给客户或者房东时，如果对方说话不方便，就换个时间再打。我想跟客户好好地聊聊，如果客户不能静下心来听我说，说了也是白说。过了一个小时，客户没有主动打电话给我。我拿起电话打给客户，电话很快接通了，这次没有嘈杂的声音了。

"张姐，您现在说话方便吗？"

"方便，你说吧。现在是什么情况？房东卖多少钱？"

看起来，客户还是比较关注这套房子的。我用无奈的语气说："张姐，我昨天晚上跟房东聊了好久，房东才降了 2000 元，现在是 32.8 万元。我已经尽力帮您谈了，您之前出的价太低了，我实在谈不下来。"

房东跟我说底价是 33 万元，但他反复无常，随时都可能改变主意。通过他说话的语气，我凭借多年的经验判断这个价格还可以往下谈，但是能降多少实在不好说。这就是我先给客户降 2000 元的原因，如果实在不行，我就给客户折 2000 元中介费。

我之前已经做好了铺垫，跟客户强调过我们已经跟房东谈过很多次价格了，从

36 万元一直谈到了 33 万元，所以房东不肯降价是很正常的，不是房东不诚心卖房，而是这个价格已经是房东的底价了。不过，如果一分钱都不降，客户难免会对房东产生怨气，如果有其他的房子可选，客户很可能就会放弃这套房子。

我只降 2000 元这么少的钱也是在暗示客户：如果你诚心买，就得加钱，因为房东那边已经不肯降价了。

"小钟，这个价格一点都不能谈了吗？"

我还是用无奈的语气说："张姐，要不您交点诚意金给我，我去找房东面谈，有钱在手上的话，可能比较好谈。"

"什么是诚意金？价格还没谈好，你让我交什么钱？"

我连忙跟客户解释："张姐，我跟您说一下什么是诚意金。房东每天都会接到很多经纪人的电话，但大部分时候都是谈谈价格就没了下文，所以很多房东后来都学精了，接到经纪人的电话就问有没有诚心买房的客户，没有的话就免谈。如果拿着钱去跟房东面谈，房东就知道我手上有诚心买房的客户，才愿意跟我谈价格。我成交的很多单子都是拿着诚意金去跟房东谈，才把价格谈下来的。"

"我不交这个钱。我出 31.5 万元，你叫房东出来跟我面谈。"客户好像认为我是骗子。

我心想，一说到交钱，她就跟换了个人似的，这说明她是一个非常谨慎的人。既然如此，我就不往下说了。我用无奈的语气说："好吧，我打电话给房东，问问房东有没有空跟出来跟您面谈。"我说完就把电话挂了。

其实，很多客户都是这样的，之前说话都很客气，一说到诚意金的事情，脸色马上就变了，我已经见怪不怪了。换位思考一下，我第一次买房，不知道什么是诚意金，价格还没有谈好，所有的手续还没有谈好，连房东和房子的证件还没见过，经纪人就让我交钱，我肯定也不会交。

诚意金也叫意向金，不同的地方有不同的叫法。在房产交易中，很多时候都会涉及诚意金，但诚意金不是法律意义上的违约金或定金。客户交了诚意金之后，经纪人去跟房东谈交易价格和条件，如果谈不成，就要把诚意金退给客户。交易价格和条件都谈好了，但经纪人没有把诚意金转给房东，没有把诚意金转为定金，客户此时要求退还诚意金，中介公司是一定要退的。

很多经纪人见到客户发脾气，就不敢给客户打电话了，也不敢叫客户交诚意金了，这些经纪人的心理素质还不过关。经纪人谈单时一定要保持理性，不能被客户的情绪带着走，不能让客户的言语和行为影响自己的谈单思路。

挂了电话之后，我走到店门口静静地看着车水马龙，琢磨着下一次给房东打电话时应该说什么。

过了一会儿，我拿出手机拨打房东的电话，房东不接我的电话。又过了10分钟，我再次拨打房东的电话，电话很快接通了。

"周哥，您家的房子卖出去了吗？"我说话的时候不带任何情绪，因为我不想让房东猜透我的想法。

如果你家的房子要卖，有一位经纪人天天都给你打电话，让你把房子卖给他的客户，你会不会卖给他？你肯定会这样说："客户能出 ×× 万元我就卖，出不了这么多钱我就不卖。"所以，我跟房东谈价格的时候会通过各种方式暗示房东：你想卖就卖，不想卖的话，我就带客户去看其他的房子，又不是非要买你家的房子不可。

"没卖！"房东很不耐烦地说。

"周哥，我今天早上跟客户聊了好久，客户加了1万元，现在的出价是31万元，您觉得这个价格怎么样？"我还是平静地说。

> 我没有把客户的底价直接告诉房东，因为如果房东不肯降价，我还可以把买卖双方约出来，让客户有机会跟房东当面谈价格。这样一来，就多了一次成交的机会。而且，跟房东这样说也是之前客户特意嘱咐我的。

"你老是打电话过来谈价格，烦不烦？低于33万元我就不卖！"

房东的语气非常不耐烦，估计他已经被我烦透了，这说明他是一个没有什么耐心的人。遇到这样的房东，价格反而比较容易谈，因为他没有耐心跟你兜圈子。

我借坡下驴，赶紧说："周哥，33万元包含我们的中介费吗？"

"包含。"

"周哥，客户想约您见面谈谈房子的细节，您有时间吗？"

"客户出的价这么低，有什么好谈的？你的客户是诚心买房吗？交诚意金了吗？每天都有好几个经纪人让我跟客户见面谈价格，我都烦死了！等你的客户交了诚意金再说！"房东说完就把电话挂了。

我心里乐开了花：明明 33 万元就包含中介费，你还跟我绕这么大的一个圈子，我现在已经把你的底牌摸清楚了！

谈单是最伤脑筋的，你可能已经想好了步骤和方法，但随着房东和客户的想法的改变，你的步骤和方法也要随之改变。

我站在店门口看着来往的行人和车辆。过了一会儿，我拿出手机翻了翻通话记录，跟客户通话是半个小时之前的事情，这次打过去应该怎么说呢？我一不留神拨打了客户的电话，发现之后马上把电话挂了。

我心想，客户现在不着急买房，而且半个小时之前我刚给她打过电话，如果很快就再给客户打电话，会不会显得我太着急？而且，客户刚才的态度有所转变，如果我跟得太紧，她可能会真的认为我是骗子，我还是下午再打吧。

等到下午 3 点，我拨通了客户的电话。

"你好，小钟，什么事？"

"张姐，我今天给房东打了好几个电话，前几次他都不接，最后一次才接起来。我估计有很多经纪人给他打电话，他看到我的电话都懒得接了。我跟房东说您想跟他见面谈价格，房东问我您出多少钱，我说您出 31.5 万元。他说这个价格太低，不用谈了。他还说天天都有经纪人打电话约他跟客户见面谈，他都烦死了。他说他哪有那么多时间面谈，价格不合适就没什么好谈的，说完就把电话挂了。张姐，现在房东认为您出的价太低了，不想跟您面谈，怎么办呢？"

客户冷冰冰地说："房东现在卖多少钱？"

我想都不想，直接说："房东又降了 1000 元，现在是 32.7 万元。"我继续以折中介费的方式先给客户降一些价。我觉得自己有能力把这 3000 元谈下来，所以我才有底气给客户降价。

"小钟，你帮我去跟房东谈，我出 32 万元，一次性付款。"客户的语气缓和了很多。

"张姐，您能不能交点诚意金？带着诚意金去跟房东谈价格对您有好处。"

客户马上问："有什么好处？"

"张姐，第一个好处是，您交了诚意金之后，我们公司就把这个房源封盘了，谁也联系不上房东。您想一想，全市有好几千个经纪人，天天都有经纪人带客户去看房，天天都有经纪人打电话跟房东谈价格。好些新手什么也不懂，他们没有客户，也不会说话，总是乱打电话给房东，说这套房子卖便宜了，让房东涨价。

还有，您交了诚意金之后，就算我的同事有客户出 32.7 万元，我们也会先问您的意见。如果您愿意加钱，您就有优先购买权；如果您觉得 32.7 万元这个价格太贵，我一分不少地把钱退给您。所以，交诚意金的第一个好处就是您拥有优先购买权，我们会把房源保护起来。

张姐，您听明白了吗？如果听不明白，我再给您解释一遍。如果您听明白了，我就说第二个好处。"

其实，我担心客户把电话扔到一边，不听我解释，等我说完就把电话挂了。如果是这样，我就白说了。

"你说说第二个好处。"客户冷冷地说。

通过客户的语气，我判断客户还是不太相信我说的话。不过，我已经习惯了，毕竟 10 个客户就有 9 个客户在第一次听到诚意金时不相信经纪人说的话。

"张姐，我现在说交诚意金的第二个好处。我们公司有一套跟房东谈价格的方法，第一个电话跟房东说行情，第二个电话跟房东说市场价格，第三个电话跟房东说限购限贷政策。如果房东不肯降价，我们就会带几个谈判能力很强的客户去看房，让他们跟房东讨价还价。我的同事会轮流给房东打电话，试探房东的底价，压低价格。此外，我们还会使用很多谈价手段。针对不同的房东，我们会使用不同的话术。不瞒您说，我们用公司的这套方法总能谈出来一个比较低的价格。如果单靠我一个人打电话跟房东谈价格，房东就没什么压力，很难把价格谈下来。只有客户交了诚意金，我们公司才会使用这套方法帮客户去跟房东谈价格，因为使用这套方法需要耗费很多人力。

张姐，交诚意金的第二个好处是我们公司会使用一套最有效的谈价方法去跟房东谈价格，您听明白了吗？用不用我再解释一遍？"

经纪人跟客户说诚意金的事情时一定要充满自信，只有这样客户才会觉得经纪人能帮他们把价格谈成。

"你接着说吧。"客户还是冷冷地说。

"张姐，我现在跟您说交诚意金的第三个好处。客户交了诚意金之后，我们就会带着诚意金合同去房东家里谈，如果聊得不错，房东答应了我们提出的价格，我们就马上把定金转给房东，让房东签字、按手印，不给房东反悔的机会。如果不当场交定金给房东，房东很可能会跟家里人商量，家里人觉得卖便宜了，房东就会反悔。等我们再去跟房东谈价格时，房东肯定不会降价，甚至还会涨价。我干这行这么多年，这种事情见得太多了。"

我想起了之前谈单失败的几个案例，无奈地对客户说："张姐，上次我有一个客户看中了一套房子，我好不容易和他谈好了价格，还跟房东约好第二天早上到我们公司签合同。没想到，房东刚到我们公司，就有其他公司的经纪人打电话过来，问房东这套房子卖多少钱。房东直接说了我们谈好的价格，那个经纪人说他的客户愿意多加 5000 元，房东就直接去那家中介公司了，他签完合同才告诉我这件事。最后，客户跑来公司投诉我，说我太不专业了。我真的是太冤了！我早就让客户交诚意金，他就是不肯交。后来，他加了 2 万元买了一套同小区、同户型的房子。

还有一次，我花了一个上午和客户、房东谈好了价格，约他们中午过来签合同，其他门店的同事看到这个房源的最新价格，马上约自己的客户过去交定金。公司规定，谁的客户先交定金，这个单子就是谁的。我忙活了半天，又替他人做了嫁衣。我的客户跑来公司投诉我，我真的很无奈！

张姐，交诚意金第三个好处就是只要谈好了价格，就直接将诚意金转为定金交给房东，不给房东反悔的机会。您听明白了吗？"

8. 讨价还价的过程

客户说："小钟，你继续说，我在听。"

"张姐，有些客户需要贷款，我们还要帮他们跑银行、做评估，还要帮他们查征信、打印银行账户流水、找银行的信贷员咨询这套房子能贷多少钱，后续的工作非常多。很多客户觉得我们的工作就是给房东打几个电话谈谈价格，但我们其实要付出很多的时间和精力，还要维护好各个方面的关系。有很多细节问题都需要在正式签合同之前落实，全部写在诚意金合同上面。"

"我又不贷款，不需要办贷款的手续。"客户突然蹦出一句话。

我早就知道她不贷款，我是故意这么说的。如果她一直"嗯嗯嗯"地敷衍我，我说再多交诚意金的好处，她也听不进去，我说了也是白说。她反驳我就说明她在认真地听我说话。

我用无奈的语气说："张姐，我知道您不贷款，但是还要帮您咨询税费方面的问题，还要跟房东谈什么时候过户，什么时候交房，如何处置家电、家具，如何分摊物业费、水电费等。这些事情全都要在交定金之前谈清楚，全都要写在合同里。如果签了合同，但这些事情没有事先谈好，没有写在合同里，房东突然不想卖了或者想找借口涨价，就会利用这些小问题毁约。严重的话，甚至需要打官司。很多小的中介公司没有那么专业，签合同的流程不完善，没有这个方面的制度和培训，所以它们没有诚意金。"

我这样说可以消除客户的顾虑，客户就不会问我为什么别的中介公司没有诚意金，而我们公司有诚意金了。

交诚意金的三个好处一定要跟客户说清楚，贷款情况、谈价格的过程、签合同的细节也要跟客户说清楚。

不少客户认为经纪人的工作非常轻松，只不过是给房东打几个电话谈谈价格，动动嘴皮子就要收好几万元的中介费。这完全是误解，经纪人的工作实际上非常复杂。经纪人要把自己谈单的过程告诉客户，让客户知道经纪人的难处，让客户知道价格不是那么好谈的。客户认为经纪人的工作非常辛苦，自然就不会对支付中介费有那么大的抵触情绪了。

我停顿了一会儿，客户没有说话，我就试探性地问了一句："张姐，诚意金您交2万元还是3万元？"

我不会问客户要不要交诚意金，因为客户给我的答案永远是"不交"。我直接问客户交2万元还是3万元，客户只能选择2万元，因为根本就没有"不交"这个选项。

我们在外面吃螺蛳粉的时候，很多收银员都会问你加一个卤蛋还是两个卤蛋，你多半会回答加一个卤蛋。但是，如果收银员问你要不要加卤蛋，你多半会回答不加。这就是所谓"二选一"的销售技巧。

客户沉默了十几秒，说："小钟，你让我考虑考虑。我在外面，我先忙点别的事情。"客户说完就把电话挂了。

我走出店门，坐在电动车上，看着路边来往的行人，回想着客户说的话。客户已经加到了32万元，这说明客户挺喜欢这套房子，还可以加一些钱。我说交诚意金的好处的时候，客户也在认真地听，这说明她想知道交诚意金有什么好处，交了诚意金能不能让她以最低的价格买下这套房子。谈单非常耗费脑力，我必须分析客户说的每一句话，了解客户心里的真实想法，还要跟房东斗智斗勇。

过了 10 多分钟，我掏出手机拨打房东的电话，电话很快接通了。

"周哥，我是小钟，今天又打电话跟客户谈了好久，客户又加了 5000 元，现在是31.5 万元。我知道您不可能按这个价格卖，我只是打个电话向您汇报一下工作。"

我直接说房东不可能接受 31.5 万元这个价格，房东听了就会放下戒备。房东的情绪比较放松，我才好跟房东谈价格。我才不会像别的经纪人那样，一打通电话就直接跟房东谈价格，那样做只会让房东更加抵触。

> 我仍然保留着 5000 元的筹码，就算价格实在谈不下来，我也可以让客户跟房东见面谈。

房东不耐烦地说："还有什么事情吗？没有的话，我就挂了啊。"

"周哥，客户已经加了 1.5 万元，您多多少少也让一点吧。这个客户诚心买房，我会继续让客户加钱。我不像别的经纪人那样，手上没有客户，却老是打电话跟您谈价格。我每次都让客户加钱，您一分钱都没有让过，您让我怎么谈呀？"我说得合情合理，房东想发脾气也发不了。

房东不说话，我估计他不想理我。我厚着脸皮说："周哥，如果您不想卖，您就直接告诉我，我带客户去看别的房子，免得我老是打电话给您，您心烦，我也累。"

投资客很少得罪经纪人，因为他们要靠经纪人帮他们找房源、帮他们卖房，这样他们才能赚到钱。我心里有数，所以才敢这么直白地跟房东说话。

"这样吧，我降 3000 元。"房东终于松了口。

这个房东反复无常，他虽然嘴上说降 3000 元，但很可能是在 34 万元的基础上降3000 元，我必须问清楚。

我赶紧问："32.7 万元，包含中介费？"

房东很不耐烦地说："是的，我现在有事，你跟客户谈好了再给我打电话吧。"说完就把电话挂了。

晚上 8 点，店里的几个同事在聊天，我走到路边看着天空的繁星，心里盘算着应该跟客户说什么。过了一会儿，我掏出手机，拨打客户的电话。客户不接我的电话，难道我今天说得太多了？还是客户对诚意金非常反感？

我转念一想，这个客户不交诚意金是不行的，她每次看房都迟到，而且从来不向我道歉，不在乎我的感受。如果她不交诚意金，我根本不敢帮她谈价格，就算谈下来了，她来一句"我不买了"，我也拿她一点办法都没有。白忙活一场还算是好的，如果房东把我拉进黑名单，我以后就再也没有机会卖他的房子了。

有些客户信守承诺，说一是一，说二是二。遇到这样的客户，我可以先帮他们谈价格，只要价格谈下来，他们一定会买。如果他们没看中，就不会叫我去谈价格。

8点30分的时候，我又给客户打了一个电话，电话很快接通了。

"小钟，你好。"客户用热情的语气说。

客户突然对我很热情，不会是看中别的房子了吧？我连忙说："张姐，我今天跟房东谈了整整一天，房东好不容易降了1000元，现在的价格是32.6万元。"

我每次给客户打电话，第一句话都是房东已经降价了，目的是让客户高高兴兴地跟我聊。我继续给客户折了1000元中介费，因为我相信我能把价格谈下来。就算最后真的要给客户折1000元中介费，我也能承受。如果不给客户降价，我真的不知道该跟客户说什么。

不少经纪人每次给客户打电话，第一句话总是让客户加钱，他们催着客户加钱，只会惹来客户对他们的反感。换位思考一下，如果你去买房，你让经纪人帮你去跟房东谈价格，经纪人还没有去谈就让你加钱，你会不会抱怨"那我找你干什么"？所以，经纪人一定要懂得安抚客户的情绪，如果客户对你反感，根本不想跟你聊，就更不可能加钱了。

"小钟，我见你谈得挺辛苦的，这样吧，我出32.5万元，你继续帮我谈。"客户用热情的语气说。

听到这个价格，我心里非常兴奋，但仍然用可怜兮兮的语气说："唉……张姐，我从来没有谈过这么难谈的单子，真的是心力交瘁呀！"其实，我对每个客户都会说这句话。我就是要让客户觉得我为了他们的事情绞尽脑汁，客户听了心里肯定是美滋滋的。

"呵呵，小钟，辛苦你了，你要继续加油啊！"客户笑着说。

我心想，你既不加钱，也不交诚意金，我根本没有办法进行下一步的操作。现在客户的情绪很不错，客户也表达了对我的认可，这是让客户交诚意金的最佳时机。

我继续用可怜兮兮的语气说："张姐，您能不能交点诚意金给我？拿着诚意金，我才好理直气壮地去跟房东谈价格啊。现在，房东一接我的电话就发火，他说我一天打好几个电话跟他谈价格，却根本不知道我手上是不是真的有客户。最后一次给他打电话的时候，他说要想谈价格，就带上诚意金来谈。我还没说完话，他就把电话挂了。我估计天天都有很多经纪人跟他谈价格，他都烦死了。"

"交多少钱？"客户冷冷地说。一说到钱，客户说话的语气就变了。

我想都没想，直接说："张姐，诚意金一般交 2 万元或者 3 万元。"

"太多了，我的朋友买房的时候才交了 2000 元。"客户冷冷地说。原来，客户担心我骗她，自己去跟朋友打听了诚意金的事情。

"张姐，诚意金交多少都是可以的。我拿着 2000 元的诚意金去跟房东谈，就算价格谈下来了，当场把诚意金转为定金，房东一看才 2000 元，收都懒得收。就算房东肯收 2000 元定金，如果有其他中介公司突然插上一杠子，多出几千元给房东作为定金，房东就可以随时反悔。"

我深吸了一口气，继续说："张姐，要不这样吧，您交 5000 元诚意金，我帮您去跟房东谈价格，如果能谈下来，我先把 5000 元转给房东。为了防止房东反悔，签合同的时候您再补交 2 万元定金。您看怎么样？"

客户沉默了一会儿，说："好吧，我明天去你们公司再细聊。"

"张姐，你明天几点来我们公司？"

"早上 10 点吧。"

我突然想到了杂物房，这可是我的重要筹码。我问："张姐，那个杂物房您还要不要？"

"杂物房……"客户有点犹豫地说，"你叫房东送给我吧。"

我无奈地说："张姐，房东不同意送啊！"

"那就不要了，你让他卖给其他人吧。"

"好的，我先帮您谈价格，杂物房就暂时不谈了。"我说完就把电话挂了。

我回到公司，给自己冲了一杯茶。客户为什么这么爽快地答应交诚意金？我想事情可能没有那么简单，她很可能会带她的朋友过来。

客户这边先不想了，我开始盘算给房东打电话的时候应该说什么。过了一会儿，我掏出手机拨打房东的电话，电话很快接通了。

"喂……"房东用很不耐烦的语气说。

"周哥，我刚刚跟客户谈了半个小时，客户好不容易加了 5000 元，现在客户愿意出 32 万元。我真的从来没有谈过这么难谈的单子。"

"你觉得难谈就不要谈了。真的差这几千块钱吗？老是打电话过来烦我。"

> 　　不少新手会被房东的这种态度吓退，不敢再打电话给房东了。经纪人谈单的时候，一定要"啰唆"，一定要多打几个电话，这样才能体现自己有多么辛苦。有了这个讨价还价的过程，客户才会觉得买得值，房东才会觉得卖得值。

"周哥，谁得罪您了？是不是别的经纪人忽悠您了？您把他的电话给我，我好好教育一下他。"我开了个玩笑。

"你有话就说，不要啰啰唆唆的。"

如果房东真的觉得我很烦，他可以不接我的电话或者挂掉我的电话。为什么他还要跟我说话呢？这说明他还是想尽快把房子卖出去。

我突然想起来今天有一个同事问我这套房子能不能贷款，他有一个客户也想买这套房子。

"周哥，我的同事有一个客户想贷款买房，不过这个小区太旧了，您的房子做过评估吗？还能贷款吗？"我问。

"客户想贷款？"房东突然沉默了。

如果客户选择贷款买房，至少得等三个月才能放款。房东买这套房子纯粹是为了投资，他肯定想快速地把房子卖出去。有现金在手上，他才能周转得开。时间就是金钱，房东比我更懂这个道理，这一点完全可以变成我的谈判筹码。

"是的，还有一位客户想贷款买房。"

"贷款的话，要 34 万元，少一分都不卖。"房东又开始翻脸不认人。

"周哥，您的房子到底着不着急卖？如果您着急卖，我就只能找可以一次性付款的客户了。"

房东不说话了，估计他在考虑利弊得失。我也不说话，静静地等着房东的回复。

过了十几秒，房东说："我还是这个价，32.7 万元净收，啥也不管。"

"那两个点的中介费呢？"我连忙问。

"包含两个点的中介费。"

"周哥，杂物房有没有证？"

"杂物房没有证，只有一张收据。"

房东想了一会儿，接着说："小钟，你跟客户说了送杂物房吗？"

"周哥，没有您的同意，我怎么敢跟客户说送杂物房。您不会临时改变主意，为了一个杂物房又卖不成吧？"

这个房东老是出尔反尔，我先堵住他的嘴，免得他又以杂物房为借口涨价。

"你让客户加到 32.7 万元，我把杂物房送给他。"房东用轻松的语气说。

难道他有办法让客户加钱？我一听，整个人都兴奋起来了。现在，杂物房已经成了重要的筹码。

"好的，我明天去找客户面谈。我尽量明天就把定金收了。"

"行，你还有什么问题吗？"房东又开始用不耐烦的语气说话，我估计房东现在已经怕了我了。

"周哥，您有不动产权证复印件吗？给我发一份，我明天去跟客户收定金。"

"你加我的微信，我的手机号码就是我的微信号，我发给你。还有别的事情吗？"

"没有了，周哥，我现在就加您的微信。"

9. 如何应对难缠的"军师"

第二天早上 9 点 30 分，我走到店门口给客户打电话。

"张姐，您 10 点能准时到我们公司吗？我在公司等您。"这个客户每次看房都不准时到，我真有点怕了她。

"可以。"

"好的，我在公司等您。"

我已经把诚意金合同改好了，门牌号、付款方式、价格、家电、家具、中介费等重要条款全都写在合同里了。我仔仔细细看了三遍，确认没有问题，才打印出来。

诚意金合同

填写说明：请在【 】中选择内容，打∨表示确认，并在下划线上填写内容，否则打 ×，以示删除。

甲方（中介方）：××××房地产代理有限公司
地址：＿＿＿＿＿＿＿＿＿＿　联系电话：＿＿＿＿＿＿＿＿＿＿＿
乙方（买方）：＿＿＿＿＿＿＿　身份证号码：＿＿＿＿＿＿＿＿＿＿
联系电话：＿＿＿＿＿＿＿＿＿　联系地址：＿＿＿＿＿＿＿＿＿＿

一、通过甲方询盘、介绍、带领看盘等居间服务，乙方对位于＿××××小区的物业（以下简称"该物业"）产生购买意向，并向业主＿×××＿先生/女士提出如下条件：

　　1.建筑面积：＿×××＿平方米（以【房产证面积】【商品房买卖合同面积】为准）；

　　2.售价：人民币（大写）＿××××＿元整（￥：＿××××＿元整）；

　　3.交楼情况及时间：＿卖方于××××年××月××日交房给买方＿＿＿＿＿；

　　4.付款方式：【一次性付款】【按揭付款】；

　　5.交易税费：＿交易所产生的税费、手续费由×方承担。＿＿＿＿＿＿＿；

　　6.其他＿＿＿家具、家电××××＿＿＿＿＿＿＿＿＿＿＿＿＿＿。

　　二、乙方同意与业主签订买卖合同，并按成交价的＿××＿%向甲方支付咨询及中介服务费。

　　三、乙方签订合同时同意支付人民币（大写）××××元整（￥：××××元整）给甲方代为保管，作为购买该物业之诚意金。若业主同意该物业售价为人民币（大写）＿××××＿（￥：＿××××＿元整）或低于此金额，并同意上述第一条规定的各项条件，乙方即确认成交。甲方无须获得乙方另行指示，即可将诚意金转交给业主，该诚意金自业主收到时即视为购房定金的一部分，并以业主出示定金收据坐实。

　　四、若甲方在＿××××年××月××＿日之前不能与该物业业主达成以上第一条所列条件，则须将诚意金全额退还给乙方，乙方在此期限内不可提前终止合同。

　　五、若甲方在上述期限内取得符合条件的业主承诺，乙方将于业主收取定金之日起__××__天内签署《房屋买卖合同》，否则业主有权没收定金并另行出售该物业。此外，乙方仍须即时付给甲方相当于成交价的__××__%的咨询及中介服务费。

六、甲方就上述条件取得业主承诺后，乙方或其家属、代理人与该物业业主私下交易的，乙方须支付上述委托价的__××__%作为违约金。

七、为保障乙方利益，乙方向甲方支付任何一笔款项时，甲方经纪人须提供盖有甲方印章的收据或发票，以确认甲方收到该笔款项。

八、所有通知、文件、资料的送达地以本合同记载为准，自邮寄之日起五日内视为送达。

九、本合同一式两份，由甲、乙双方各执一份，具有同等法律效力，本合同自双方签字之日起生效。

十、备注：_____

_____

甲方（签章）：××××房地产代理有限公司　　乙方（签字）：

经纪人：

签约日期：　年　月　日　　　　　　　　签约日期：　年　月　日

我的工作习惯是提前把诚意金合同准备好，等客户过来就给客户看，没有什么问题就当场交钱、签字，完了就可以走了。如果等客户过来再写诚意金合同，情况就会变成你写一个字，客户看一个字，客户会看得更仔细，还会在旁边不断地提问。有些客户没有什么耐心，他们会在旁边不断地催促你快点写，你很容易写错或者遗漏一些重要的细节。人们常说成功是留给有准备的人的，经纪人不事先做好准备就会增加成交失败的风险。

早上10点，我站在店门口等客户，客户还没有到。我最讨厌不守时的人，但没有办法，客户就是上帝，客户来得再晚，我也得等着。

10点20分，我看到一辆黑色的桑塔纳缓缓地驶过来。我一看就觉得不妙，因为客户带了一位"军师"过来。不管是什么情况，我都不能怠慢客户，我马上跑到前面指引客户把车停好。

我带着客户走进办公室，先拿出诚意金合同和不动产权证复印件给她们看，我去给她们倒水。等我把水放到她们面前的时候，她们还在认真地看合同，根本顾不上理我。我也不说话，静静地坐在旁边，等着她们把合同看完。

过了一会儿，客户指着一个条款对我说："价格谈好了，我突然不想买了，这个钱就不退了，是吗？"

我平静地说："张姐，如果钱还没有转给房东，我就可以把诚意金退给您，如果钱已经转给房东了，这笔钱就变成了定金，钱在房东手上，房东是不可能退定金给您的。当然，如果房东突然不想卖了，他也会赔偿双倍定金给您。"客户微微地点了点头。

"军师"指着中介费的条款说："你们要收 1% 的中介费？我买房的时候，中介公司都不收中介费啊！"真是怕什么就来什么，我就没有遇见过跟着客户来了但不发表任何意见的"军师"。

我还是平静地说："大姐，我们收 1% 的中介费，也就是 3000 多元。我们要帮您办理过户手续、缴税、做水电过户，还要帮您理清这套房子所有的手续、交接房子。您就算请别人代办，也得花 3000 多元。"我说得有理有据，我自认为能说服"军师"。

谁知道"军师"理直气壮地说："中介费让房东出，我们不出中介费。"

我用诚恳的语气说："大姐，我卖一套房子真的挣不了多少钱。卖一套 30 多万元的房子，中介费还不到 1 万元。现在，房东跟我谈中介费，您也跟我谈中介费，中介费总共还剩不到 5000 元，这个房源是同事的，他要分走 2500 元，公司拿走 30% 的提成，最后到我手上才 750 元。我一个月卖一套房就不错了，有时候两个月才卖一套房，我们干这行真的不容易，有时候连生活费都挣不回来。"

客户正要开口说话，"军师"拦住她，说："我上次买房就没给中介费，如果你们硬要收中介费，我们就去找别的中介公司。"

"军师"的态度很坚定，我担心如果不给她减免中介费，她真的会拉着客户去找别的中介公司，还好现在只是交诚意金，不用在这个问题上过多地纠缠。

　　如果买卖双方已经谈好了价格和条件，"军师"又提出中介费打折的问题，而公司不同意打折，这个单子就成交不了。如果买卖双方已经谈好了价格和条件，"军师"过来之后出谋划策，继续跟房东谈价格，而房东不同意降价，这个单子同样成交不了。

　　客户交了诚意金，情况就不一样了。客户交了诚意金，经纪人才去跟房东谈价格，而且不一定能谈得下来。此时，"军师"是不会乱还价的，因为继续还价，恐怕更谈不下来，经纪人可以直接拒绝"军师"。只要客户交了诚意金，就算价格谈不下来，等"军师"走了之后，经纪人还可以想办法让客户加钱，最终达成交易。

我无奈地说："我去问问经理，再跟同事商量商量，毕竟这个单子不是我一个人的单子。你们先看合同，如果有写得不对的地方，就用笔画出来，等一会儿我再修改。"我把笔递给客户，走出办公室，把经理叫到店门口，跟他说了一下情况。

经理淡定地说："你谈单我放心，你永远会给自己留筹码。"

我笑了笑，我的筹码就是杂物房。如果继续在办公室待着，"军师"肯定会提出更多的问题，我在外面透透气也好。过了一会儿，我大踏步地走进办公室。

我用无奈的语气说："张姐，这 3000 元对您来说根本不算什么事，但是对我的同事来说真的很重要，他到现在连这个月的生活费都没有挣回来，很快就没钱交房租了。经理说，大家都是同事，该帮忙的时候就要帮忙，所以这个单子的中介费就这样吧，先帮同事解决房租的问题再说。"

10. 留筹码

为了防止客户到处去咨询其他经纪人，打听房子的底价，也为了防止其他经纪人故意捣乱，我还是要给客户打预防针。

"张姐，您交了诚意金之后，不要把这件事告诉其他经纪人，也不要把这套房子的信息告诉其他经纪人或者朋友。可能您的朋友出于好心，想帮您谈一个更低的价格，但只要有其他人打电话给房东，就会打乱我们这边的谈价节奏，房东就会以为有很多人想买他家的房子，价格就降不下去了。"

"军师"不耐烦地说："行了行了，这个我们知道，还有别的事吗？"

我想了想，该说的话我已经都说了，她们不给中介费我也没办法。我拿起合同把中介费的条款划掉，问："这份合同还有什么问题吗？"

客户拿起合同，重新认真地看了一遍，确定没有问题之后，我重新打了一份合同，客户签字、按手印，用微信转给我 5000 元。我本来想说杂物房的事情，但想了想还是算了。

客户坚持不给中介费，这个单子即便最后成交了，中介费才 6000 多元。除了同事的分成，还有公司的分成，到我手上真的没有多少钱。我跟进这个客户已经花了一个月，从投入的时间来看，我反而是赔钱的。

听说中介费这么少，同事的脸色不太好看，我回头还得想办法补偿同事。如果没有同事的支持，很多单子根本就谈不下来，我必须维护好和同事的关系。我还想让客户加一点钱，但现在"军师"在这里，我也没法继续跟客户谈了。

我把客户送上车，等她们走远之后，我走回办公室，把诚意金合同收好。我走到店门口深吸了一口气，舒缓一下心情。

过了一会儿，我给房东打电话，电话刚接通，房东就说："不要跟我谈价格，再跟我谈价格，我就不卖了！"我心想，姜还是老的辣，我还没开口，他就把我的嘴堵上了，那就下次跟他见面的时候再谈价格吧。

我用可怜兮兮的语气说："这位客户我帮您搞定了一半，剩下一半还没有搞定。"

"什么叫搞定了一半？"房东好奇地问。

"周哥，在电话里说不清楚，我想跟您见面说说客户的情况。"

"有什么说不清楚的，你直接在电话里说，我没有时间跟你见面谈。"

"周哥，我知道您很忙，但是这个客户诚心买房，不然我不会打这么多电话给您，而且非要跟您见面谈。您说个地方，我去找您，只需要 10 分钟。"

我想约房东到店里谈，因为店里有各种合同，随时都可以修改，而且这是我的地盘，我肯定更轻松自在。不过，看这个情况，房东不是很想跟我见面谈，所以我只能主动去找他。

房东沉默了一会儿，说："一个小时之后，你来天街芒果咖啡厅吧。"

"好的，一会儿见面聊。"

> 为什么要跟房东见面谈？主要有两个原因：如果房东同意客户的报价，就可以马上把诚意金转为定金；如果房东不同意客户的报价，就让房东签委托书，然后想办法让客户加钱，向客户收定金，不给房东反悔的机会。

挂了电话之后，我马上打开计算机写委托书。写完之后，我让经理帮我看委托书有没有问题。经理确认没有问题之后，我打印了四份。我担心万一委托书上面有什么错误，稍晚见客户的时候没法当场修改。我和经理商量了一下，做好了几手准备。我让经理带上公章、印泥和佣金协议书等合同，和我一起去找房东谈。

到了咖啡厅，我拨打房东的电话，有个人站起来向我挥了挥手。房东看起来40多岁，穿着粉红色带格子的T恤、黑色的休闲裤、深蓝色的休闲鞋，头发全部往后梳，显得格外老练。我连忙走过去，跟房东打招呼，向房东介绍经理。

我和经理是提前10分钟到咖啡厅的，谁知道房东提前到了。我看见房东对面的位子有两个杯子，杯子里的咖啡还没喝完。看来，刚刚有人在这里跟房东谈事情。

房东让我们坐下，随手按了一下服务铃，并把我和经理前面的两个杯子挪到旁边。

"你们喝什么咖啡？我请你们喝。"

"周哥，不用了，太麻烦了，跟您说完客户的情况就走了。"

服务员很快走了过来。

"这里的招牌咖啡不错，你们要不要尝尝？"

我看了看经理，经理不吭声。其实，我已经闻到了咖啡的香味，很想喝一杯。但是，在谈判桌上，经理不说话，我就不能擅自发表意见。

房东见我们不说话，就对服务员说："来两杯招牌咖啡。"

等服务员清理完桌上没有喝完的咖啡之后，经理给我递了一个眼神，我拿出了诚意金合同的复印件给房东看。不过，复印的时候，我已经把客户的身份证号码、名字、联系电话遮盖了，这样做是为了保护客户的隐私，也为了防止房东知道客户的联系方式之后跑单。

我诚恳地说："客户已经交了5000元诚意金，但是客户不给中介费，您只给两个点的中介费，一共才6000多元。我的同事要拿走房源费，公司要拿走提成，到我手上只有几百块钱。为了卖您的这套房子，我前前后后忙活了一个月，如果最后只挣这么一点钱，我还不如去做一个租单。"房东一直看着我，但不说话。

我叹了口气，接着说："客户现在出32.5万元，我还没有跟客户说送杂物房。"

现在要谈的就是这2000元的差价和一个点的中介费，但是杂物房按5000元卖给客户不成问题，所以杂物房就是我的筹码。房东一看就是一个精明的商人，也不差这一两千元，所以我原原本本地把客户的情况跟他说了一遍。房东还是不说话，我猜他正在考虑怎样才能跟客户快速成交。我不知道应该跟房东说什么，干脆也不说话，静静地等着房东回复。

过了一会儿，房东说："小钟，我再给你降 1000 元，32.6 万元。你跟客户谈杂物房，我可以按 4000 元卖。我这边给你三个点的中介费。这个杂物房是我当时花 6000 元买的，如果客户不要，我就卖给楼上的人。楼上有个人让我卖给他，但我不想分开卖，太麻烦了，因为杂物房是跟着房子的门牌号的。"听房东这么说，我觉得成交的机会还是很大的。

"周哥，客户是一位大姐，一个人从外地跑过来买房，根本不相信中介公司。我跟她谈诚意金谈了很久，她才同意交 5000 元诚意金。她来交诚意金的时候带着朋友，她的朋友坚持不给中介费，我夹在中间，真的很尴尬。您能不能写一份委托书给我，我拿着委托书去找客户面谈？如果客户同意，我马上把诚意金转为定金，然后打到您的卡里，不给客户反悔的机会。我担心客户当时同意，但打电话问朋友之后又变卦，可能就成交不了了。"

房东想了想，说："委托书怎么写？我很忙，没时间到你们公司写委托书。"我从公文袋里拿出委托书，递给房东，房东接过委托书认真地看了起来。

"周哥，为了不耽误您卖房，我在这份委托书上写的期限只有两天，如果两天之内我收不到定金，我就放弃这位客户。"

其实我担心房东不同意签委托书，才特意强调期限只有两天。我有九成的把握在两天之内和客户成交。

服务员送来了咖啡，我慢慢地品尝咖啡，等着房东看完委托书。

过了一会儿，房东指着委托书上空白的地方说："你把空白的地方都填好，包括价格、付款方式和杂物房，全都写清楚。"

经理接过委托书，掏出笔填写空白的地方。因为之前并没有跟房东说好价格、付款方式和杂物房，所以我特意留了空。经理写完之后，房东又看了一遍委托书。确认委托书没有问题之后，房东签字、按手印，我顺便用手机给不动产权证复印件、公证委托书和他的所有资料拍照。有这份委托书在手上，房东就没有反悔的机会了。

> 为什么要让房东写委托书？因为我担心发生这几种情况：房东突然反悔，提出涨价或者不卖了；我去找客户面谈，客户同意了这个价格，但打电话问家人或朋友的意见之后又突然反悔；房东和客户来签合同的时候带了好几位"军师"，他们可能会提出意想不到的问题。只要诚意金没有转为定金，就是可以退的，这个单子就有无法成交

> 的风险。
>
> 　　为了消除这个风险，我让房东写好委托书，把诚意金转为定金，这是一种比较稳妥的操作方式。就算客户突然不想买了，或者带着"军师"过来，任何一方也不敢违约，因为谁违约谁就得赔偿双倍定金。

　　回到公司，我本来想马上打电话给客户，但转念一想，客户刚交了诚意金，我现在打电话给他就显得太着急了。

　　中午 12 点，同事打电话问我："那套房子谈得怎么样了？我有一个客户出的价已经到位了，如果你的客户不愿意加钱，就把诚意金退了，让我的客户成交，我给你分点业绩。"

　　听到同事这么说，我更有底气了！我马上掏出手机拨打客户的电话，电话很快接通了。

　　"张姐，价格谈不下来了，房东数落了我一顿。现在就差 1000 元，我已经尽力了。如果您不想买，那就算了，我把钱退给您。对了，我好说歹说，房东同意把杂物房的价格降 2000 元。房东当时是 6000 元买的，现在只卖 4000 元。"

　　我以退为进，只给客户两个选项——要么买下，要么拿回诚意金。一套房子如果仅仅因为买卖双方的报价差 1000 元而成交不了，那就真的不是因为价格，而是因为客户心里觉得不舒服。我特意强调杂物房的价格降了 2000 元，让客户有一种占了便宜的感觉，客户就不会那么反感了。

　　客户愣了一下，还没有反应过来："杂物房要 4000 元？"

　　我平静地说："张姐，那个杂物房您还要不要？房东说楼上的人给他 4000 元，您不要的话，他就等房子过完户，再卖给楼上的人。"

　　为什么要等签完诚意金合同之后再说杂物房的事情？因为我手上有筹码。如果还没签诚意金合同就说杂物房的事情，客户肯定要讨价还价，让我跟房东谈杂物房的价格。

　　"杂物房也是房东花钱买的，当时房东花了 6000 元呢。"

　　"能不能再少一点？"

　　我平静地说："张姐，这个小区有很多房子没有杂物房，很多房东想买也买不到。杂物房是以前单位分配的，只有少部分人才能分到杂物房。电动车去外面充电，一个月至少要 40 元。很多人家里有两辆电动车，一个月就是 80 元，一年下来就是大概 1000 元。这个杂物房只卖 4000 元，两辆电动车充电加停放四年的费用绝对超过这个数了，所以这个价格一点都不贵。"客户不说话，可能在想值不值得买。

我还是平静地说："张姐，我个人建议，您最好把杂物房买下来。如果您回头不想要了，还可以卖给别人，其实一点都不亏。杂物房可以带来很多方便，您既可以放杂物，也可以放电动车充电。"

客户想了想，说："4000 元就 4000 元吧，小钟，这个杂物房我也买了。"

"张姐，您现在有没有时间？我得在诚意金合同上写一条备注，注明房子的总价不包含杂物房的价格。"

"小钟，杂物房的价格就不用写到合同里了。"

"张姐，买卖房子的时候要先小人后君子。写到合同里的话，大家都清清楚楚；不写到合同里的话，万一房东把杂物房卖给其他人，您就吃亏了。"

"行吧，你现在来酒店找我吧。"

我和经理带上公司的印章去找客户，把诚意金合同上的总价改为 32.6 万元，加了一条备注，注明杂物房的价格是 4000 元，不包含在房子的总价内。我跟客户说签合同的时候要再补交 2 万元的定金，客户同意了。

回到公司的时候已经是下午 1 点多了，我的肚子已经叫了起来。我出去吃了一份快餐，本来想给房东打电话，但怕打扰房东午休，就趴在办公桌上睡了一会儿。午睡起来之后，我开始盘算怎么做才能在今天就把合同签好，我必须想一个两全其美的办法。

想了一会儿，我让经理把诚意金转给房东。我掏出手机拨打房东的电话，电话接通之后，我说："周哥，5000 元的诚意金已经打到您的银行卡上了，您收到了吗？"

委托书上有房东的银行卡号，也写着可以直接将诚意金转账给房东转为定金的条款。我先把诚意金转到房东的银行卡上，再打电话告诉房东，这样操作是最安全的。现在，买卖双方都不敢反悔了，这个单子已经成了定局。

"已经收到了。"

"周哥，今天中午我跟客户谈了一个多小时，客户好不容易才同意您提出的价格，也同意购买杂物房。客户虽然已经交了 5000 元定金，但她还在对比其他的房子，这 5000 元定金她随时都可以放弃。您买卖房子的经验这么丰富，您看要不要今天就把买卖合同签了，让客户补交一些定金，免得夜长梦多？"

我暗示房东，客户随时都可以放弃购买这套房子，现在并不是客户求着房东把这套房子卖给她。我为什么要把决定权交到房东手上？因为我要让房东觉得我尊重他，我该收的定金已经收了，我该谈的价格也谈好了，现在就看他想不想签合同，如果他现在不想签，万一客户变卦，就不是我的问题，而是他的问题了。

房东想了一下，说："我下午 5 点有时间，你去安排吧。如果今天客户不签合同，我就跟其他中介公司的客户谈，如果别人出的价合适，我就赔双倍定金给她。"

"好的，我现在就打电话给客户，看客户有没有时间。"

挂了电话，我终于松了一口气。我揉了揉太阳穴，谈成一个单子不知道要耗费多少脑细胞！虽然客户已经交了 5000 元定金，但买卖双方还是可以随时反悔。

我到隔壁的超市买了一瓶冰红牛，一口气喝完，有一种透心凉的感觉。爽！我整个人都精神了。一看时间，已经是下午 3 点 30 分了，我赶紧掏出手机拨打客户的电话。

"小钟，这套房子现在是什么情况？"客户热情地问。

"张姐，您的 5000 元诚意金已经转给房东了，已经转为定金了。房东说 5 点有时间签合同，如果您今天不签合同，他就跟别的中介公司谈价格。他已经提前跟别的中介公司约好了，如果其他中介公司的客户出的价合适，他就卖给其他客户，然后赔双倍定金给您。"

"小钟，房东这么做……会不会有些不地道？"客户的语气很不高兴。

我叹了口气，说："唉，如果是我，我也会不高兴。收了定金还想着卖给其他人，确实有点那个……不过，房东确实急着卖房，所以他才卖这么低的价格。上个月有个客户交了几千元给房东，拖着不签合同，房东就等了一个月，最后客户不买了，白白浪费房东一个月的时间。所以，房东希望您今天补交 2 万元的定金，把过户时间定下来，只有这样房东才会安心。如果您是房东，之前碰到过客户违约的事情，您会不会也这么做？"

"让我想想……"电话那头突然沉默了。我不说话，也不挂电话，静静地等着客户的回复。

"行吧！你跟房东说 5 点签合同。"

"好的，张姐，您在哪里？一会儿我去接您。您跑来跑去老是打车，太浪费钱了。"

　　其实我很怕客户迟到，她经常迟到半个小时以上，我担心房东不耐烦就直接走了。

　　"好吧，我在酒店等你，你一会儿过来接我。"

　　我马上打电话给房东，跟房东约好5点到我们公司签合同。

　　我看还有一些时间，就写了一份合同的草稿，其实就是把诚意金合同的内容抄一遍。我又跑到房子里，写了一份室内物品清单。时间差不多了，我决定提前去接客户，免得她又迟到。

　　把客户接到公司之后，我一看时间，已经是下午4点50分了。我把合同草稿给她看，并指着条款解释："房子的总价是32.6万元，杂物房的价格是4000元，我是分开写的。"

　　客户点了点头，没说什么。我递给她一支笔，然后告诉她，如果有什么不合理的地方，就用笔圈出来，待会儿房东过来再看一遍，如果有什么不对的地方，我再一起修改。

　　我看了看时间，已经是下午5点整了。我让经理在办公室陪着客户，然后跑到店门口去接房东。我远远地看到一辆车驶过来，车窗缓缓地降下来，露出了房东的脸。我马上跑过去，指引房东停好车。

　　我一边带着房东朝店里走，一边跟房东说合同上写的房子的总价是32.6万元，杂物房的价格是4000元，两个价格是分开写的。

　　客户看完合同草稿没有说什么，也没有修改。我叫房东把公证委托书和不动产权证原件拿出来，然后把合同的草稿递给房东看。过了一会儿，客户说不动产权证上的名字和房东身份证上的名字不一样，房东抬起头看了看我。

　　我平静地说："张姐，他是房东的朋友，房东已经把这套房子卖给了他。这个是公证委托书，是受法律保护的。"之前房东跟我说过，这套房子是从他的朋友手上买的。

　　我把公证委托书递给客户，说："张姐，有很多人不懂公证委托书，也不相信公证委托书。如果您不放心，明天我可以带着您去房管局拿着公证委托书去咨询能不能过户，等过完户之后再去银行转账。先过户再给钱，您尽管放心。"

　　客户一脸不放心的表情，我继续说："张姐，定金可以先放在我们公司，如果不动产权证有什么问题或者过不了户，我们会把定金一分不少地退给您，您一点损失都没有。"客户对我的话还是半信半疑，我估计她也听得懵懵懂懂。

我转过头，对房东说："这份合同还有什么问题吗？如果没有问题，我就工工整整地写一份，给你们签字。"

房东说："我没有问题，你看大姐有没有问题。"

我转过头问客户："张姐，您对这份合同还有什么问题吗？"

"小钟，合同没问题，但是公证委托书我没听说过，我有些不放心。"

房东见我一时半会说服不了客户，就说："大姐，这套房子原来是一位公安局的领导在住，住了一段时间之后，他被调到了别的地方。后来，我的朋友买了这套房子，住了5年。再后来，他买了一套大别墅，就搬走了。他本来不想卖这套房子，他说住在这套房子里运气非常好，精神状态也非常好，做生意顺风顺水，才有钱买大别墅。我磨了很久，他才同意卖给我，但他本人在外地，没有时间过来办过户手续，我才让他做公证委托书给我。买回来之后，我本来想把这套房子过户到我女儿的名下，让我老婆和女儿过来一起住，谁知道她们不肯过来住，说这个小区太旧了。现在，我在别的小区买了一套新房，需要一笔钱装修，所以我才把这套房子卖了。"

客户看着房东，似乎不相信房东说的话。我掏出手机，打开之前收藏的网页，网页上面是关于公证委托书的解答，都是专业律师的解答，我把手机递给客户看。

"张姐，先过户再给钱，如果过不了户，您就不用给钱。我们公司开了这么多年了，如果连最基本的过户手续都办不好，早就关门了。您就放一百二十个心吧！"我说话的时候非常自信。

客户看了看我，咬了咬牙，说："行，小钟，我相信你。"

我说话的时候，经理在旁边已经抄好了合同。本来说好补交2万元定金，但是客户不相信公证委托书，坚持定金就交5000元。反正第二天就可以过户，房东也不在乎定金是多了还是少了，就同意了客户的要求。买卖双方开始签字、按手印。

把他们送走之后，我终于松了一口气。整个过程不到20分钟，但是每一分钟都要非常小心。哪怕说错一句话，都有可能成交不了。

我回到店里，店里响起一片掌声。经理大声地说："恭喜小钟！这个月已经成交了三单，都是全佣！"

总结 | SUMMARY

有时候，买卖双方已经谈好了价格，也约好了去公司签合同。在这个节骨眼上，其他经纪人打电话对客户说："我这边的中介费可以打折，我还可以帮您谈一个更低的价格。"碰到这样的情况，这个单子就很可能成交不了。

如果客户交了诚意金，你就可以给客户提前打好预防针，也就是告诉客户"不能把房东目前的底价泄露给其他经纪人，如果其他经纪人知道了，我们帮您跟房东谈价格的时候，别的经纪人就会故意哄抬价格，价格肯定就降不下来了"，这时客户一般都会配合你跟房东谈价格。

还有一些客户会带上"军师"去签合同，这些"军师"往往有这样一种心态：朋友叫我过来帮忙看合同，我当然要充分展现自己的价值，帮朋友多争取一些有利的条件。在签合同之前，买卖双方已经谈好了价格，但"军师"来了之后往往会继续向房东压价："你再降 1 万元，不降我们就不买了。"

之前双方已经谈好了价格，这时房东还会同意降价吗？肯定不会。如果"军师"坚持己见，而客户又犹豫不决，恐怕就很难成交了。还有一些"军师"对部分合同条款指指点点，提出一些房东不可能接受的条件，导致无法成交。

如果你之前让客户交了诚意金，并签了合同，里面写明交易价格、付款方式、过户时间、税费明细、家具和家电处置方式、中介费金额等细节，就相当于提前敲定了买卖合同的核心条款，而且可以直接把诚意金转为定金，稳稳当当地成交。此时，买卖双方都不会违约，因为违约就要赔偿双倍定金。

第六章

谈 单 技 巧

很多经纪人非常努力地找房源、找客户、跟进客户、跟进房源，客户好不容易看中了一套房子，也交了诚意金，但最后因为客户的出价和房东的底价差一点，双方无法成交，导致经纪人白忙活一场。

不少经纪人在谈单的时候没有掌握好节奏，只打一两个电话给房东和客户，房东不肯降价，客户不肯加钱，他们就埋怨房东太抠门、客户太小气。

客户和房东就像矛和盾，房东总想让价格高一点，客户总想让价格低一点。经纪人夹在中间，偏袒哪一方都不行。二手房谈单要做到三赢——让房东、客户和中介公司都满意，所以比普通的谈单更加困难。

如何让房东觉得这套房子卖了个好价钱？如何让客户觉得这套房子买得值？

下面我用一个案例介绍谈单的方法和技巧，并重点介绍价格谈不拢时如何让房东降价、让客户加钱。

1. 如何应对一上来就问底价的客户

一天早上，开完早会之后，我正站在店门口想当天的工作安排，电话突然响了。我拿出电话一看，屏幕上显示"买皇家花园三居室谢哥"。我努力地想了一下，终于想起来他是半年前看过皇家花园三居室的客户，我马上接起了电话。

"谢哥，您好。"

客户停顿了几秒，他可能在想为什么我知道他姓什么。

"我在网上看到你有一套皇家花园的三居室。"电话里传出一个中年男人的声音，一听就是本地口音。

"是的，您什么时候有时间过来看房？这套房子目前比较抢手。"我先把气氛搞得紧张一些，好让客户尽快过来看房。

"网上的图片都是真的吗？我看装修得富丽堂皇的。"

我估计客户没少被其他经纪人的假房源忽悠，所以不太相信网上的图片。

我笑着说："呵呵，谢哥，这些图片都是真的。房东花了 30 万元装修，而且这套房子没人住过。"

"装修得这么漂亮，一天都没住过？房东为什么要卖房？"

我说："这个房东很有钱，他买这套房子就是为了度假。他在别的地方买了一套更好的房子，这套房子总是空着也太浪费了，就打算卖掉。每个人的想法不一样，可能对这个房东来说，买套房子就跟我们买件衣服差不多。"

客户没有说话，估计他在想我说的话是真的还是假的。

我说："谢哥，如果您现在有时间，就过来看一下房子。我觉得这套房子特别适合您。如果您总是拖拖拉拉的，慢慢看，慢慢对比，好房子就都让别人买走了。"

客户想了一下，说："中午下班我过去，12 点 30 分到小区门口，你要准时。"

"好的，我有钥匙，我提前在小区门口等您。"

"好的，那中午见面再说。"客户说完就把电话挂了。

这是一套 100 平方米的三居室，在 10 楼，有电梯，装修豪华，家具、家电全送，底价是 100 万元，但房东让我们报 105 万元。按照目前的行情，户型相同、简单装修的房子的价格大概是 90 万元。

中午 12 点 20 分，我拿着钥匙在小区门口等客户。中午 12 点 29 分，客户到了小区门口。我心想，这个客户还挺守时的。

客户停好车走过来，笑呵呵地说："我还以为是谁，原来是你。"

我以前带这个客户看过很多房子，半年前他看中了皇家花园的一套房子，总价是 85 万元。我让他交诚意金，他不肯交，结果那套房子被我的同事的客户买走了，他后悔也晚了。

我也笑呵呵地说："谢哥，您一直在关注这个小区的房子吗？"

"附近的小区都看了一遍，还是这个小区的环境比较好，户型也比较合适。"

客户想了想，一脸疑惑地问："小钟，这套房子真的花了 30 万元装修？"

我一边带着他朝房子的方向走，一边说："房东说这套房子装修花了 30 万元，我也不知道是真的还是假的。不过，房子用的装修材料都很好，家具、家电也都是高档货，我觉得花十几万元肯定装不出来这个效果。"

房东说的话，我只相信一半，所以我不敢在客户面前把话说死。万一成交之后客户想违约，就会拿装修来说事——"你不是说装修花了 30 万元吗？拿出证据来"，我哪有什么证据？如果客户以这个为理由说我和房东串通起来骗他，我就会非常被动。

我和客户很快走到了房门口，我掏出钥匙打开门。客户走进房子之后眼睛一亮，脸上露出了兴奋的表情，但只是一瞬间。

我站在客厅里，让客户随便看。他一会儿进厨房，一会儿进卫生间，看得不亦乐乎。他看了这个户型的房子已经看了半年了，他可能比我还了解这个户型。

客户想要试一下家电，但发现没有通电，就让我打开电闸。打开电闸的一瞬间，屋子里所有的灯都亮了，给人一种富丽堂皇的感觉。水晶吊灯射出来的光洒在地板上，特别漂亮。

我见桌上有灯的遥控器，就拿起来按了几个按钮，红灯、黄灯、绿灯接连亮起来，就像夜空中一闪一闪的星星。我马上把窗帘全部拉上，灯显得更加漂亮了，客户看得入了迷。

"谢哥，这套灯具估计就得花 1 万元。"

"哪有这么贵？这种灯很便宜。"客户嘴上这么说，但脸上充满了喜悦的表情。

客户试了所有的电器，看它们通电之后能不能正常工作。其实，这完全是多此一举，因为这些电器的标签都没摘掉，根本就没用过。况且，所有电器的保修卡都在，就算是坏的，也有保修。

试完电器之后，客户开始试三间卧室里的三张床。他每进一间卧室，就躺在床上，感受床垫舒服不舒服，评价床的做工好不好。我一个人坐在客厅的真皮沙发上等他，这个沙发的触感特别舒服，不软不硬刚刚好。

"谢哥，您过来坐一下沙发，这个沙发坐起来太舒服了！"

客户从卧室走出来，也坐到沙发上。

我懒洋洋地靠在沙发上，说："谢哥，这套沙发和茶几估计要 5 万元以上。"

"哪有这么贵？"客户嘴上这么说，但脸上充满了笑容。

客户左看右看，足足看了 40 分钟才跟我说看完了。我锁上门，去按电梯。

客户看着我说："这套房子 90 万元卖不卖？"我若笑着摇了摇头。

客户追问："房东的底价是多少？"

我说："谢哥，等您看好了，确定要买，我再去找房东谈价格。我谈了半天，您不买，那不是为难我吗？"客户想知道房东的底价，但在他还没决定买这套房子之前，我是不会告诉他房东的底价的。

"小钟，你去帮我问问房东这套房子90万元卖不卖。如果能卖，我可以一次性付款。"客户死死地盯着我，想通过我的表情摸清楚这套房子的底价。

我无奈地说："谢哥，您看房看了这么久，这个小区的价格您比我还了解，简单装修的三居室才是这个价。如果是简单装修的房子，买下来之后还要重新装修，买家具和家电。这些您都知道，我不想反复说了。买房子得花90万元，装修和买家具、家电至少得花10万元，加起来怎么也得100万元以上。这套房子的装修这么好，家具和家电都是全新的，而且没人住过，我觉得105万元的价格一点都不贵。"

客户没有从我嘴里得到他想要的信息，只好说："明天中午下班我带家里人过来看看，完了再说吧。"这个客户很精明，也不着急买房，纯粹是想捡便宜。我现在不会催着他成交，我越催他，他越觉得房东着急卖房，还价还得会越狠。

我们很快走到了小区门口，我把客户送上车，客户自己开车走了。

房东是公司区域经理（简称"区经"）的朋友，虽然没有签独家委托合同，但这套房子只放在我们公司卖。房东要求我们公司报105万元，所以我们都跟客户报105万元。房东的底价是100万元这件事只有区经和我知道。

第二天中午12点30分，客户带着老婆和孩子过来看房。客户一进房子就打开电闸，调五颜六色的灯给老婆和孩子看，然后带着孩子在这张床上躺一会儿，在那张床上躺一会儿。

我觉得自己是多余的人，于是坐在客厅的沙发上，看着他们一家人东看看西瞧瞧。过了一会儿，客户回到客厅，坐到了沙发上，然后喊老婆和孩子过来坐。我识趣地站起来走到阳台上，留出点空间让他们夫妻俩商量一下。

突然，有人打开门走了进来，原来是我的同事带着客户进来看房，客户刚刚的喜悦情绪一扫而空。我见客户看得差不多了，就走回客厅说："谢哥，我们走吧。这里说话不方便，下楼再说。"

我对同事点了点头，走出房子，在门口等客户。客户见我已经出来了，也带着老婆和孩子走了出来。

下楼之后，我拿出一份事先准备好的房源列表，说："谢哥，这个小区在卖的三居室都在这里，您看看哪一套是您没看过的，我带您去看。"

客户接过去，在这栋楼门口绿化带的边上坐了下来。这个表列出了所有房子的门牌号和价格，这些价格都是底价。客户一套一套地看，看得很认真。我相信他看过这个列表中的绝大部分房子，我做这个列表就是为了让客户对比这个小区所有的三居室房源。客户的老婆见我们在谈价格，就带着孩子回去了。

客户一边看手上的列表，一边瞅刚看完的这套房子的单元门口。我心想不妙，马上掏出手机偷偷发微信告诉同事不要很快下来，带他的客户多看一会儿，我正在楼下想办法让客户交诚意金，成交之后请他吃一个星期的早餐。很快，同事给我回复了一个 OK 的表情。

客户把房源列表还给我，说："小钟，刚刚看的这套房子最低多少钱？"

客户反反复复地问我这套房子的底价，但我是不可能直接告诉他的。我只能把话题扯远一些，先跟他先说房东以前的报价是多少，再告诉他我们之前是怎么样跟房东谈价格的。

"谢哥，这套房子前两个月的报价是 120 万元，上个月有一个客户要买，我们慢慢地跟房东谈价格，谈到了 115 万元，上个星期谈到了 110 万元。这两天，其他同事的客户也想买这套房子，现在谈到了 105 万元。您现在问我最低多少钱，我真的不好说，我只能尽力去帮您谈。"

2. 客户出价时要卡位

这套房子的价格是由区经控制的，他的嘴巴非常严，我反反复复地用不着急买房的客户跟他谈价格，他才告诉我这套房子的底价是 100 万元。他这么做也是为了保护房东的利益。他怕公司里的新手一上来就把底价告诉客户，客户肯定还会要求降价，房东一生气就不给我们公司卖了。我相信没有其他同事知道这套房子的底价，因为他们都不敢跟区经谈价格。这也是我有底气在客户面前报 105 万元的原因。

"小钟，能谈到 90 万元吗？"客户的眼睛死死地盯着我，他想通过我的表情判断这套房子的底价。

我面不改色地说："谢哥，您刚才已经看了这份房源列表，90 万元的房子是什么样的房子您很清楚。我的同事昨天有个客户出 100 万元以上都谈不下来，90 万元就更别提了。"

客户想了想，又看了看单元门口，说："我出 93 万元，一次性付款，你先帮我谈谈看。"

"谢哥，93 万元这个价格是不可能谈下来的。这份房源列表上的房子，您想看哪一套，我就带您看哪一套。一分钱一分货，您现在出这个价不是浪费时间吗？我相信您之前联系过我们公司的其他同事，他们也不可能帮您谈下来。谢哥，我们回去吧。等您和家里人商量好了，再告诉我。"

我直接跟客户挑明，让我的同事去跟房东谈价格是没有用的。他时不时瞅一眼单元门口，留意我的同事的客户什么时候出来，他想知道这个客户是否看中了这套房子，然后根据情况出价。我对他的如意算盘一清二楚，所以让他回去和家人商量。

客户又跟我东拉西扯了 10 多分钟，我的同事的客户还没有下来。他想了想，对我说："小钟，95 万元，一次性付款，你去帮我谈谈。"

我叹了口气，摇了摇头。客户的脸色变了，他可能认为我不想帮他谈价格，我估计他想放弃我，找我的同事帮他谈价格。

我话锋一转，说："谢哥，您看这样可以吗？您交点诚意金给我，我先把这个房源封盘，其他同事就不能看房，也不能联系房东了。我尽最大的努力去帮您谈，就算谈不下来，也可以了解房东的底价。您要是愿意加钱就成交，您要是不愿意加钱，我一分钱不少地退给您。这样做对您来说是有好处的。上次我跟您说了三天三夜，您才愿意交诚意金，结果还是慢了半拍，那套房子被别人买走了，这次可别再吃同样的亏了。"

半年前，他看中了一套房子，我跟他说了三天，他都不肯交诚意金，最后下定决心要买的时候，其他客户已经交了定金。他反过来埋怨我，说我不早告诉他别的客户也要买这套房子。

客户叹了口气，又看了看单元门口，说："诚意金交多少？"

"3 万元或者 5 万元。"

客户看着单元门口，说："我卡里只有 2 万元，就交 2 万元吧。"

"行，您现在跟我回公司。等办完手续，我马上封盘。"

在回公司的路上，我偷偷给同事发微信，告诉他"警报"可以解除了。这个客户真的是太精明了，如果不让他意识到有竞争对手，他才不会这么爽快地交诚意金。

客户交了 2 万元诚意金，不过，诚意金合同上写的中介费是 5000 元。这也是没有办法的事情，如果中介费不打五折，客户就不交诚意金。

刚刚在小区里的时候，客户还的价是 90 万元，我卡住这个价格，让客户加钱，客户还的价是 93 万元，我还是卡住这个价格，让客户继续加钱。为什么要对客户的出价进行卡位？因为很多客户不相信经纪人的报价，怕经纪人在中间吃差价，所以他们报的第一个价格往往是不可信的。我们要直接拒绝客户报的第一个价格，试探客户是否真的喜欢这套房子。

怎么试探呢？

打个比方，你想买一双鞋，于是去逛鞋店。你看中了一双鞋，这双鞋的标价是1000 元。你跟老板还价，问："600 元卖不卖？"如果老板说"好，我卖给你"，你会立即买下这双鞋吗？我相信你不会买。你心里会怎么想？你肯定会这样想："老板这么痛快就答应了，是不是这双鞋的质量有问题啊？是不是我还的价太高了？"

正常情况下，你还价 600 元，老板会怎么回答？老板多半会说："600 元真的不行啊，进货价都不止 600 元！您算算，房租得多少钱，人工得多少钱……这样吧，这双鞋我不挣钱，850 元卖给你，行不行？"你不理老板，打算去别的鞋店看看。老板连忙叫住你，说："您别走啊！您的眼光真不错，这双鞋的质量非常好。您看，这双鞋用的材料特别好，还是知名设计师设计的……"

你当然不会在意老板说什么，你肯定会问老板那双鞋能不能按 600 元卖给你。老板说实在没法按 600 元卖给你，然后他让你试穿一双质量没那么好的鞋。你试穿了一下，觉得这双鞋不是很舒服。老板让你试穿质量没那么好的鞋的目的是让你对比一下，让你加钱买那双质量更好的鞋。

老板劝你买那双更好的鞋："我亏 100 元卖给您，700 元，怎么样？这个价格我真的不挣钱！"你不理老板，又走向了店门口。老板见你又要走，马上喊住你："回来回来，您加 50 元行不行？"你觉得这双鞋值 650 元，于是直接成交了。老板一边帮你打包一边夸你："您真会砍价！这双鞋我是亏本卖给您的，就当开张了！亏就亏点吧！"

老板说的话让你很开心，你觉得这双鞋买得真值！不过，他真的是亏本卖给你这双鞋的吗？你觉得这可能吗？

在谈单的过程中，我们要做到让房东卖得开心，客户买得开心，所以讨价还价的环节是必不可少的。在上面举的买鞋的例子中，鞋店老板想尽办法让顾客加钱，顾客实在不肯加钱，老板才做出让步。只有这样，才能实现老板卖得开心，顾客买得开心。

很多经纪人觉得讨价还价的过程很麻烦，但是没有办法，人们的心理就是这样的，买东西的时候只有经历讨价还价的过程，才会相信成交的价格是真正的底价。当客户还了一个低价的时候，不管房东的底价是多少，我们都要向鞋店老板学习，在第一时间进行卡位。

刚刚客户出 93 万元时，我直接拒绝客户，让客户加钱。当客户出 95 万元时，我见客户的脸色不太对劲，就马上让客户交诚意金。如果这个时候继续让客户加钱，客户很可能会转身就走，回头找我的同事买这套房子。

客户交完诚意金之后，我对经理说："经理，你能不能去问区经要一下房东的电话，因为他比较忙，肯定没有时间去帮我谈价格。"

经理想了想，说："我问他要电话，他不一定给我，你问他要，他一定会给你。你跟他比较熟，你的办法比较多。"

我马上打电话给区经，电话很快接通了。

"区经，你现在有时间吗？我过去跟你谈谈皇家花园这套房子的事情。"

"你半个小时后来我的办公室吧，我现在比较忙。"区经说完就把电话挂了。

区经特别喜欢喝茶，我先跑回家拿了两小包好茶叶。走进区经办公室的时候，他已经泡好茶在等我了。我坐下来，拿出两包茶放到桌上，说："这个茶叶不错，我拿两包给你试试。"

"你先试试我的茶再说吧。"区经慢悠悠地说。

我拿起茶杯喝了一口茶，有一股力量往头顶冲，有点醍醐灌顶的感觉，整个人精神了很多，茶香从口腔蔓延到喉咙，刚喝的时候有点苦涩，喝完之后反而觉得有点甜。

我情不自禁地说："好茶。"这个茶比我拿过来的茶不知道好了多少倍。我舍不得放下茶杯，还在回味着甘甜的味道。区经看着我脸上的表情，开心地笑了。

我放下茶杯，跟区经说了客户只出 95 万元的事情。区经的眉头马上皱了起来，但他不说话，估计他在想这个单子应该怎么谈。我也不管他，我自己倒茶喝。

过了一会儿，区经说："小钟，95 万元这个价格很难谈成，你能不能让客户加到 100 万元？"

我靠在沙发上，说："如果我能让客户加到 100 万元，我也不会过来找你了。"

区经喝了一口茶，说："关键是这个房东和我太熟了，我不方便出面谈，也没办法狠下心去谈。"

"这个简单，你把房东的电话给我，我去谈。"区经一脸疑惑地看着我。

我连忙说："你不会不相信我的谈单能力吧？"区经摇了摇头。

"你怕我说错话，砍价太狠，得罪了房东？"区经点了点头。

3. 不断试探房东的底价

我喝了一口茶，说："这套房子在你手上已经两个月了，你都卖不出去。如果房东急着卖，再过两个月你还是卖不出去，你觉得房东会不会怪你？你觉得房东会不会给其他经纪人卖？房东给其他经纪人卖，难道其他经纪人不会跟房东谈价格吗？"

我停顿了一会儿，区经见我话没有说完，让我继续说。

我说："你跟房东这样说，你有个同事客户比较多，天天给你打电话，你都烦死了。你在中间来回传话非常麻烦，为了让同事和他更好地沟通，你把他的电话给了你的同事。他有什么事就可以直接跟你的同事说，成交也比较快。"区经点了点头。

"那就这么说定了，你把房东的电话发给我，我约了客户看房，我先走了。"区经已经点头了，我不给他反悔的机会。

我起身的时候看到一盒茶叶，包装非常精致。我指着茶叶盒说："我刚刚喝的就是这个茶吗？"区经转过头去，故意不看我，假装没听到我说的话，摆明了不想给我茶叶。

我打开盒子，看见里面还有六小包茶叶，就说："我拿一包回去尝尝。"区经有点舍不得地点了点头。

我觉得拿一包不过瘾，又拿了两包，转身就走。区经连忙说："你小子，把茶叶放下再走！"

我走到门口，指了指我带过来的两小包茶叶，做了一个再见的动作，就把门关上走了。办公室里传出"你给我回来"的声音，我一边笑一边赶紧往外走。

区经和我是很好的朋友，他的脾气我非常了解。如果我想要茶叶，这一盒茶叶他都会送给我，可能还会再买两盒送给我，因为我帮他做了不少业绩。我走出区经办公室不到两分钟，区经就把房东的电话号码发给了我。

一个小时之后，我站在店门口琢磨第一个电话应该跟房东说什么。想了一会儿，我掏出手机拨打房东的电话，电话很快接通了。

"李姐，您好，我是××公司的小钟，我们周总把您的电话给了我。"

"小周已经跟我说了，小钟你说。"电话里传出温柔的女声。

"我这几天带了10个客户过去看房，周总跟您说了吗？"

房东问："小周没有给我打电话呀！"我明知故问，目的是告诉房东我手上有很多的客户。

我连忙解释："可能我这些客户出的价不够高，周总想帮您卖个好价钱，也不想打扰您，所以没给您打电话。"

"哦！"

要想让房东好好地跟我说话，我就得先赞美一下她的房子。我说："李姐，您的这套房子装修得这么漂亮，恐怕是整个小区里最漂亮的一套，为什么要卖呢？"

"我本来想等退休之后过来住的，但是我在别的地方买了一套更好的，就想把它卖了。"房东说话的语气很平静，没有任何情绪，而且是脱口而出。这说明这句话她已经说了很多次了，已经成了口头禅。

"李姐，您买的家具和家电都是知名品牌的，质量非常好，客户非常喜欢您家客厅里的沙发。"

房东说："呵呵，客户喜欢的话，就送给他吧。"之前区经说过这套房子里的家具和家电全送，但我还是要提到这一点。

我继续赞美："李姐，您真会选户型，您家的户型是整个小区里最好的。可是，现在的客户不给力，市场也不给力啊。有个客户看中了您家的房子，他倒是诚心买房，可是他出的价我不敢跟您说，我实在怕您骂我呀。"通过刚才简短的交流，我觉得这个房东比较好说话。所以，我以退为进，婉转地告诉房东客户出的价很低。

"小钟，你说，没事的。"房东平静地说。

我本来想说客户出95万元，但是客户在交诚意金的时候反复对我说"不要把95万元这个底价直接告诉房东，从90万元开始谈，一点一点地给房东加钱"，我只好说："客户出的价是90万元。"

"小钟，你知道这套房子我是花了多少钱买的吗？"

我用不太确定的语气说："如果从开发商手上买的话……大概70万元？"

"小钟，我花了70万元买的，加上税费、各种手续费和几年的物业费，至少要

75 万元。装修费和买家具、家电的钱加起来至少 30 万元，我这套房子的成本至少在 105 万元以上。"

要是平时，我肯定会说装修不值钱，而且装修风格也不适合客户，但是我打第一个电话的目的就是赞美房东和她的房子，并告诉她我手上有很多客户想买这套房子，但是目前客户出的价比较低。我的目的已经达到了，等打第二个、第三个电话的时候再谈价格吧。

"李姐，要不这样吧，我先给客户打电话，让客户加钱。如果客户不肯加钱，我就重新帮您找客户。"

"小钟，你跟客户报的是多少钱？"

"105 万元。"

"如果你的客户诚心买房，你就跟客户说 103 万元。"

"好的，李姐，我知道该怎么跟客户谈了。"

之后，我跟房东聊了一会儿房子的情况，就把电话挂了。

为什么给房东打第一个电话的时候要赞美房东？因为我想让房东跟我好好地说话。很多经纪人在第一次给房东打电话的时候就说人家的房子的户型是整个小区最差的，装修也不好，哪里漏水之类的，目的是以房子的各种缺点来压价。

假设你家的房要卖，有个经纪人第一次给你打电话就说你家的房子怎么怎么不好，你会不会十分反感？你会不会直接把电话挂了？房东也是一样的，你夸他和他的房子，他就会好好地跟你说话。但是，赞美房子也不能过头了，否则有些房东就舍不得卖了。

我拿出手机看了看时间，已经是下午 3 点 50 分了。我想给客户打电话，但是距离收诚意金才过去两个小时，是不是显得有些太着急了？我决定晚上再给客户打电话。

4. 强调自己很辛苦

晚上 8 点，我站在店门口想待会儿跟客户说什么，然后拿出手机拨打客户的电话，电话很快接通了。

"小钟，谈得怎么样了？"我还没开口，客户就直接问我结果。

我不慌不忙地说："谢哥，我已经尽力了。今天我跟房东聊了好久，房东终于降了2万元，现在房东的报价是103万元，离95万元还有点远啊。"

"才降了2万元？"

"谢哥，第一天就能降2万元，已经很不错了。咱们的诚意金合同不是签了一个星期吗？我会继续跟房东谈价格。这套房子是房东花了70万元买的，加上税费、各种手续费和几年的物业费，至少要75万元，再加上装修和买家具、家电的30万元，这套房子的成本至少是105万元。您也知道，这个小区的房子非常抢手，只有这个房东亏本卖给您，您还想怎么样啊？"我故意加重语气，我不能让客户觉得我没有认真地帮他去跟房东谈价格。

客户笑着说："呵呵，小钟，你继续帮我谈吧。"说完就把电话挂了。

第一次跟进客户的时候，不需要跟客户说太多，简单地向客户汇报一下工作进展就行了。我想跟客户说的其实只有一句话："我正在努力帮您谈价格，而且谈得很辛苦，您耐心地等我的好消息就行了！"我一定要让客户知道我跟房东谈价格是很辛苦的，就算价格谈不下来，客户也不会对加钱十分抗拒。

有的经纪人会问："这样做有用吗？"我可以举一个例子进行说明。

我有一个表弟，他沉迷于游戏，不好好工作。他换了很多份工作，干每一份工作的时间都不超过一个月。一天上班八个小时，他只干四个小时的活，其他四个小时都在拿着手机玩游戏。

有一次，我去他家吃饭，他问我有没有好的工作介绍给他，我刚想说没有适合他的工作，他爸就说："你帮他找份工作吧，他整天在家里玩游戏，太不像话了！"他爸好不容易跟我开一次口，我实在不好意思拒绝，于是说："来我们公司上班吧。"表弟马上说："不去，整天在外面跑，晒死了！"

其实，我知道他根本不可能去做销售工作。以前，他也在一家中介公司上过班，只跑了三天的盘，第四天就不去了。我说："我明天帮你问问朋友，看他们招不招人。"

第二天，我带着一个客户去看别墅。我突然想起了表弟的事情，于是在别墅里面发了一个小视频给他，然后给他发了一段文字："这个房东是我的一个老客户，他是开工厂的，我问问他这边招不招人，你等我的好消息。"

过了几天，我去装修公司拿资料给客户看，我又拍了个小视频发给表弟，然后给他发了一段文字："装修公司经理是我的朋友，我跟他说说你的情况。"

过了几天，我开车路过人才市场，发现人才市场正在举办大型招聘会，我拍了一张照片发给表弟，然后给他发了一段文字："人才市场正在举办大型招聘会，有很多公司正在招人，你可以过来看看。"

过了几天，我去逛超市的时候又想起了表弟的事情，于是拍了个小视频发给他，然后给他发了一段文字："超市经理是我的朋友，我问问他这里招不招人。"

我把这些文字全部转发给他爸，他爸在微信上回复："我有一瓶珍藏了10年都舍不得喝的酒，你什么时候过来？我把这瓶酒开了，咱爷俩喝几杯。"我把为表弟找工作的经过全都告诉表弟和他爸，表弟感谢我，他爸也感谢我。

话说回来，假设我很努力地帮表弟找工作，白天去人才市场帮他找工作，晚上去超市帮他找工作，第二天又去装修公司帮他找工作，花了整整一个月帮他找工作，但在整个过程中都没有告诉他。一个月之后，我打电话告诉他，我天天帮他找工作，找了一个月，但没有适合他的工作。你猜他会怎么想？他肯定会这么想："算了，我还是自己找工作吧！"

为了帮表弟找工作，我花了这么多心思，做了这么多事情，如果我不告诉他，他怎么会知道呢？如果他不知道，他就不会感谢我，反而会怀疑我没有尽心尽力，甚至会责怪我。

跟进房东和客户也是一样的道理。你一定要把自己做了哪些工作告诉他们，强调自己有多么辛苦，这样才能体现经纪人的价值，才能让他们明白交那么多中介费是值得的。

5. 分析市场行情和介绍限购限贷政策

第二天早上10点，同事都在打电话跟进房源或者聊天，店里一片嘈杂的声音，我只好走到店门外拨通了房东的电话。

"李姐，您现在说话方便吗？我想跟您说说客户的情况。"

"方便，你说。"电话里传出汽车的喇叭声，我估计房东正在开车。

我连忙说："李姐，您是不是正在开车？如果在开车，我待会儿再打给您，一定要注意行车安全啊。"

> 电话接通后，发现房东或客户正在开车的时候，经纪人要尽快结束通话，另找时间打电话。这是最基本的礼仪，也是为了对方的安全着想。而且，房东不方便说话的时候，即便我说得再多，房东也不会认真地听，说了也是白说。

"小钟，你说吧，有司机开车。"房东平静地说。

"李姐，我昨晚跟客户聊了好久，客户终于同意加 2 万元，现在的报价是 92 万元，我知道您不可能按照这个价格卖，我只是打个电话向您汇报一下客户的情况。"

房东肯定说 92 万元不卖，还不如我自己说出来，让房东放下戒备心，这样还能让房东产生一种感觉：我不是来跟她谈价格的，而是向她汇报工作进展的。

房东说："小钟，你接着说。"

"李姐，您现在的最低价格是多少？您可以给我交个底吗？最近的行情不是很好，有几个一线城市的房价已经在降了，我们市属于四线城市，行情也不是很好。如果今年年前卖出去，还能多卖几万元。现在是年尾，成交量下跌得很厉害。1 栋 2 单元 901 室是上个月成交的，价格是 92 万元；3 栋 1 单元 701 室是精装修的房子，成交价是 93 万元；7 栋 1 单元 501 室的成交价是 91 万元。几个月前，户型相同的房子成交价都在 95 万元以上，现在成交量一直在下滑，价格也跟着跌了。"我说了一下户型相同的房子最近的成交价。

"我看网上很多房子的报价都在 95 万元以上啊。"房东平静地说。

"李姐，网上的报价都是市场价，还有一些不着急卖的房东报得更高，但都是有价无市。只有我们这些天天跑盘的经纪人才清楚真实的成交价格。我们周边的一手楼盘的开发商在年前根本不找中介公司，但现在天天找我们帮它们找客户，而且市场价降了 1000 元。开发商不是直接降价，而是通过打折来降价。"

房东不说话，我继续说："李姐，现在卖房恐怕不是最好的时候，我觉得等过完年之后再卖可能会好一些。"我先试探房东到底着不着急卖房。

"小钟，你重新帮我找客户吧，这个客户出的价太低了。"

房东也是很精明的，她直接把话题岔开，让我重新帮她找客户，这说明她还是想要尽快把房子卖出去的。

"李姐，现在最低多少钱？我让客户加钱，如果客户不肯加，我就重新帮您找客户。"

房东平静地说："我就卖 100 万元，包括你们的中介费。"

我判断房东这个人说话一就是一，二就是二，不会跟我拐弯抹角。可能从商经验丰富的人都是这个样子吧，碰到任何事情都不会把情绪表露出来。

"好的，李姐，我继续帮您找客户。直接向客户报 100 万元吗？如果给客户报 100 万元，客户继续跟您谈价格该怎么办？"

"小钟，你先给客户报 102 万元吧。"

"好的，李姐，我知道应该怎么做了。"

挂了电话之后，我认真地分析了一遍房东说的话。我让房东过完年再卖房，房东让我重新找客户，这说明她并不是不着急卖房。目前，只有一个真正出价的客户，她不想那么快就降价，她还想了解其他客户能否出更高的价。

> 第一次、第二次打电话跟进房东的时候，经纪人要想办法拉近自己和房东的关系，这样后续的沟通才会更加顺畅。跟房东谈价格的时候，经纪人一定要从房东的角度考虑问题，为房东提供中肯的意见，只有这样房东才愿意听。

我喜欢站在店门口想事情，因为店里同事打电话、聊天的声音太吵了。我盘算了一下应该跟客户怎么说，然后拨通了客户的电话。

"谢哥，这套房子的价格已经谈到了 102 万元，但是离您的报价 95 万元还很远。我跟房东聊了半天，价格根本谈不下来。谢哥，您能不能加点钱啊？"

"小钟，你再找房东谈谈吧，辛苦你了。"客户说。

我无可奈何地说："谢哥，加 2 万元吧，95 万元根本谈不下来啊。"

"我就出 95 万元，你尽量帮我谈吧。"

"谢哥啊，这个小区里的房子是什么价，您比我还清楚。1 栋 2 单元 901 室是上个月成交的，价格是 92 万元；3 栋 1 单元 701 室是精装修的房子，成交价是 93 万元；7 栋 1 单元 501 室的成交价是 91 万元。如果您坚持 95 万元的报价，我根本没有办法跟房东谈。正常来说，每年过完春节之后，房价都会涨一些。前年、去年、今年春节过后，房价都涨了，明年估计也会涨一些。这个小区刚开盘的时候均价才 70 万元，才过了两年就涨到了 90 万元以上，这些您都是知道的啊！"

我说的这些情况都是真的，客户比我还清楚，因为他天天跟各家中介公司的经纪人去看这个小区的房子。

客户不说话，我只好说："谢哥，房东已经降了 3 万元，您一分钱都不加，我是真的没有办法谈啊。要不，您先加 1 万元，我看看房东那边愿不愿意再降一些。"我说话的语气很坚定，我要客户明白，不加钱的话，就真的没有办法谈下去了。

客户沉默了一会儿，最后有些不情愿地说："行，我加 1 万元吧，96 万元。"

"好的，我一会儿给房东打电话，继续跟房东谈。"我不带任何情绪地说，说完就挂了电话。我要让客户产生一种感觉：他要是想买这套房子，就必须加钱；他要是不想买，我就去找别的客户。

这个客户太精明了，他可以通过我的语气判断出这套房子的底价是多少，他应该加多少钱，他也知道房东是不可能按照 95 万元的价格把这套房子卖给他的。

下午 3 点，我本来想给房东打电话，但是想到早上 10 点刚给她打完电话，现在才过了 5 个小时，再打电话就显得太着急了，于是我决定先干点别的工作。

我在微信上搜索房东的手机号码，看她有没有开通微信，发现房东没有用这个电话号码注册微信。我打电话给区经，让他把房东的微信号发给我。

下午 5 点 30 分，房东才通过了我加好友的申请。我正在带客户看这个小区的房子，于是马上给房东发了一个小视频，并发过去一段文字："我现在正在带客户看这个小区的房子，待会儿我顺便带客户去看您家的房子，晚上向您汇报工作。"房东回复了一个偷笑的表情。

我正在带的这个客户看中了一套毛坯房，不知道应该怎么装修，我就带着客户过来看看这套房子是怎么装修的。

晚上 8 点，我坐在店里，拨通了房东的电话。

我平静地说："李姐，我今天下午带客户看了您家的房子，这个客户还了个价，89 万元。我快被他给气死了，就没跟他多说。"我也没想到这个客户也看上了这套房子，但是客户出的价也太离谱了。

房东平静地说："之前那个客户怎么样了？"

"李姐，我今天跟那个客户说了一天，说得嘴都干了，客户才加了 2 万元。现在的客户都太精明了，客户说现在好多地方的房价都在跌。"

我换了一种语气，唉声叹气地说："唉，李姐，主要是现在又限购又限贷，很多地方第一套房子的首付比例都是 50%，贷款利息要上浮 10% 以上，买房的成本提高了不少。李姐，如果您不着急用钱，我建议您过两年再卖这套房子，等市场行情好转之后，兴许还能卖个好价钱。"我连消带打地试探房东，看看房东到底着不着急卖房。

> 不同地区的限购限贷政策和房价走势是不同的，经纪人一定要结合当地的情况跟房东说。

"小钟，我想尽快把这套房子卖出去，我新买的那套房子还需要一笔钱装修。"房东不带任何情绪地说。只要房东着急卖房，价格就好谈，我最怕的是房东不着急卖房。

我压住心里的兴奋，说："李姐，现在商品房的库存太多了，成交量一直在下滑。还有，现在的技术太发达了，房子建得特别快。您看新闻了吗？有些开发商赶工，在一个月内就建了一栋 30 多层的楼。我们这个市不算很大，但也有几十个开发商，按这个速度算，一个月就要建几十栋楼。但是，哪有这么多人住啊？一栋楼住 500 个人，不算多吧？全市每个月建 30 栋楼，每个月建的房子可以住 1.5 万人，一年建的房子可以住 18 万人。我们这个市总共才 50 万人，就算农村所有的居民都搬进城里，也没有这么多人啊！"

房东打断我的话，说："小钟，你觉得我这套房子能卖多少钱？"

房东问的这个问题，我真的不好回答。如果我说低了，房东很可能就不让我卖了；如果我说高了，价格就很难谈下来，那不是在打自己的脸吗？

我干脆岔开话题："李姐，我不能给您具体的价格，有些客户看中了您家的房子，出的价高，成交价就高一些；有些客户手上的钱不多，出的价就低。所以，这个事要看缘分，如果您不着急，可以慢慢卖。"

我停顿了一下，又叹了口气，说："李姐，这几个月有不少买房投资的房东对市场行情有所了解，都主动过来找我们卖房，他们的嗅觉比我们还灵敏呢！有的房东干脆直接把钥匙放在我们店里，委托我们尽快地卖出去。李姐，您看这样行吗？您先降一点价，我继续让客户加钱，看客户到底能加到多少，然后考虑卖不卖给他。如果他不肯加钱，我就重新帮您找客户。"说到后面，我把语气加重，让房东觉得我有信心把她的房子卖出去。

"你觉得降多少钱合适呢？"房东一直都很平静，这种人做事很冷静，不容易受情绪的影响。房东也在试探我，她想知道我到底是不是在诚心地帮她卖房。

我想了想，说："李姐，您看这样行吗？您先降1万元，也就是降到99万元。我打电话让客户加钱，看客户最后能加到多少。如果您觉得合适，就卖给他；如果您觉得不合适，我就重新帮您找客户。"

"好，小钟，就按你说的办吧。"

"李姐，如果价格降到99万元之后，客户还想谈价格，应该怎么办？"

房东有些反应不过来，隔了几秒，问："小钟，你觉得客户是什么样的人？是不是一个很爽快的人？"

我想了一会儿，说："这个客户比较精明，讨价还价很厉害。"

"小钟，那你先给他降到101万元吧，你跟他慢慢地谈。"

"好的，李姐，我知道应该怎么谈了。"

"小钟，辛苦你了。"

6. 温水煮青蛙和心理战

我很想打一个电话让房东把价格降到96万元，这样就可以直接成交了，但房东是不可能同意的；我也很想打一个电话让客户把价格加到99万元，这样就可以直接成交了，但客户也是不可能同意的，所以我只能慢慢地谈。

打个比方，我们去菜市场买菜的时候问菜贩："这个菜多少钱一斤？"菜贩说："10元。"假如我们说"8元卖不卖？不卖就拉倒"，而菜贩不肯降价，那么双方就谈不下去了。

做二手房销售也会碰到这样的情况。房东的报价是100万元，有个客户出95万元，有些经纪人直愣愣地问房东"95万元卖不卖？不卖就拉倒"，房东死活不肯降价，而客户又不肯加钱，双方就谈不下去了。

我现在要使用温水煮青蛙的办法。什么是温水煮青蛙？

两年前，我在喜马拉雅App上听一个系列故事，价格是0.15元/集，每天更新6集，我每次都充几元去听。听完这个系列故事花了两年多的时间，我看了看付款记录，总共花了500多元，我吓了一跳。如果直接让我花500多元去听一个系列故事，我是绝对不会去听的，这也太贵了！

谈价格的时候，我经常使用温水煮青蛙的办法，也就是一边让客户加钱，一边让房东降价，一点一点地谈，房东在不知不觉之间降了几万元，客户也在不知不觉之间加了几万元。整个讨价还价的过程非常艰难，房东觉得我已经尽力了，客户也觉得我已经尽力了，最后成交的时候就会轻松一些。

挂了电话之后，我走出店门，看着路上的车水马龙，还有附近商铺的霓虹灯，盘算了一下待会儿给客户打电话的时候怎么说，然后拨通了客户的电话。

客户有些着急地问："小钟，价格谈得怎么样了？"原来客户比我还着急。

我用可怜兮兮的语气说："谢哥，我今天打了好几个电话给房东，房东后来都不愿意接我的电话了。她说我老是打电话去砍价，我只好把电话放在一旁，等她说完，我也不敢反驳。等她说完之后，心里痛快了，我才跟她说了限购限贷的问题。今天晚上，我跟她整整聊了一个小时，她才同意降1万元，现在的价格是101万元。房东说，以后再谈价格就别打电话给她了。谢哥，现在还差5万元，实在是太难谈了！"

我每次打电话给客户，第一句话都是房东已经降价了，我已经尽力帮他谈价格了。我先给客户降2万元，然后1万元1万元地降价，越降越少，这样降价能让客户觉得房东已经越来越不可能降价了。

客户有些不高兴地说："小钟，房东那边真的不愿意再降价了吗？"看起来，客户不太相信我说的话。

我说："谢哥，我估计房东还能再降一些，但是不会很多。诚意金合同的期限还有几天，我继续帮您谈。我今天跟房东说了限购限贷的问题，房东说房价不太可能大幅度下降，大概率会保持稳定，过了年之后说不定还要涨一些。房东说如果客户出的价不到位，她就等明年市场行情好转之后再卖。"我们在跟客户说一些他们可能不太爱听的话时，一定要强调这些话都是房东说的，这样就不会跟客户发生冲突。

客户冷笑了一声，说："开什么玩笑，房价还能上涨？"

我假装没听见，平静地说："谢哥啊，这么多年来房价是一个什么走势您很清楚。不说别的地方，就说咱们市，从2000年到2007年有一波涨价，2009年之后有一波涨价，从2013年到2014年又有一波涨价。当时有一些专家做了很多分析，说房价肯定会降，但是到了2016年年底，市场又转暖了。从2017年到2019年，咱们市核心区域的房价又涨了一波。您看房看了这么久，不可能不知道这些情况吧？"

客户没有说话，我叹了口气，说："谢哥，您看了这么久的房子，好不容易看中一套，也不差这几万元吧？买一套称心的房子，您住进去肯定开心，家人也高兴。以您的能力，把这几万元挣回来也不是什么难事。您说是不是这个道理？"

> 每个地区、每个城市甚至每个小区的房价波动情况都不一样，经纪人要结合当地、特定小区的情况跟客户介绍房价的走势。

客户想了一会儿，有些不情愿地说："小钟，这样吧，我再加1万元，97万元。"我早就知道96万元不是客户真正的底价，客户给自己留了很大的余地。

我无可奈何地说："谢哥，97万元是谈不下来的，差4万元呢，差得太远了。我先跟房东谈谈吧，看看能谈到什么钱，完了再和您说。"

> 客户已经同意加钱了，经纪人最好不要得寸进尺，而要用温水煮青蛙的方法继续谈。谈单的时候，先打三个电话给房东，打三个电话给客户，试探他们的底价，然后再做下一步的打算。现在房东的底价是99万元，客户的底价是97万元，只差2万元，成交的可能性还是很高的。
>
> 如果分别给房东和客户打了三个电话之后，房东一分钱也不肯降，还是报100万元，客户一分钱也不肯加，还是出95万元，经纪人就要马上转盘，为客户找其他的房源，因为这样谈下去是没有结果的。一个不诚心卖，一个不诚心买，双方的底价差好几万元，再谈下去也是浪费时间。

打了三个电话之后，我该说的话已经说完了，该做的思想工作也做了。接下来，我要发动心理战了。

第二天早上8点，区经突然打电话给我，说其他同事的客户出98万元，而我的客户谈了几天都没加多少钱，让我把诚意金退了。我本来想马上打电话给客户，把真实的情况告诉客户，但转念一想，客户很可能还没睡醒，贸然打电话给他可能会打扰他休息，在他心情不好的情况下谈价格多半会谈崩，我最好换个方式和他沟通。

我在微信上搜索客户的手机号码，发现之前已经加了客户的微信，于是我马上给客户留言："谢哥，房东是我们公司区域经理的朋友，今天早上区经跟房东去喝早茶，谈起了这套房子的事情，最后房东说底价是101万元，跟您的报价97万元还差4万元。区经说，您不肯加钱的话，就把诚意金退给您，免得耽误您买房。"

客户马上用语音回复我："小钟，价格真的没办法谈了吗？"

我回复："区经是谈价高手，他出面谈都谈不下来，那就确实是谈不下来了。"

过了一分钟，客户还没有回复。我继续给客户发语音消息："谢哥，要不这样，我跟区经说，先把您的诚意金留着，由我继续帮您谈价格。为了不耽误房东卖房，公司想开放看房的权限，所有的经纪人都可以带客户去看房，不管客户出多少钱。因为您是第一个交诚意金的，所以您有优先购买权。您要是同意的话，我就继续帮您谈价格；您要是不同意的话，我现在就把诚意金退给您。"我不想退诚意金，我也想马上成交，但是房东着急卖房，我也没有办法。

消息刚发过去，客户就打电话过来。

"小钟，什么情况？不是说交了诚意金，你们就不能带其他客户去看房吗？"客户说话的语气还算平和，但我估计他心里很着急。

我无可奈何地说："谢哥，我也没有办法啊，房东着急卖房。这套房子卖 101 万元，其实一点都不贵。我已经尽力帮您谈价格了，我们区经也出面帮您谈了，但是房东不肯降价。您什么时候有时间来我们公司一趟？我把诚意金退给您。"

"诚意金暂时不退，你继续帮我谈价格。"

"谢哥，97 万元这个价格确实谈不下来，您真是强人所难啊！好吧，我继续帮您谈价格。不过，我们公司的同事带其他客户去看房，您不会反对吧？"

客户说："我同意让你们公司的其他经纪人带客户去看房，但是我有优先购买权。不管谈到多少钱，你都要第一时间告诉我。我不买的话，其他客户才可以交定金。"

我叹了口气，说："好的，谢哥，我帮您把关，您放心吧。但是……101 万元……我也知道您不可能加这么多钱，但您可以稍微加一点，然后我再想办法继续跟房东谈价格，您说呢？"我很清楚，现在让客户心甘情愿地加到 101 万元是不可能的，因为客户还没有占到便宜的感觉，他肯定不会出手。

客户不接我的话，反而问我："你觉得房东的底价是多少？你给我透个底。"

"谢哥，我跟房东已经谈了好几天了，我觉得这个价格已经差不多了。要不这样吧，您先稍微加一点钱，我再跟房东谈一两天，看看最后能谈到多少钱。我相信这套房子不可能在这一两天里就卖出去。就算有其他客户出了更高的价，也要经过您的同意才能交定金，所以您不用担心。在这一两天的时间里，我尽力帮您去谈价格，不过，97 万元这个价格肯定是谈不下来的。"

客户叹了口气，说："好吧！我再加 1 万元，98 万元。有什么消息的话，你第一时间告诉我。"

"好的，您放心吧。"挂了电话之后，我终于松了一口气。我这才发现自己背后的衣服湿了一大片，因为我非常担心客户一气之下过来找我退诚意金。

这个客户是一个非常冷静的人，不会让情绪左右他的决策。这套房子目前是整个小区性价比最高的一套，也是客户最喜欢的一套，他不会轻易地放弃。所以，我刚才这个以退为进的办法才能奏效。

上午 9 点 30 分，我用微信给房东发了一个带客户看她家房子的小视频，然后发了一段文字："之前那位客户谈了好几天，都加不到 99 万元，可能是他手上确实没有那么多钱，也可能是他还在对比其他的房子。我现在带新客户看您家的房子，我会想办法用最快的速度找到出价合适的客户。"

谈单的时候，如果买卖双方的报价还差一两万元，而房东死活不肯降价，我就会找一位不着急买房的客户去跟房东谈价格，这个客户出的价更低，这个时候房东就会后悔没有把房子卖给之前的客户。

如果经纪人让房东觉得客户非常喜欢他家的房子，客户非他家的房子不买，房东就不肯降价。只有让房东产生后悔的心理，房东才会跟经纪人好好地谈。如果房东觉得这个小区里比他家的房子便宜的房子还有很多，比他家的房子性价比高的房子还有很多，房东就更容易在价格上做出让步。

到了价格谈判的关键阶段，我总会营造一种感觉，让房东觉得我的客户诚心想要买他家的房子。我会告诉房东：客户已经加了好几次钱，如果他诚心卖房，我们就接着谈价格；如果他咬着价格不放，我就只能带客户去看其他的房子了。

摧毁了房东的心理防线，房东才会好好地跟我谈，这就是我的心理战术。

7. 以退为进和折中法

房东的底价是 99 万元，客户现在愿意出 98 万元，还差 1 万元。

有很多经纪人觉得 1 万元的差价很容易谈下来，直接约房东和客户见面谈，最后客户不肯加钱，房东不肯降价，直接谈崩了。还有一种情况是买卖双方见面谈完价格之后，反过来跟经纪人谈中介费，要求打三折、打五折，不打折的话，他们就找别的中介公司代办。碰到这种情况的时候，你选择成交还是不成交？所以，不到万不得已，我是不会让买卖双方见面谈的。

　　这个单子接下来应该怎么谈？我站在店门口想了半天，没有想出更好的办法，干脆不想了，去做别的事情。

　　下午3点，我在微信上给房东发了一个小视频，然后给房东发了一段文字："有一个客户正在看房，待会儿再向您汇报客户的情况。"

　　我突然看到同事在公司群里发了一个小视频，原来同事正在带客户看这套房子。谈单的时候，必须给客户树立竞争对手，这样客户才愿意加钱。想到这里，我马上把这个小视频转发给了客户，并发了一段文字："谢哥，今天有好多同事都带着客户去看这套房子。以后，只要有客户看这套房子，我就告诉您，让您掌握情况。您放心，别的客户交定金之前，公司必须征求您的同意。"

　　晚上8点，我的电话突然响了，我拿起电话一看，原来是区经打来的，我有一种不祥的感觉。

　　"区经，这个时候给我打电话，不会是想请我吃夜宵吧？"

　　"诚意金退了吗？你的客户现在是什么情况？"区经的语气带着些许不满。

　　"现在客户出98万元，诚意金还没退，我还在想办法让客户加钱。"

　　"你跟房东谈到了99万元，为什么不告诉我？"看样子，区经打算批评我一顿。

　　我笑着说："哈哈，这不是你教给我的吗？客户交了诚意金，在谈价格的过程中能保密就尽量保密，免得其他人干扰成交。"

　　区经被我说得哑口无言。过了几秒，区经说："你把客户的诚意金退了，其他门店的同事的客户愿意出更高的价，他们想跟房东面谈。但是，你的客户已经交了诚意金。按照公司的规定，你的客户的诚意金没有退，其他同事的客户就不能约房东面谈。我刚才给房东打电话了，房东也想尽快地把房子卖出去。"我心想，还好没有退诚意金，要不然这个单子就成交不了了。

　　我说："区经，你也太不公平了，我这个客户才谈了三天，就加了3万元，现在还差1万元，你多给我两天时间不行吗？"

　　区经沉默了一会儿，有些无奈地说："房东现在着急卖房，如果我再帮你拖着，房东可能会找别的中介公司去卖。唉……好吧，我再给你两天时间。如果客户还是不肯加钱，你就把诚意金退了。"

　　"好的，两天之内我一定谈成。对了，同事的客户出的价，你跟房东说了吗？"

　　"我没跟房东说。如果说了，你的客户就成交不了了。"

"好的，谢谢。我知道应该怎么做了。"

今天房东和客户在微信上都没有回复我。我坐在办公桌前努力地思考待会儿打电话的时候应该跟房东和客户说什么，怎样才能在两天之内把这个单子谈成。

如果直接让客户把报价提高到 99 万元，客户是不可能同意的，所以我必须多管齐下，一边打广告重新找客户，一边让客户加钱，一边让房东降价。

> 假设能找到新客户，而且新客户愿意出 99 万元，但是老客户也愿意加到 99 万元，就还是跟老客户成交；如果老客户不肯加钱，就和新客户成交。就算老客户不肯加钱，只要房东愿意降到 98 万元，还是可以成交的。
>
> 谈单的时候，经纪人要多管齐下，同时使用多种方法，只要有一种方法奏效，就可以确保成交。

我马上打开安居客网站，打开我发的房源信息，做了置顶。置顶一个星期要花 200 多元，我用微信拍了一张照片，然后把照片发给了房东。

我给房东发了一段文字："今天带两个客户去看房，两个客户都出 90 万元。我重新花钱打广告帮您找客户，想办法在这几天帮您把这套房子卖出去。"

不到一分钟，房东回复了一个竖大拇指的表情。原来，房东并不是没空看微信消息，只是故意不回复而已。

我马上回复："对不起，没能找到出价更高的客户。"

房东回复："小钟，你辛苦了。"

我马上回复："这是我应该做的。"

我把刚才拍的帖子置顶付费页面的照片转发给客户，然后给客户发了一段文字："谢哥，同事的客户出的价比您高，同事的客户想和房东面谈。区域经理让我把诚意金退给您，他想让同事的客户成交。但是，我跟区经说，您的诚意金还没有退，按照公司的规定，只要诚意金没有退给您，同事就不能约房东面谈。如果同事的客户成交了，我一分钱也拿不到。我知道您是不可能加钱的，所以我只能重新找客户了。如果您觉得这套房子不值这个价，您就随时来公司拿回诚意金吧。"我还给客户发了一个大哭的表情，表示自己非常为难。

这还是以退为进的办法。为了不让客户反感，我又发了一条语音消息："今天晚上跟房东又谈下来 5000 元，现在的价格是 100.5 万元。您就安心地等我的通知吧，我还在继续帮您谈价格。"我又发了几个大哭的表情。

> 我为什么要对客户这么做？因为很多客户都有这样的想法：只有自己看上了这套房子，房东着急卖房，过几天卖不出去，就会把价格降下来。我这样做就是为了打消客户的这种想法。
>
> 我要让客户知道，并不是只有他看中了这套房子，这套房子其实是很抢手的，如果他犹豫不决，其他客户就很可能抢先下手。这样一来，客户心里的小算盘就打不响了。

第二天早上，我突然想到一个很严重的问题，客户会不会跑单？会不会找其他经纪人横插一杠子？我马上掏出手机打电话给区经，电话很快接通了。

我着急地问："你在不在办公室？"

"在啊，什么情况？"

"你现在方便吗？我过去找你。"

"行，你现在过来吧！"

挂了电话，我马上骑着电动车去找区经。走进区经办公室的时候，他刚烧好水，正从办公桌的抽屉里拿出上一次泡的茶叶。见区经忙着泡茶，我趁机整理一下思路，想一想待会儿怎么跟他把事情说清楚。

区经泡好了茶，我拿起茶杯喝了一小口，感觉茶的味道和上次的不一样，没有上一次的好喝。我问："这是和上次一样的茶吗？"区经也拿起茶杯喝了一小口，对我点了点头。

"怎么这个茶……没有上一次的好喝？"

区经笑着说："你上一次是兴高采烈地过来的，而你这次是皱着眉头过来的，喝茶也是要看心情的。还是先说说你的情况吧。"

我又拿起茶杯喝了一口，想了想，说："这套房子……客户有跑单的可能，你有没有能力把握住房东？"

区经拿起茶杯闻了闻茶香，喝了一口，放下茶杯，慢悠悠地说："房东名下还有好几套房子，手续都是我帮她办的。房东不想让别人骚扰她，所以房管局、物业、水电公司留的都是我的电话，没有人能直接找到房东。就算找到了房东，房东也不会跳单，因为房东是特别讲信用的人，你就放一百二十个心吧。"我悬着的一颗心终于落了地。我仔细地说了这套房子的情况，还有接下来的谈单方案。

和区经谈完之后，我骑着电动车返回门店，在门店附近的超市买了一瓶冰红牛。我一边喝红牛一边想待会儿给房东打电话的时候应该说什么。现在房东的底价是 99 万元，客户出 98 万元，还差 1 万元。我打算运用折中法，先让客户加 5000 元，再让房东降 5000 元，看看能不能速战速决。如果谈不成，我就把他们约到公司谈，1 万元除以 3，三方各让 3333 元——房东降 3333 元，客户加 3333 元，中介费折 3333 元。

我想了一会儿，然后拨通了房东的电话。

"李姐，我不停地和之前的客户沟通，客户已经加了很多次钱了，现在客户愿意出 97 万元。李姐，我知道您不可能按照这个价格卖，我只是向您汇报一下昨天的工作。待会儿我再打一些广告，帮您多找几个客户。"

"小钟，你跟这个客户说的底价是多少？"

"100.5 万元。"

"小钟，这个客户太不干脆了。剩下的差价，你自己做主跟客户谈吧，一点一点地给客户降，不要降得太快。我再说一遍，我的底价是 99 万元，包括你们两个点的中介费。我现在有事情要忙，辛苦你了！"房东平静地说。

我心想，房东不愧是一个成功的商人，一听就是谈判高手，她的说法跟我的想法不谋而合。电话那头的声音很嘈杂，我本来想说别的，但房东现在没空听我说话，我干脆不说了。

我赶紧说："好的，您先忙。有什么新的进展，我再给您发微信。"

"好的。"房东说完就把电话挂了。

房东已经充分授权给我了，我跟客户谈起来会轻松一些。我马上开始盘算稍晚给客户打电话的时候应该说什么，这个客户实在太精明了，简单的技巧和话术对他是没有用的。我把剩余的红牛一口气喝完，整个人都精神了。

过了一会儿，我拨通了客户的电话。

"小钟，这套房子谈得怎么样了？"电话刚接通，客户就急切地问，这说明客户还是很想买这套房子的。

"谢哥，今天早上我又跟房东聊了半个小时，嘴皮子都磨破了，房东才降了 5000

元。房东说，区经的面子都没有我大，还说我老是打电话跟她谈价格，实在是太烦了，下次再打电话跟她谈价格，她就直接把我拉进黑名单。谢哥，现在的价格是100万元，您觉得怎么样？"

客户不说话，估计他正在想如何说服房东降价。我把该说的话都说完了，也不想再使用什么话术了，所以我也不说话。

过了一会儿，客户平静地说："小钟，既然房东让了5000元，我也让5000元吧，98.5万元。"客户知道价格可能已经没有办法再谈了，他也想运用折中法。我心里不知道有多高兴，只差一步就可以成交了！但是，我不能把情绪表露出来。

"好的，我继续跟房东谈价格。有什么进展的话，我会在第一时间告诉您。"我说完就把电话挂了。

> 客户加了5000元，但房东不肯降价，这时应该怎么办？双方的价格只差5000元，只需要再折中一次，想办法再让房东降2500元，让客户加2500元，就可以成交了。
>
> 房东不肯降2500元，客户不肯加2500元，这时应该怎么办？还是用折中法，把买卖双方约到公司来谈，5000元除以3是1666元，中介费折1666元，买卖双方各让1666元，就可以成交了。总价约100万元的房子，怎么可能因为1666元的差价成交不了？这根本不是钱的问题，而是经纪人怎么样让客户买得舒服、让房东卖得开心的问题。

8. 细算法

我站在店门口，继续思考接下来应该使用什么方法让客户加钱、让房东降价，把这个单子做成全佣的单子。

想了一会儿，我决定还是继续用不着急买房的客户跟房东谈价格，然后多打一些广告，让房东知道我为了卖她的房子有多么辛苦。与此同时，我要多给客户树立几个竞争对手，继续给他施加心理压力。

上午10点30分，我给房东发了一个带客户看房的小视频，并发了一段文字："这个客户才出89万元，我换其他方法帮您找客户。"

我把这个小视频转发给客户，给客户也发了一段文字："今天同事带了几个客户去看房，这是同事发到我们公司群里的小视频。谢哥，要不我帮您找其他的房子吧。区经说的对，继续跟房东谈价格就是浪费时间。"

客户很快回复我："你把房东约出来，我跟她面谈。"

我马上回复客户："好的，我现在打电话给房东，看她有没有时间。"

我掏出手机，准备拨打房东的电话，但转念一想，房东现在全权委托我卖她的房子，而且早上给她打电话的时候她已经说了她现在很忙，肯定没有时间跟客户面谈。房东已经说了，底价是 99 万元，包含两个点的中介费，价格由我控制。就算见面谈，房东也不可能降价了。我只能先拒绝客户的要求，看看客户怎么说，再做下一步的打算。

过了 10 分钟，我打算发微信告诉客户房东没有时间面谈，但再一想，发微信不如打电话有说服力，还是打电话比较好。

我马上拨打客户的电话，刚响了两声，客户就接起了电话。

我无奈地说："谢哥，房东正在忙别的事情，没有时间出来面谈。房东还说，客户出的价不到位就不用谈了。谢哥，我前前后后已经帮您谈了 5 万元下来，我真的已经尽心尽力地帮您谈了。如果错过这套房子，我估计您会后悔。"

"现在房东的底价是多少？"客户平静地问。客户还是想试探房东的底价，按照他的思路是谈不下去的。我想，不妨用细算法跟客户算一算家具和家电的价值，继续向客户强调这套房子物有所值。

我说："谢哥，这套房子卖 100 万元，其实一点都不贵。您也看过这套房子，光是沙发和茶几就要 7 万元以上。床、衣柜、空调都是知名品牌的，一间卧室的家具和家电就要 2.5 万元，三间卧室要 7.5 万元。冰箱和洗衣机各 8000 元一台，加起来要 1.6 万元。厨房里的橱柜、抽油烟机、煤气灶、洗菜盆、水龙头都是大品牌的，加起来最少要 2.5 万元。卫生间的马桶是智能的，洗手盆也是高档货，再加上玻璃隔断，至少要 2 万元。

您自己算一下，光是这些东西，就至少要花 20 万元。还有好些项目没算呢，墙壁是硅藻泥的，吊灯、地板砖都是最好的，客厅还有一台 3 匹的空调，这些东西加起来也得花 10 万元以上。粗算一下，这套房子的装修费用至少是 30 万元，这还没算软装呢。如果您买一套简单装修的房子自己住，肯定要重新装修，至少要花 10 万元。"

"我自己装修，2 万元就搞定了。"客户理直气壮地说。

我苦笑了两声，说："谢哥，您可能没有重新装修过，您真的不知道装修有多贵。"

"我现在住的这套房子就是我自己装修的，我怎么可能不知道？"客户有些不服气。

我不想跟客户争论这个问题，就算赢了也不能怎么样。如果客户买下一套二手房之后不换家具、家电，也不重新装修，别说花2万元，可能连2000元都花不了。我干脆不说装修，改说家具和家电。

我平静地说："谢哥，您买一套简单装修的房子，如果不重新装修，所有的家具和家电也不换，那您确实不用花那么多钱。但是，您想过没有，洗衣机洗过之前住户的内衣内裤，也不知道他们有没有传染病或者皮肤病，您能放心地用吗？"

我停顿了一会儿，继续说："谢哥，买二手房，冰箱肯定是要换的。之前住户吃剩的饭菜都放在冰箱里，万一他们有什么传染病，病菌都集中在冰箱里，您能放心地用吗？"

"这个简单，我买一瓶消毒液好好消一下毒就行了。"客户的语气有些不耐烦。

我笑了几声，说："谢哥，咱们日常用的消毒液确实可以消灭一些细菌，但有些病菌是没法通过消毒液杀死的。这个也算是生活常识，您上网一查就知道了。"

客户不说话，我继续说："谢哥，买二手房，最好把床换一下。之前住户天天晚上在这张床上睡，您好不容易买了一套房子，天天晚上也睡在这张床上，您不觉得难受吗？当然，您要是觉得无所谓，不换也行。如果您打算换床，衣柜和梳妆台一般也要跟着换，一套下来普通的也得花七八千元，三间卧室配齐了至少也得花2万元。"

"我觉得无所谓。"客户说。

我继续说："谢哥，买二手房，墙壁肯定会有发霉的地方，边边角角的地方发黄、损坏也是难免的。您好不容易买一套房子，难道不重新刷墙？就算用最普通的墙漆，加上人工费至少也得花三五千元吧。如果用硅藻泥，好一点的恐怕要过万。谢哥，买二手房肯定要换很多东西，有些钱恐怕是省不了的。"

"照你这么说，买二手房还不如买毛坯房呢！"客户用讽刺的语气说。

我知道客户肯定会这么说，但我不为所动，继续说："谢哥，我自己也买了一套二手房。我本来想着花2万元简单装修一下就行了，但您知道我最后花了多少钱？"

"多少钱？"

"10万元。"

"你是怎么装修的？怎么花了这么多钱？"

我叹了口气，说："我刚买下这套房子的时候，真的没想到装修要花这么多钱。我先说说厨房吧。橱柜已经用了好几年了，门扣全都生锈了，我本来想着换几个门扣就可以，但是仔细一看，有些门板也坏了，橱柜里还有很多油渍，怎么擦也擦不干净。如果是单身的男人住，可能也就算了，但是我老婆觉得太脏了，她说必须全部拆掉，换新橱柜。"

我又叹了口气，继续说："煤气灶也生锈了，里面全是油污。抽油烟机里面的油污就更别提了。洗菜盆和水龙头肯定要换掉，本来想买一套便宜的，但是这些东西天天都要用，质量差的根本用不久，还是要买好一点的。最后，光是厨房就花了差不多1万元。"客户笑出了声，看来他还是很认可我的说法的。

我又叹了口气，说："接下来说卫生间。我本来想着买点消毒液，给马桶和洗手盆消消毒就可以用了，但是我老婆觉得太脏了，她说必须换掉。一整套下来又花了好几千元。"

"你老婆真是一个爱干净的人啊！"客户半开玩笑地说。

"可不嘛！我接着说餐厅。房东留下一张餐桌，不算太旧，但上面有很多油渍，根本擦不干净。我老婆觉得太脏了，看着心里不舒服，就换了餐桌和椅子。这一下，好几千元又花出去了。"

客户又笑了："餐桌也要换？你老婆真的太爱干净了。"

我接着说："谢哥，我家这套房子，除了地板砖、空调、电视机和卧室的门没有换，其他的都换了。其实，很多人跟我一样，买的时候觉得花2万元装修就足够了，结果最后花了10万元还不够。"客户保持沉默，估计他觉得我说的有道理，但不好意思这么快就认可我的说法。

　　很多房东都会说他家的房子装修花了很多钱，买家具花了很多钱，强调这些都是有价值的，都可以用来抬高房子的价格。但是，如果是已经住过人的房子，家具和家电也全都用过，这些东西的价值就大打折扣了。

　　经纪人完全可以使用上面的话术跟房东谈价格，把家具和家电的价值"抹掉"，这也是谈价格的一种技巧。

我话锋一转，说："谢哥啊，就算您买户型相同、普通装修的房子，至少也得花90万元。买下来再花10万元装修，加起来就是100万元。您还得花时间、花精力搞装修。现在这套房子花了30万元装修，您可以拎包入住，对您来说，买到就是赚到。您再想想，花10万元装修是什么效果，能和这套房子花了30万元装修的效果比吗？将来，您的亲戚朋友来您家做客，看到装修这么豪华，您也脸上有光不是？"

客户还是不说话。我该说的话已经说完了，我的目的也已经达到了，该结束话题了。

"谢哥，要不……我待会儿去找房东面谈，看看房东最低能降到多少钱，完了我再打电话告诉您。如果您想成交，咱们就马上成交；如果您还是觉得贵，我就把诚意金退给您。"我还是采用以退为进的办法，站在客户的角度帮客户说话。

客户叹了口气，说："好吧，小钟，辛苦你了。"说完就把电话挂了。我说了这么多，估计客户需要花一点时间消化。只要客户认可我的说法，就会慢慢地松口，同意加钱，这就是跟客户说装修的目的所在。

下午3点，我在公司用A4纸打印了很多份广告，上面有这套房子的重要信息、价格和我的电话。我去小区附近的广告栏贴广告，贴完之后用微信拍了一张照片发给房东。我给房东留言："今天我去小区附近的广告栏贴广告了。"房东很快回复了一个竖大拇指的表情。

我看到广告栏上有同事贴的广告，顺便用微信拍了一张照片发给客户，并给他留言："同事们都在抓紧找客户，看样子今天会有很多客户去看房。"发完这段话之后，我又发了一个无奈的表情。

我担心客户产生反感情绪，又给客户发了一段文字："下午5点区经去找房东面谈，看看他能谈到多少钱吧。有消息的话，我立即通知您。"

下午4点30分，我找了一个纸箱，在上面贴了一张大红纸，上面写着这套房子的重要信息、价格和我的电话。我向同事借了一辆电动车，骑到小区门口，用微信拍了一张照片发给房东，给房东留言："我在小区门口举牌子，这个时间来往的行人比较多，遇到想看房的客户，我就直接带他们去看房。"

我把这张照片转发给客户，给客户发了一段话："同事正在猛推这套房子，但是他们没有房东的电话，肯定成交不了。房东的电话只有我和区经知道，我帮您把着关呢，放心吧。"发完这段话，我又发了一个偷笑的表情。客户也很快给我回复了一个偷笑的表情。

晚上 8 点，我一边看着路边闪烁的霓虹灯和来往的车辆，一边盘算待会儿打电话给客户和房东时应该说什么。只让房东降价解决不了问题，我必须想办法让客户加钱。想了一会儿，我拨通了客户的电话。

"小钟，跟房东谈得怎么样了？"我还没开口说话，客户就抢着问。

可能之前给客户树立竞争对手的做法起了作用，他担心其他客户也在抢这套房子，所以客户很想知道结果如何。

我用无奈的语气说："谢哥，我还是把钱退给您算了。今天下午区经去跟房东面谈，房东才降了 3000 元，现在的价格是 99.7 万元。"我知道客户非常喜欢这套房子，所以我继续使用以退为进的办法，让他更加着急，这样他才会心甘情愿地加钱。

客户想了一会儿，说："小钟，这样吧，我出 99.3 万元。如果实在谈不下来就算了，我就不买了。"

听到这个价格，我心花怒放，但是我不敢表露出来。我还是用无奈的语气说："谢哥，好吧，我明天继续跟房东谈价格。如果房东不肯降价，我就退钱给您。"

9. 诚意金转定金

挂了电话之后，我想了一下，现在房东的底价是 99 万元，客户愿意出 99.3 万元，已经多出了 3000 元中介费。但是，我给客户折了 5000 元中介费，我也不知道区经同不同意折 2000 元中介费。

想到这里，我决定向区经汇报具体情况，争取让他同意配合我做房东的工作，让房东在中介费上做一些让步。我掏出手机拨通了区经的电话。

"现在房东的底价是 99 万元，客户愿意出 99.3 万元，这 3000 元房东能折算成中介费给我们吗？不过……我已经给客户折了 5000 元的中介费！"

"这套房子不能折中介费，如果你折了中介费，就让其他同事成交吧。这个单子我不好插手，你自己想办法吧，我相信你的能力。"电话里传出乱哄哄的声音。

"你在哪里？你那边好吵啊。"

"我在外面和朋友吃饭呢，我跟房东太熟了，不好开这个口，你自己想办法吧。"

　　挂了电话，我继续盘算，如果现在告诉房东客户愿意出99.3万元，房东会不会觉得太突然了，会不会突然涨价？

　　客户之前跟我说，谈价格的时候要多留点余地，多给房东打几个电话，让房东觉得我谈得非常不容易，这样房东才更愿意降价。客户也是一个谈判高手，他说的很有道理。我决定先打三个电话给房东，把铺垫工作做好，然后再跟房东讨价还价。

　　想好怎么说之后，我拨通了房东的电话。

　　"李姐，之前的客户加到了98.5万元，离99万元还差5000元。"

　　房东平静地说："小钟，99万元就是我的底价，不要跟我谈价格了，好吗？"

　　"李姐，我打这个电话不是来跟您谈价格的，我知道您是不可能按照98.5万元卖的，我只是向您汇报一下进展。唉……现在的行情真的不太好，我们的日子其实也不好过。好多同事都完不成公司规定的业绩，真的很惨。以前是客户多、房源少，现在是房源多、客户少，观望的客户越来越多，真正诚心买房的客户越来越少。李姐，您看，我帮您打了这么多的广告，才有几个客户看房啊。"

　　房东说："小钟，还有别的事吗？我现在有事情要忙。"

　　房东不给我讨价还价的机会，我直奔主题："李姐，客户只给5000元的中介费，我们区经不同意折中介费，就算客户愿意出99万元，这个单子还是成交不了。"

　　"你的意思是让我再给5000元中介费？"

　　"李姐，您看，我帮您带了这么多客户去看房，目前只有一个客户出的价格还算合适。这套房子成交之后，扣掉房源费和公司的提成，到我手上就没有多少钱了，但我已经花了五六百元帮您打广告。这个月我最少带了20多个客户去看您家的房子，我也不容易啊！"

　　房东不说话，我心想，房东不会以为我在吃差价吧？我转念一想，区经和房东的关系不错，如果房东不同意，我就去找区经，让他出面跟房东谈，因为他要求中介费不能打折。对房东这样的成功商人来说，多出5000元中介费不是什么难事，而且我现在已经帮房东多卖了3000元。

　　过了一会儿，房东平静地说："小钟，我这边的底价还是99万元，包含两个点的中介费。"

　　"李姐，我让客户多加5000元，您多出5000元中介费，可以吗？"

　　房东毫不犹豫地说："可以。"

我连忙说："李姐，您先忙吧，我继续让客户加钱。"房东挂了电话。

> 经纪人为房东和客户提供的服务是有价值的，中介费是经纪人和中介公司应得的报酬。当然，中介费给多少是可以谈的。客户不愿意给中介费，就找房东谈；房东不愿意给中介费，就想办法让客户加一点钱，让房东配合多给一点中介费。在获得房东和客户认可的前提下，经纪人可以采用灵活的方法争取应得的报酬。

99万元是不是房东真正的底价？我摇了摇头，劝自己不要往这个方向去想，因为房东现在根本不给我讨价还价的机会。反正价格已经谈好了，就差这2000元中介费，我还是问客户要吧。

第二天早上9点，我觉得收网的时候到了，马上拨通了客户的电话。

"谢哥，我昨天晚上跟房东谈了很久，今天早上又打电话给房东，房东经不住我的软磨硬泡，又降了2000元。我帮您从105万元谈到了99.5万元，离您的出价只差2000元。如果您觉得多出2000块钱心里不爽，我马上把诚意金退给您。我不谈了，房东已经不想接我的电话了。"

我上来就把客户想说的话堵回去，只给他两个选择——要么加钱，要么拿回诚意金。我明白地告诉客户，我帮他把价格从105万元谈到了99.5万元，已经尽力了，实在没办法谈下去了。

客户想了一会儿，说："行，差2000元就差2000元吧，你把房东约出来签合同吧。"

买卖双方直接见面签合同的风险很高。客户的诚意金合同上写的总价是95万元，客户见到房东之后可能会继续跟房东讨价还价，或者提出一些额外的条件，或者让我们折更多的中介费。客户很可能带着家人或朋友过来签合同，人多嘴杂，说不准会出现什么问题。在诚意金没有转为定金之前，失败的可能性还是很大的！

入行多年，我经历过的失败也不少，有时候买卖双方明明已经谈好了价格和条件，但见面之后，不是房东反悔，就是客户反悔，最后成交不了。我必须先把诚意金转为定金，才能让他们见面签合同，谁违约谁就赔偿定金。

想到这里，我话锋一转，对客户说："谢哥，我今天早上听房东的语气，她有些不太想卖。这样吧，您多交一点诚意金，我去找房东，先把诚意金转为定金，再约你们见面签合同，行吗？"

"我不是交了2万元诚意金吗？"客户反问。

"谢哥，2万元太少了，就算交给房东，她也可以随时反悔，把这个钱赔给您。"

"定金交2万元就行了！"

我早就知道客户会这么说，我先提出一个没那么好的条件，客户拒绝之后，我就可以顺势提出更好的条件——让客户改诚意金合同上的价格。客户已经拒绝了第一个条件，难道他还会拒绝第二个条件吗？如果他继续拒绝，就说明他还想谈价格。

"谢哥，您现在有时间到我们公司把诚意金合同上的价格改一下吗？之前签的时候写的是95万元。如果我把这2万元交给房东，到时候您又不认可99.5万元的价格，叫我赔定金，我去哪里找钱赔给您啊？"

客户想了一会儿，笑着说："呵呵，原来你怕这个呀……行！我现在就去你们公司改价格。"我还没来得及问他什么时候能到我们公司，他就把电话挂了。

10. 签合同的细节

我站在店门口思考怎么跟房东谈才能在今天就把这个单子签了。想得差不多之后，我掏出手机拨通了房东的电话。

"李姐，我今天早上又打电话跟客户聊了半个小时，现在客户加到了99万元，还差5000元的中介费。客户还想让我带他看其他的房子，待会儿我想办法让客户加到99.5万元，然后再收定金。"

我多留了5000元的筹码，跟房东强调自己有多辛苦，这样房东才会觉得我们挣点中介费也不容易。这么做确实有点麻烦，但是如果我直接告诉房东客户愿意出99.5万元，房东就会觉得客户加钱加得太快、太容易了，很可能会临时涨价。

"小钟，就按你说的办法去做吧！"

我说："李姐，我去收定金，您起码得写个委托书给我啊。如果我收了定金，您突然不卖了，我就得赔偿双倍定金。"

房东问："委托书怎么写？"

"您有不动产权证复印件吗？您拍一张照片发给我，我把委托书写好，然后拍照发给您看。您看了觉得没问题，我就打印出来找您签字，您也不用跑来跑去了。"

房东想了一下，说："好，我现在发给你。"我本来想说中介费的事情，但房东没给我这个机会。我心想算了，还是等见面之后再跟房东说吧。

过了几分钟，房东把不动产权证复印件的照片发了过来，我马上打开计算机，打开委托书模版，把地址、价格、付款方式、税费等条款全部修改好，还打印了一份室内物品清单，准备去房子里抄写家具和家电的具体型号。

> 清点室内物品的时候，家具和家电的型号必须写清楚。
>
> 我的一个同事之前卖了一套别墅，房东称装修花了100多万元。清点室内物品的时候，房东说："小件的家具和家电拿走一些，床、沙发和柜子这些大件都不要了，电视机也不要了。"同事听了，在合同上只写了一句话："送部分家具、家电。"
>
> 谁知道，在办理过户的时候，房东和客户不知道因为什么原因吵了起来。过完户之后，房东一气之下跑去咨询律师，然后把所有的家具和家电都送给了朋友。十几万元的中央空调，1万多元的浴缸，卧室里的电视机、沙发，甚至客厅里的吊灯，全都被拆下来送人了。送完这些东西，房东还不解气，不知道从什么地方拉来一张三条腿的床放在卧室里。后来，客户拿着合同去找律师，想要告房东，但送一张三条腿的床也算是"送部分家具、家电"，律师都不接这个案子。
>
> 我的另外一个同事也有类似的经历。他在抄写室内物品清单的时候，把所有的家具和家电都写上去了，但没有写具体的型号。等到过完户，去房子里办理交房的时候才发现65寸的电视机变成了32寸的电视机，红木沙发变成了布艺沙发，冰箱和洗衣机也都变成了旧的。房东是故意这么做的，他不接同事的电话，同事也拿他没办法。碰到这种情况，就算去告房东也是告不赢的，因为清单上并没有写明具体的型号。最后，同事实在没有办法，只能按照家具和家电的价值给中介费打折，弥补客户。

我看了看时间，已经过去半个小时了，客户还没到公司。我刚要拿出手机给客户打电话，客户就到了店门口。诚意金合同的电子版保存在公司的计算机里，我改好价格，重新打印了两份，让客户签字、按手印。把客户送走之后，我马上骑着电动车跑到房子里，把室内物品清单写好。

为了让委托书看起来比较正式，我把手写的室内物品清单录入计算机，做成了电子版。为了避免出现错别字或者写错的地方，我先打印了一份委托书，看了三遍。

确认没有问题之后，我又让经理帮我检查了一遍。经理说没有问题，我就用微信把委托书和室内物品清单发给了房东。

制作文书的时候为什么要这么认真？拟好文书之后为什么要让别人检查一遍？因为每个人都有自己的知识盲点，很容易产生一些自己没有意识到的错漏，而且出现错别字等情况也是难以避免的。

当你把一份满是错别字、句子读起来磕磕巴巴的文书递给房东或客户看的时候，他们就会觉得你特别不专业，肯定会反反复复地检查文书，很可能会挑出更多的毛病。签订文书本来是为了促成交易，但一份不专业的文书只会给经纪人带来更多的麻烦，甚至导致无法成交。

房东马上用文字回复："收到。"

半个小时之后，房东在微信上回复我："委托书没有问题。"

我回复房东："好的，我马上打印委托书。您现在有时间吗？我拿过去给您签。"

"我在迎宾酒店大堂等你，你现在过来吧，一会儿我还要陪客户吃饭。"

我马上回复："好的，我现在就过去，大概 20 分钟后到。"

我先把委托书打印出来，然后拨通了区经的电话。我想让区经陪我过去，让他帮我说说话。

区经干脆地拒绝了我："这事你自己能处理好，我就不过去了。我跟房东太熟了，就算跟你过去，也不好意思开口。"区经说完就把电话挂了。

我心想，你跟房东这么熟，到了关键时刻，你也不帮个忙，下次我得多拿你几包茶叶，不，整盒都拿走。

区经指望不上了，我拜托经理开车陪我过去。这是我的工作习惯：在成交的关键时刻，我会尽量拉个人帮忙，万一出现什么突发事件，好歹也能多一张嘴。

到了酒店大堂之后，我拨通了房东的电话，问她现在在什么位置，身后有人喊了一声："在这儿呢。"我转过头一看，一位优雅的女士正在向我招手。她穿着黑色的连衣裙，显得皮肤非常白，发型是很古典的样式，显得气质非常出众。

我连忙走过去打招呼："李姐，您好！"房东笑着点了点头。

我连忙介绍："这位是我们门店经理。"经理连忙跟房东打招呼，房东又笑着点了点头，算是打过招呼了。

大堂的休息区有几张空着的桌子，房东带着我们坐下。我坐在房东的斜对面，拿出委托书给她看。房东接过委托书认真地看了起来，房东的举止十分从容，一副一切尽在掌握的样子。我之前已经用微信把电子版的委托书发给了她，但她还是认真地看了一遍纸质版的委托书，这说明她是一个很谨慎的人。我和经理坐在旁边不说话，静静地等着房东把委托书看完。

大概过了 10 分钟，房东放下委托书，指着中介费的条款说："你们收 25000 元的中介费？"房东的眼睛死死地盯着我，我心想，难道要坏事？

我连忙解释："李姐，正常情况下，我们收三个点的中介费，房东收两个点，客户收一个点。但是，客户只给 5000 元中介费。这个单子涉及我们区经，客户是我和同事合作找到的，我们公司还有提成，最后到我手上的还不到 3000 元。我已经花了几百元帮您打广告，我也很不容易啊！而且，我们公司不让折中介费。其实，这个中介费是客户出的，只不过为了让客户心里舒服，我们先给他打个折，然后加到房价里让您这边给。对您来说，一点损失都没有。"

房东平静地说："我的底价是 99.5 万元，包含 25000 元的中介费，其他的事情我就不管了，但是你们不能吃差价。"

"李姐，您放心吧。您就算不相信我，起码也得相信我们区经啊，我做的所有事情都是经过他的同意的。"我估计房东多多少少会给区经一点面子。

房东点了点头。我继续说："李姐，我现在去做客户的工作，咱们今天就把合同签了。"

房东看着我说："委托书没有问题，在哪里签字？"

我指着右下角空白的地方说："李姐，在这里签。"房东从自己包里掏出一只闪闪发光的笔，从容地签好了字。

我忍不住说："李姐，您这支笔好漂亮啊，不便宜吧？"

房东笑了笑，说："我签几百万元的合同时才用这支笔签字。"

我对房东说："李姐，您带身份证和不动产权证了吗？"来酒店之前，我特意跟房东说了我需要拍一下身份证和不动产权证，因为跟客户收定金的时候要给客户看一下。

房东从包里拿出不动产权证和她的身份证，又拿出了不动产权证和身份证的复印件，上面已经签好了字，写着"委托××公司收定金使用"。房东不愧是商人，早就把这些资料准备好了。确认所有的资料都没问题之后，我把资料收好，对房东说："手续办好了。"

房东起身说："好，你们去忙吧，我还有点事情。"

告别之后，我和经理走出了酒店，我发现自己的后背出了很多汗，衣服已经湿了一片。

经纪人这份工作真的太难做了，为了收全佣，我们不得不绞尽脑汁。很多客户和房东都不信任我们，认为我们挣钱太轻松了。其实，为了成交一个单子，我们在背后要做很多工作。但在一些房东和客户眼里，我们就是专门吃差价的，你说我们郁闷不郁闷？

下午3点，我按照委托书上房东的银行卡号，把客户的2万元诚意金转给了房东。过了10分钟，我拨通了房东的电话。

"李姐，我刚才给您转了2万元定金，您收到了吗？"

"收到了。"

"李姐，您今天有时间签合同吗？我想今天就约客户把合同签了。我担心这个客户突然反悔，再找一个诚心买房的客户可能需要花很长的时间。耽误了您卖房，您那边的资金就不好周转了。"

"客户不是交了2万元定金吗？"

"李姐，以前有很多客户都是头一天交定金，第二天就不想买了。我干这一行很多年了，这种情况见得多了。"

房东想了一会儿，说："我今天没有时间啊，你安排到明天上午10点吧。"

我无奈地说："好的，我先跟客户约好时间，然后通知您。"

"好的。"

挂了房东的电话之后，我马上拨通了客户的电话。

"谢哥，这套房子我已经帮您搞定了，诚意金已经转为定金了，明天上午10点到我们公司签合同。"

客户开心地说："行！小钟，辛苦你了！"我又跟客户聊了一会儿，才把电话挂掉。

晚上8点多，我突然想起一件事情，我得先让客户确认房子的家具和家电，免得签合同签到一半，又要跑到房子里清点家具和家电，在这个空当说不准会出现什么问题。我马上拨通了客户的电话。

"谢哥，房东非常忙，我已经抄了一份家具和家电的清单。明天早上9点30分，我跟您先到房子里清点家具和家电，清点完之后，直接到我们公司签合同。我怕签合同签到一半，又要跑到房子里清点家具和家电，万一房东突然不想卖了，就会很麻烦。"客户很痛快地答应了。

第二天早上9点30分，我和客户准时到了房子里面。我照着清单一样一样地清点，花了大概10分钟。清点完家具和家电后，我和客户一起回到了公司。我把提前写好的合同草稿递给客户看，并递给他一支笔。

我说："谢哥，这是合同草稿，您先看看。有什么不对的地方，就用笔画出来，待会儿我修改。"客户接过合同和笔，认真地看了起来。

上午10点左右，我站身起来对客户说："谢哥，您慢慢看，我出去接一下房东。有什么不对的地方，您就跟我们经理说。"我指了指坐在我旁边的经理。客户抬起头看了看我，点了一下头，继续认真地看合同。

我刚走出店门就看到区经的车缓缓地驶了过来，区经停好车之后，房东推开车门下了车，我赶紧走过去迎接。房东对我点了点头，算是打过招呼了。我连忙说："李姐，合同上的价格我写了99.5万元，待会儿您过去就说卖99.5万元就可以了。"

房东笑着说："小周刚刚在车上跟我说过了，你放心吧，我知道应该怎么说。"

区经尴尬地笑了笑，抓了抓头发，原来他在背后也帮我做了不少工作。其实，我昨天晚上也把这个单子的情况跟他详细地说了一遍。

房东进了办公室之后开始看合同。合同上的主要条款和委托书、诚意金合同上的条款是一样的，房东看完合同说没问题，客户也说没问题。我们门店经理在旁边已经工工整整地抄好了两份合同。买卖双方简单沟通了一下，约好了过户时间。大概15分钟之后，买卖双方签字、按手印，开心地走出了门店。

这个单子就这样成交了。

总结 | SUMMARY

在谈单的过程中，当客户出价时，经纪人要注意卡位，先想办法让客户加钱，然后想办法让客户交诚意金。

我的习惯是，给房东打第一个、第二个电话时，赞美房东和他家的房子，试探房东的底价。与此同时，我会打电话给客户，向客户汇报情况。给房东和客户打第三个、第四个电话电话时，我会给他们分析市场行情、相关政策（如限购限贷政策等），强调自己做了很多工作，非常辛苦。

如果买卖双方都不肯在价格上让步，我就会使用温水煮青蛙的方法和折中法，一点一点地让他们在不知不觉间让步。此时，千万不要表现得很着急，而要采用以退为进的方法，让房东觉得客户买不买都可以，让客户觉得房东不着急卖房。

如果买卖双方还是不肯在价格上让步，我就会使用细算法，细说每一样家具和家电，向客户强调它们的优点和价值，向房东强调它们的缺点，继续向房东压价。

如果买卖双方还是不肯在价格上让步，我就会通过不断地发送微信小视频和打广告的方式给房东和客户树立竞争对手，让他们因为急于成交而做出让步。

我每次打电话给房东都会先说客户已经加钱了，让房东觉得我在尽心尽力地帮他找客户。只有客户不断地加钱，房东才会开心。我每次打电话给客户都会先说房东已经降价了，让客户觉得我在尽心尽力地帮他压价。客户高兴了，才会愿意加钱。双方都愿意让步，最终才能谈出一个可以成交的价格。

第七章

学 区 房

买学区房的客户需求比较突出，主要就是为了获得学位。很多买学区房的客户只求自己的孩子能到心仪的学校读书，并没有考虑其他方面的问题。我们要帮助客户解决他们没有想到的问题，这样客户才会觉得我们非常专业，成交才会更加顺利。

学区房涉及五个重要问题，分别是孩子的安全问题、孩子的接送问题、生活便利的问题、家里老人生活方便的问题和合同的问题，下面通过案例跟大家分享一下如何应对这些问题。

1. 消除客户对安全问题的顾虑

在一个阳光明媚的早上，我有一个新同事要带一个客户去看房。她说她带这个客户看过很多房子，但客户很挑剔，到现在也没有看中任何一套房子。其他公司的经纪人也在跟这个客户，她带客户看房的时候经常有别的经纪人给客户打电话。

这个同事是新手，她拜托我陪她去看房。我手上也没有其他着急的工作，就答应陪她去看房。我们来到房子，客户看了不到两分钟就看完了。我通过客户的表情判断，客户不是很喜欢这套房子。

同事问客户："大姐，您觉得这套房子怎么样？"

"我回去考虑考虑再给你打电话吧。"客户说完就转身走出了房子。

我不了解客户的情况，也不知道同事之前跟她说了什么，所以在看房的过程中没有说话。我怕说错话，搞砸了这个单子。同事垂头丧气地跟着客户走出了房子。

我想了解客户的需求，重新给客户匹配房源，于是马上跟着客户走了出去，帮客户按了电梯。我试探性地问客户："大姐，您好，我是小李的经理。我们公司有很多房源，为了帮您更快地找到合适又便宜的房源，我想了解一下您的需求。您买房是为了自己住还是投资，还是为了孩子读书？"

客户看了看我，说："孩子快要上小学了，我想让孩子在对面的第一小学上学。考虑到接送方便，我想在学校附近买一套房子。"

我想进一步了解客户的家庭情况，更好地为客户匹配房源。我问："大姐，家里有老人帮您接送小孩吗？"

客户说："有时候我比较忙，也会叫老人过来住一段时间，帮忙照看孩子，但平常都是我自己带孩子。"

我想了解客户上班的地方远不远，接送孩子方不方便，于是继续问："大姐，您在哪里上班？上班的地方离孩子的学校远吗？"

客户看了看我，说："我上班的地方不远，开车也就 10 多分钟吧。"

我对客户笑了笑，继续问："大姐，平时是您还是您的爱人接送孩子？"

客户叹了口气，说："平时都是我接送孩子，我老公比较忙，经常出差。"

> 经纪人在为客户匹配房源之前，要先了解客户的家庭情况，这样才能了解客户的真实需求，加快成交的速度。

看样子，她老公才是家里的主要经济来源。电梯很快到了一楼，我按着电梯的开门键，用另一只手挡住电梯门，先让客户走出电梯。

经纪人带客户看房的时候一定要注意礼仪。电梯到了，经纪人要先走进电梯，站在控制按钮旁边，用手按住开门键，等客户上电梯之后再关上电梯门；电梯到达后，经纪人要用一只手按住开门键，用另一只手打手势请客户先走出电梯。很多经纪人带客户看房的时候，电梯一到，就直接走进电梯，站在最里面，等到客户进电梯的时候，电梯刚好关门，很可能会夹到客户。有些客户当天遇到了一些倒霉的事情，心情本来就不好，再被电梯这么一夹，肯定就没心情看房了，更不用说买房了。

简单问了几个问题之后，我对客户的情况有了一个大概的了解，我决定先帮客户解决接送孩子的问题。我努力地回想手上的房源，想要找出靠近这所学校、接送孩子方便的小区，我突然想到了一个比较合适的房源。

我走出电梯，礼貌地对客户笑了笑，说："大姐，平时接送孩子确实比较辛苦。

我们公司目前有一个特别适合您的房源，离学校不远，接送孩子特别方便，您现在有时间过去看看吗？"

客户用诧异的眼神看着我，说："有这样的房源吗？小李为什么不带我去看？你是不是想忽悠我？"看起来，这个客户的防备心还挺强。

我笑着说："大姐，看房又不收费，只是耽误您几分钟的时间。"

我转过头对同事说："小李，你现在回去拿对面小区三楼的钥匙，我们走过去看房。"小李听到我说的话，马上骑着电动车回公司拿钥匙。

客户指着对面的小区，一脸疑惑地问："你说的是那个小区吗？那是90年代的房子，也太旧了吧！我想在环境比较好的新小区买一套房子。"

虽然客户很不满，但我还是很自信地说："大姐，您别急，您跟我过去看看就知道我为什么建议您买这个小区的房子了。"客户本来想走，但见我信心满满的样子，只好跟着我走向那个小区。

到了小区门口，我决定先用话术把客户的好奇心勾起来。我信心满满地说："大姐，现在路上的汽车和电动车特别多，孩子自己去学校，您能放心吗？"

"现在路上的车这么多，我怎么可能让孩子自己去上学？"客户不耐烦地说。果然，客户根本没有想过让孩子自己去上学。

我笑了笑，不慌不忙地说："大姐，从这个小区门口走到学校门口，直接走人行道就行了，没有一个红绿灯。就算是孩子自己上下学，也非常安全。"

客户愣了一下，但只是一瞬间。我拿出手机，打开计时器，点了一下按钮，开始计时。我说："大姐，我们现在从小区门口走到学校门口，看看需要多长时间。我顺便给您介绍一下这条路。"

客户一脸不情愿，但是看着我手机上的计时器，她心里也充满了好奇，只好跟着我向前走。

我一边走一边说："大姐，您看，这里有一个摄像头，前面还有一个摄像头，这条路上有好几个摄像头。万一孩子在上下学的路上出了什么事情，您可以第一时间调出录像，找到孩子。"客户顺着我手指的方向看了过去。

现在有很多城市在路上安装摄像头，经纪人在向客户介绍小区周边环境的时候可以强调摄像头的位置和数量，让客户觉得孩子的安全很有保障。

"大姐，您再看人行道的护栏，都有绿化带隔着，而且绿化带这么高，车不可能开得上来。孩子走这条人行道上下学是非常安全的。"

客户看了看绿化带，又看了看我，刚才紧锁的眉头舒展了一些。看得出来，她也认为孩子走这条路上下学是比较安全的，她对我的戒备心弱了很多。

走到学校门口的时候，我按下停止计时的按钮，把手机递给客户，说："大姐，从小区门口走到学校门口才花了4分钟，而且我们是一边聊天一边走过来的。"

客户没有说话，估计她在想孩子能不能自己上下学。

2. 帮客户解决接送孩子的问题

孩子上下学的安全问题解决之后，我再帮客户彻底解决接送孩子的问题。我对客户微微笑了笑，说："大姐，其实这套房子能给你们夫妻带来很大的方便。"

客户反问："不就是靠近学校吗？"

我笑着说："大姐，您说的对，小区靠近学校就是方便。这个小区的很多家长有时候没空接小孩，即便孩子才上一二年级，也可以让孩子自己回家。孩子可以顺着这条人行道从学校门口直接走到小区门口，非常安全，而且只需要4分钟。假设您的孩子刚上一年级，年龄比较小，还不太懂事，让他自己上下学您肯定不放心。但是，等他上了三年级以后，您就不用接送了。上了三年级的孩子基本上已经懂事了，自己就会注意安全。您免不了要加个班、开个会什么的，不可能每天都有时间接送孩子。"

> 买学区房的客户很多时候只关注学区的问题，根本没有想过能否让孩子自己上下学这个问题。只要帮助客户解决孩子自己上下学的问题，经纪人就可以在客户心中树立专业形象，客户就会更加信任经纪人，成交速度也会加快。

我一边说一边观察客户，这个客户看起来35岁上下，皮肤保养得不是很好，剪了一头短发，手指比较粗糙。一般来说，做家务较多的女性手指会比较粗糙。她穿着一件灰色带花边的衬衫、一条黑色的休闲裤，配着一双米黄色的公主鞋，看起来很朴素，她应该是一个比较节约的人。

客户一直在思考，可能还没有转过弯来。我想了解客户的经济状况，于是问："大姐，您打算按揭还是一次性付款？"

"按揭也可以，一次性付款也可以。"客户的回答模棱两可，我无法判断她家的经济状况如何，她的戒备心仍然很强。

我换了个话题，继续问："大姐，这所学校是我们市里最好的学校。很多家长为了让自己的孩子来这里读书，把家里的老房子都卖了。"

"是的，我们也是先把老房子卖掉，然后在学校附近买一套房子，让孩子进这所学校读书。"客户一脸无奈地说。

客户卖掉老房子才有钱买这套房子，这说明客户手上的钱不多。我心想，真是可怜天下父母心啊，很多家长花很多钱在这所学校附近买房，为的就是让小孩进入一所好学校，将来能有一个好前途。

我顺着客户的话说："大姐，我有一个客户是一家公司的老板，他的孩子也在这所学校读书。我问他为什么非要让孩子进这所学校读书，他的回答特别有意思，和别的家长都不一样。他说，在这所学校读书的很多孩子的家长都是公司老板，这些孩子长大之后很可能会接他们父母的班，他的孩子从小就和这些未来的老板交朋友，将来还用发愁孩子找不到工作吗？他笑着说，他不知道他的公司能不能经营到孩子长大成人的时候，也不知道孩子将来愿不愿意接他的班，但他的孩子长大以后起码认识很多当老板的朋友，发展机会肯定会多一些。做生意的人想法就是和普通人不太一样，但这个客户说的也有道理。"客户盯着我的脸，她肯定也没想过让孩子上这所学校有这样的好处。

我挺起胸脯，继续讲故事："大姐，我去年碰到一个客户，我介绍她买这个小区的房子，她嫌这个小区太旧了，她想买环境好的、大一点的小区的房子。她还说，辛苦了这么多年，好不容易买一套房子，就是为了享受生活。我对她说，三四十岁正是打拼事业的时候，不是享受的时候，等将来孩子长大了，成家立业了，才是享受的时候。我劝了她好几次，她不肯听，后来买了前面那个小区的房子。"我用手指着前面的一个小区，客户顺着我手指的方向看过去。

"现在她的孩子上小学了，她才后悔了。她每天早上6点多就要起床，收拾好之后，还要送孩子去学校。虽然走路15分钟就能过去，但要经过两条马路。放学的时候，路上来往的车辆特别多，那个小区没有一个家长敢让孩子自己回家。虽然中午放学要接送，下午放学还要接，她一天到晚都在接送孩子，根本没有心思上班。"

客户一脸认真地看着我，估计她想通过我的表情判断我说的话是真的还是假的。

　　我充满自信地说："大姐，那个客户还说，她有时候需要加班，没时间去接孩子，只好打电话拜托亲戚或朋友接孩子。偶尔一两次无所谓，但是有一段时间她特别忙，频繁请亲戚或朋友帮忙接孩子，后来就没人愿意帮忙了。她实在没有办法，就在学校附近找了一家午托，每个月还要花几百元午托费。虽然中午不用接送孩子了，但晚上还要去接孩子。家里就夫妻两个人，她老公经常出差，她自己经常加班。后来，她实在没有办法，只好把以前的工作辞了，找了一份上班时间比较自由的工作。换了工作之后，接送孩子确实方便了，但是工资低得可怜。为了孩子，她牺牲了自己的事业。"

　　我叹了口气，继续说："客户还说，她原先的想法是在环境好的、大一点的小区买一套房子，晚上下班之后，还能在小区里散散步，享受一下生活。哪知道晚上下班之后，回到家先得做饭，然后辅导孩子写作业，还要哄孩子睡觉，根本没有时间散步。那个小区的房价比较高，他们的首付款是借钱凑的，她老公为了还贷款，几乎每天都在加班，生活压力非常大。"

　　我偷偷观察客户的表情，她的表情有些僵硬。我估计我又说中了，她手上可能真的没有多少钱，估计也得贷款。

3. 向客户强调生活便利

　　我说："大姐，对您来说，买房不用过多地考虑升值的事情，您买房就是为了让孩子读一所好学校，为了自己生活方便，千万不要给自己太大的压力。这个小区离学校这么近，您下班回家之后把车停好，走路去学校接孩子只需要花四五分钟。学校放学的时候，很多家长开车去接孩子，把马路都堵死了，经常会堵上半个小时，所以很多家长宁愿骑电动车去接孩子。"

　　客户转头看了看四周，她还是不太相信我说的话。我卖这个小区的房子已经卖了好几年，对附近的情况非常熟悉，所以我很有底气。

　　我和客户在学校门口站了一会儿，然后朝小区的方向走。客户的手机突然响了，客户接起电话，过了几秒，说："我现在没有时间看房，有时间我再给你打电话。"说完就把电话挂了。

　　我猜这个电话是别的经纪人打过来的。为了缓解尴尬的气氛，我对客户笑了笑，继续说："大姐，如果您需要加班或者没时间接孩子，可以让孩子自己回家。如果您没时间给孩子做饭，可以用手机点外卖送到家里，让孩子自己吃饭，也不怕孩子饿肚子了。这样一来，您就可以放心地完成自己的工作。如果您还不放心，您可以在家里装个摄像头，随时都能了解孩子的情况。您可以放心地在公司加班，还可以锻炼孩子独立生活的能力。"

客户眼睛一直看着前方，不知道她在想什么，可能我说的这些问题她之前都没想过。我想了想，不如再加一把火。我说："大姐，如果孩子年龄比较小，您确实不放心，您可以在学校附近找个午托，中午就不用接送孩子了，晚上可以让老师把孩子送回家。这样一来，你们夫妻就不用为接送孩子的问题操心了，你们夫妻可以空出很多时间去做自己的事情。"客户一脸茫然的表情，可能她的性格比较内向，不太爱说话。

我干脆再来一个大总结："大姐，如果您买了一套房子，还要整天担心孩子的安全，为了接送孩子放弃自己的事业，放弃自己想要的生活，你觉得买这套房子值得吗？"

> 很多客户都会陷入这样的误区，他们认为买学区房要买小区环境好的、小区面积大的、升值空间大的，但他们很少考虑生活方便的问题。其实，生活方便的学区房可以极大地提高客户家庭的生活质量。

客户脸部的肌肉抽搐了一下，只是一瞬间，但我看得清清楚楚。客户叹了口气，问："你贵姓？"

"我姓钟，闹钟的钟。"

"钟经理，你好，你做这个行业做了多久了？你懂得挺多的，而且你说的这些都是我没有想到的。"客户说话的语气温和了很多。

我对客户笑了笑，说："大姐，其实这些都是客户教我的，我接待过很多买学区房的客户，每个客户或多或少都能教我一点东西，我只是总结了一下他们买房的经验。买学区房的客户遇到的问题其实都差不多。"我说的都是大实话。

客户笑呵呵地说："原来客户就是你的老师！"

"大姐，真是可怜天下父母心啊！那么多家长花很多钱买学区房，就是为了让孩子读一所好学校。这些家长都希望孩子完成自己小时候没有实现的心愿，我觉得他们的想法不一定是对的。"

"为什么这么说？"客户一脸疑惑地看着我。

"家长才是孩子最好的老师。如果您是一家公司的老板，您的孩子从学校出来就可以成为公司的副总，您想想，普通孩子要打拼多少年才能成为公司的副总？我不是说学习不重要，但如果家长是一位巨人，孩子就可以站在巨人的肩膀上起步。我认为，家长打拼事业的精神和成就对孩子未来的前途也是非常重要的，您觉得呢？"客户对我竖起了大拇指。

我远远地看到小李在小区门口来回踱步，于是转过头对客户说："大姐，小李拿钥匙过来了，我们先去看房吧。"客户点了点头，没有说话，我们加快脚步向小区走去。

走进房子之后，我马上打开灯，这个房子重新粉刷过，显得很干净。房子里的家具和家电都有些年头了，客户看了之后眉头紧锁。

我带了十几个客户来看这套房子，每个客户都会问同一个问题："这么旧的家具和家电，怎么用啊？"

我不慌不忙地说："大姐，这套房子的户型比您刚刚看的那套还要好，方方正正的，没有浪费一点空间。这套 70 多平方米的小三居和刚刚看的那套 90 平方米的大三居的使用面积差不多，以前的单位房没有公摊面积，而且有赠送面积。"

客户盯着家具和家电，我必须先解决这个问题。我很诚恳地说："大姐，买二手房的话，家具和家电基本上要全部换掉。"

客户转过头，一脸疑惑地看着我。我指着阳台上发黄生锈的洗衣机说："大姐，一台洗衣机使用过几年之后，里面就会有污垢。之前的住户可能用它洗过内衣内裤，也不知道他们有没有传染病什么的，想想心里就不舒服。如果是我，我肯定换一台新的洗衣机。"

我又指着客厅里生锈的冰箱说："冰箱也是一样的。吃剩的饭菜都放到冰箱里，万一之前的住户有什么传染病，病菌都集中在冰箱里。如果是我，我肯定不敢用，我会买一台新的冰箱。"

我走到主卧门口，指着已经过时的米黄色的衣柜和床说："大姐，床和衣柜肯定是要换的。别人睡过的床，自己再睡上去，怎么都不舒服。买二手房，洗衣机、冰箱、床和衣柜这几样是必须要换的。"

客户走到主卧门口，一只手抱在胸前，另一只手顶着下巴，说："钟经理，你这么一说，我确实觉得这些东西都得换掉。"

我走进主卧，说："每间卧室都有空调，而且都是新的。您要是手头紧张，买三张床、三个衣柜就可以搬进来住了，这几样家具只需要花几千元。您可以先凑合着用，毕竟这套房子纯粹是用来过渡的。等到孩子上了初中，可以自己上下学，不用您操心了，您可以重新买一套小区环境好的房子，那才是开始享受的时候。"客户不说话，估计客户接受不了这些家具和家电。

我走出主卧，指着客厅里已经掉皮的棕色真皮沙发说："大姐，这套沙发也要换掉。其实，买一套布艺沙发也就三五千元，就算没那么讲究，至少很干净。"我故意加重了"干净"两个字。

我走到厨房门口，对客户说："这个厨房是新装的，您买个煤气灶和抽油烟机就可以用了。买二手房的时候，如果橱柜、抽烟机和煤气灶用了两年以上，肯定都要换掉，因为油渍太多了，根本擦不干净。很多客户买了二手房之后接受不了厨房里面脏兮兮的，直接拆掉重新装修。这个厨房已经重新装修过了，帮您省了很多事。"

客户走过来看了一下厨房，说："钟经理，照你这么说，买二手房，家具、家电全都要换掉，厨房也要重新装修，那和买毛坯房还有什么区别？"

我叹了口气，说："大姐，我买的也是二手房。买的时候，我觉得花一两万元简单装修一下就可以住了。但是买下来之后，我觉得厨房和卫生间都太脏了，只能拆掉重新装修，家具和家电也都换了新的，最后装修花了10万元。"

客户用诧异的眼神看着我，说："这样装修也太奢侈了吧？"

我摇了摇头，说："大姐，很多客户都是这样的。买下房子之后，您就会觉得这里需要装修，那里也需要装修，这个需要换，那个也需要换。每一样都是钱啊！"

我走到卫生间门口，指着已经发黄的马桶说："马桶是必须要换的。人家用过的马桶，您能放心地用吗？还有洗手盆，您看，旁边有这么多污垢，您能用得舒服吗？买二手房，不管买豪华装修的还是买普通装修的，这两样必须换掉。可能单身男人觉得无所谓，但是成家的女性都接受不了。"

客户对我竖起了大拇指，说："钟经理，你做了多少年？还挺能说会道的。"

我对客户笑了笑。我说的都是自己的亲身经历，而且已经反反复复地说了很多遍，几乎都能背下来了。

> 针对不同的房源，面对不同的客户，经纪人要使用不同的话术。
>
> 如果是精装修的房子，里面的家具、家电都很新或者根本没有用过，经纪人就可以强调家具和家电的价值，例如"这台洗衣机就用过几次，跟新的一样，如果您还不放心，好好消毒就可以用了""这张床和这个衣柜都是全新的，只是上面有一点灰尘，清扫一下就可以用了""如果您觉得睡别人睡过的床垫不舒服，换一个床垫就可以了""厨房里有一点油渍，但煤气灶和抽油烟机都是高端品牌的产品，请家政公司清理一下就跟新的一样，只需要花几百元"。

我一边跟客户聊天一边通过观察客户的表情分析客户的心理，看我说的这些话对她有没有用。如果我说这些话对她没有用，我就马上转移话题。

客户走到卫生间门口，看着发黄的马桶，无奈地摇了摇头。家具和家电已经说完了，我打算把话题转移到这套房子对客户有什么价值上面。

我想了想，说："大姐，这套房子卖 38 万元，小区环境好的那套房子卖 58 万元，价格相差了 20 万元，但使用面积却差不多。如果您拿这 20 万元做投资理财，或者买一套小户型的房子出租，每个月也能有 1000 多元的收入。您可以用这些钱还房贷，压力会小很多。您也可以拿这 20 万元去做小生意，这笔钱对您和您老公的事业也会有很大的帮助。"

客户问："这套房子最低多少钱？"

我诚恳地说："大姐，这套房子现在卖 38 万元。您先看好了，确定要买，我再帮您去跟房东谈价格。"客户低下头，不知道她在想什么。

我马上转移话题："大姐，要不您现在打个电话，问问您老公有没有时间，让他过来也看一下。如果他不喜欢，我再帮您找其他的房源。"

客户想了一会儿，觉得我说的有道理，拿出手机给她老公打了一个电话。客户挂了电话之后说："我老公大概 20 分钟后到这里。"

客户当场打电话叫她老公过来看房，这说明她诚心买房。

4. 安顿好客户家里的老人

解决完孩子的问题，还要解决家里老人生活方便的问题。房子已经看得差不多了，我想带客户到小区里转转，向客户介绍一下小区环境。

"大姐，您老公还有 20 分钟才到，我们先到小区里转转，我给您介绍一下小区环境。"

"好的。"

我和客户下了楼，我指着正在凉亭里打牌和聊天的老人说："大姐，您不要小看这些老人。这个小区是以前的单位房，这些老人是都是单位里的领导干部，素质和修养都很好。"

客户看着这些老人，没有说话。我想了解客户着不着急买房，看房看了多久，好为接下来的成交做准备。

"大姐，您家有几个孩子？"

"一个。"

"孩子多大了？马上就要上小学了吗？"

客户一边看小区里的环境一边说："明年读学前班。"这说明客户肯定着急买房。

我说："大姐，孩子很快就要上小学了，买房的事情不能再拖了，您还要办理过户、贷款等手续，至少需要几个月的时间。您还要迁户口、办入学证明，这些都需要时间。"

"是的，挺着急的。"客户转过头看了看我。

如果客户的孩子才两三岁，客户肯定会慢慢看、慢慢挑，不急着买。所以，接待想买学区房的客户时，我都会询问客户孩子的情况，判断客户着不着急买房。

接下来，我要了解客户看没看过附近的楼盘，看房看了多久。如果是刚出来看房的客户，就算看中了也不会马上买，因为客户还想多看几套房，了解市场行情，对比几套房子之后才会决定买哪一套。如果是看房看了很久的客户，他们已经了解市场行情和价格了，只要看中了就会买。

我试探性地问："大姐，您看房看了多久？学校附近的小区您都看了吗？"

"我看了三四个月了，附近的小区基本上都看完了。很多小区的价格太高，我接受不了。"客户一边想一边说。

客户看房已经好几个月了，一会儿她老公要是看中了这套房子，我就可以快速地引导客户进入成交阶段。

我想继续了解客户的家庭情况，尽可能把这个小区对客户的好处放大。我问："大姐，家里有老人过来帮您照看孩子吗？"

客户看了看我，说："如果我没有时间，也会叫老人过来帮忙看几天孩子。"

我说："大姐，如果有老人帮您照看孩子，您就会轻松很多。您看，楼下有这么多老人在下棋、聊天、打牌，这就是老人的生活方式。为什么很多老人不喜欢跟自己的子女住在一起？不是因为房子不好，而是因为没有人陪他们聊天，没有人陪他们玩。"

客户笑了笑，说："钟经理，你带过孩子吗？"

我叹了口气，说："偶尔看几个小时还行，如果让我一整天带孩子，我宁愿去上班。带孩子比上班还要累！"客户笑得合不拢嘴。

我指着小区里的一块空地说："大姐，每天早上都有老人在这里打太极、跳舞。前面有一些运动器材，每天都有老人在那里做运动。"客户看了看前面的空地，现在没有什么人。

我对客户的很多情况都不了解，不知道她看了附近的哪个小区，也不知道她是否了解附近的配套设施。为了放大这个小区的价值，我必须继续了解客户的情况。

我问："大姐，您对小区附近了解吗？"

客户摇了摇头，说："不是很了解。"

"大姐，小区后面有个菜市场，走路过去大概要花七八分钟。对不会骑车的老人来说，过去买菜再方便不过了。这个菜市场已经开了十几年，什么菜都有，价格也很便宜。老人都喜欢结伴去买菜，如果您家的老人过来住，跟小区里的老人熟了，就有人陪他去买菜，老人也不会感到无聊了。"我指了指小区的后门，客户顺着我手指的方向看了一眼。

我用手指着另一个方向说："大姐，在前面不远的地方有个小公园，骑电动车过去只需要3分钟。早上有很多老人在那里锻炼身体，晚上还有很多老人在那里跳广场舞，您家的老人会不会跳广场舞？"

客户摇了摇头，说："应该会吧，我也不是很清楚。"

我给客户来了一个大总结："如果有老人长期帮您接送孩子、买菜做饭，您就可以省下很多时间去做自己的事情，您就可以挣更多的钱，甚至拥有自己的事业。"

客户的眼睛一亮，但只是一闪而过，我刚好用眼角的余光瞄到了，这说明客户很想成就一番自己的事业。

"大姐，家里的老人过来住，有人陪他买菜、逛超市、跳广场舞，我相信老人肯定就舍不得走了。如果有老人长期帮您带孩子，您就可以有更多的时间去做自己的事业。"

夫妻两个人带一个孩子，其实买一套两居室就够住了，为什么要买三居室呢？其实就是为了留一间卧室给老人住，方便老人过来照顾孩子。

大概过了 20 分钟，客户的老公到了小区门口，我和她走到小区门口接她老公。跟她老公见面之后，我打了一声招呼就在前面带路，领着他们朝着房子走去。

客户一边走，一边向她老公介绍这个小区。我在前面隐隐约约地听到客户说"爷爷、奶奶……买菜、跳广场舞、逛街、打牌、下棋"。看起来，我刚才跟她说的话，她都听进去了。

走进房子之后，客户的老公看到这些家具和家电也是眉头紧皱，客户连忙向她老公解释，说冰箱、洗衣机和床必须换，把我跟她说的话重复了一遍。她把孩子的安全、孩子的接送、孩子的未来、生活的方便、对老人的好处等问题全跟她老公说了一遍。

她老公看完房，当场还价 35 万元。我感到很郁闷，因为这个价格根本不可能成交。就在前两天，有个客户也是还价 35 万元，我就让客户回去了。客户回头去找其他经纪人，最后买了这个小区的其他房子。

想到这一点，我就不敢放客户回去。我对他们夫妻说："我看你们也是诚心来买房的，要不我现在把房东约出来，去我们公司谈吧。价格谈合适了就买，价格谈不成就不买。我尽量帮你们谈价格，我们三个人来说服房东一个人，肯定占便宜。"

我先让客户看到成交的希望，这样客户才愿意跟房东见面谈。

客户的老公说："好，你现在约房东出来吧。"

我马上掏出手机，当着客户的面给房东打电话："王总，您现在有时间吗？有个客户想跟您见面谈。"

房东很干脆地说："好，我大概 10 分钟后到。"

房东这个人我太了解了，40 多岁，主要工作就是看房。他整天跟着经纪人去看房，手上的房子不知道有多少套。他每次路过我们公司，都会进来坐一会儿，问我们有没有便宜的房源。有时候，他还会带一些水果给大家，所以大家有好的房源都会打电话告诉他。

房东刚坐下来就说："你知道我为什么要买这套房子吗？这套房子以前是省里的

一位领导住的，当时他是我们市里的一个领导，在这套房子住了几年，就调到省里去了。这套房子真的很好！后来有个做生意的小老板买了下来，当时这个小老板开着一辆桑塔纳，在这套房子里住了两年，他买了一辆奥迪 A6，还买了一栋别墅，搬出去住了。我买下来之后，本来想装修一下自己住，谁知道老婆不同意，孩子也不想过来住，我实在没有办法，才把它卖了。"这个房东比我还能说，说得这对夫妻两眼放光。

他们谈了 10 多分钟，房东说得也差不多了，房东的手机突然响了，房东看了我一眼就接起了电话。

"你是哪个公司的？现在有客户正跟我谈这套房子！客户出多少钱？好的，我现在就过去。"房东说完把电话挂了，起身就走。

我不知道房东是在演戏，还是真的有经纪人要买他家的房子，于是马上起身拉住房东，说："王总，我的客户还在这里，你们还没谈好，您去哪里？"

房东无奈地说："他们出 35 万元，价格太低了。我已经给他们降了 1 万元，现在的价格是 37 万元。而且，他们还要贷款。刚刚别的经纪人打电话过来，说有客户出 37 万元，要我过去签合同。你的客户出不了 37 万元，我就不谈了。"

我转过头着急地对客户说："现在这套房子最低 37 万元，你们觉得这个价格怎么样？"

客户的老公低下头想了一会儿，对我说："你给我们几分钟的时间商量一下。"客户觉得就这样买下这套房子也太仓促了，他们夫妻两个还得商量一下。我想了想，这也是人之常情，就让他们商量一下。

我拉住房东说："王总，让他们考虑几分钟。他们不买的话，您就去别的中介公司谈吧。"

房东站起来说："行，小钟，我们出去透透气，给他们 10 分钟的时间商量。如果他们不买，我就去别的中介公司签合同。"

我和房东走到店外，看着路边的车水马龙。

"小钟，这个客户的征信有没有问题？"

我摇了摇头说："这个客户刚见面没多久，我也不清楚。待会儿我在合同上注明，如果买方的征信有问题，卖方可以无责任解除合同。待会儿签完合同我就带他们去查征信。"房东点了点头。

"王总，客户是卖掉家里的老房子才买这套房子的，我还以为客户可以一次性付款，没想到客户手上没有多少钱，而且还要贷款。刚刚小李带客户去看了50多万元的房子，客户买不起。"

房东点了点头，有一句没一句地跟我聊天。我心里惦记着客户，不知道他们夫妻两个在办公室里商量得怎么样了。

快到10分钟的时候，客户走出来说他们决定买下这套房子，当场交了定金。

5. 学区房买卖合同怎么签

在学区房交易中，签合同这个环节非常重要。

很多经纪人都问过我一个问题：客户买这套房子就是为了让小孩进入房子附近的学校，就是为了一个学位，结果花了很多钱，最后却不能进入这所学校读书，客户跑到公司里大吵大闹，甚至直接起诉，碰到这种情况有什么好办法吗？

我的回复只有两个字："凉拌。"碰到这种情况，经纪人确实没有什么好办法，只能拿着合同去找律师，问问律师有什么办法。

打个比方，你家本来住在130平方米的大房子里，一家五口人住得舒舒服服。为了让孩子上一所好学校，你把这套房子卖掉，买了一套50平方米的学区房。由于房子太小了，一家五口人得有两口人打地铺。等到入学的时候，你才发现这套房子不是学区房，孩子不能进入心仪的学校，你会有什么感受？你会不会感觉自己被骗了？你会不会起诉中介公司？

你至少产生了财产和精神两个方面的重大损失，就算不起诉中介公司，你也肯定会找他们要一个说法，让他们负责。你这样做毫无疑问是合情合理的。

学区房和非学区房的价格相差很多，重点学校的学区房和非重点学校的学区房的价格相差也很多，所以，卖学区房的时候绝对不能欺骗客户，否则很容易惹上官司。

有些经纪人会问："有什么规避风险的办法吗？"规避风险的办法其实是有的。在买房双方签合同的时候，我们必须要求房东做出三项承诺。

哪三项承诺？我不直接给出答案，我先分析关于学区房的三个关键问题。

第一个问题是客户的购房目的。

客户为什么要买学区房？客户是为了让孩子进入心仪的学校读书才买学区房的，

不是为了自己住得舒服，所以这套房子的性质非常不同。如果客户买了这套房子之后，客户的孩子不能进入指定的学校读书，那么这套房子对客户来说几乎就没有什么价值。

在一些大城市，一套重点学区房要卖 300 万元，一套非重点学区房要卖 200 万元，可能两套房子就隔着一条马路，但价格相差 100 万元。如果不是为了让孩子进入心仪的学校，客户会多花 100 万元去买那套重点学区房吗？肯定不会。如果客户多花 100 万元买了那套更贵的房子，最后却不能让孩子进入心仪的学校读书，你认为客户会不会起诉中介公司，会不会起诉房东？

有些经纪人为了挣一点中介费，在学区房交易中欺瞒客户，这种做法其实是得不偿失的。花这么多钱买学区房的客户发现自己被骗之后绝对不会善罢甘休，涉及这笔交易的经纪人很快就会信誉扫地，很难在行业中立足。经纪人所在的中介公司也要承担责任，很可能面临巨大的经济和商誉损失。

第二个问题是学位。

各地关于学位的规定有所不同。在一些地方，一套房子对应一个学位，小学是"六年一学位"，中学是"三年一学位"。

如果客户买下一套学区房之后发现学位已经被房东占用了，自己的孩子要用这个学位入学，得等到六年之后，你觉得这套房子对客户来说还有价值吗？有时候，一套学位没有被占用的学区房可以卖 500 万元，同一个小区里户型相同的另一套房子却只能卖 300 万元，为什么？因为后面那套房子的学位被占用了。

有些房东买了学区房之后，先让自己的孩子用这个学位入学，然后把房子卖掉，但他没有告诉客户学位已经被占用。如果客户花了很多钱买这套房子，最后发现这套房子的学位被占用了，你觉得客户会不会起诉房东？

有时候，合同上没有写明关于学位的条款，房东说他卖的是房子而不是学位，客户打官司不一定能打赢。但是，客户花了这么多的冤枉钱，你觉得客户会善罢甘休吗？你觉得客户会放过经纪人和中介公司吗？即便客户不做出任何过激行为，只用合法的手段维护自己的利益，经纪人和中介公司也可不能置身事外，必须花大量的时间、精力和金钱来解决问题。

第三个问题是户口。

有些学校规定，没有把孩子的户口迁入学校所在地区，就不能入学，所以户口也是一个非常重要的问题。如果客户买下一套学区房之后发现房东一家人的户口没有迁出，就算打官司，房东也有权不迁出户口。就算房东愿意配合迁出户口，也很可能需要花一两年的时间操作，客户难道让自己的孩子晚两年再入学吗？

户口的问题很难通过诉讼解决，房东会说他卖的是房子，又不是户口。因此，签合同的时候，一定要设置尾款，只有房东在约定的时间内迁出户口，客户才支付尾款。而且，如果房东违约，就必须支付 500 元 / 天或 1000 元 / 天的违约金。假设违约金是 1000 元 / 天，一个月下来就是大概 3 万元，一年下来就是大概 36 万元，房东自然不敢违约。

很多学区房都是老房子，为了让自己的孩子入学，可能之前房东的七大姑八大姨全都把户口迁入了这套房子。现在要他们把户口迁出，真的非常困难。这些人甚至会开口要钱，否则不迁出户口。客户、经纪人都不应该卷入户口的问题，而应该让房东自己想办法解决。

分析完关于学区房的三个关键问题之后，我给出之前那个问题的答案。

为了维护客户和中介公司的利益，也为了尽可能地规避风险，在买卖双方签合同的时候，经纪人一定要让房东在合同里做出以下三项承诺。

（1）卖方知晓买方购买此房屋的目的是让子女入读 ×× 学校，卖方承诺提供相应的配合，不故意隐瞒相关信息。

（2）卖方确认此房屋属于 ×× 学校学区，承诺本房屋的学位未被占用，可以正常使用。若此房屋不属于 ×× 学校学区或者此房屋学位被占用，买方有权立刻单方面解除本合同，卖方须将已经收取的房款全部退还，并按房屋总价的 ××% 向买方支付违约金。

（3）卖方承诺在 ×××× 年 ×× 月 ×× 日之前将迁入此房屋的所有户口迁出，若卖方违约，须按 ×× 元 / 天向买方支付违约金。卖方同意设置尾款 ×× 万元，在卖方将迁入此房屋的所有户口迁出之后，买方须在 ×× 日内一次性付清尾款。

各个地方对于学区的规定是不一样的，不同学校的规定也有差别。关于学区房的细节问题特别多，经纪人是不可能完全掌握的，所以最好让客户自己去当地教委、派出所、学校和居委会去了解情况，自行判断购买学区房的风险。

如果经纪人信誓旦旦地说现在的情况如何如何，等到成交之后，万一学区划分有所变动或者出现了新的规定，客户的孩子不能进入指定的学校读书，客户就会向经纪人和中介公司追责。因此，为了保护自己和公司，经纪人在成交之前一定要郑重地提醒客户，学区划分变动或学校规定改变等情况都是有可能发生的，购买学区房存在一定的风险，客户要自行了解相关情况，并做好承担相应风险的心理准备。

总结 | SUMMARY

这套房子之所以能够这么快就卖出去，当然是因为多个方面的因素，包括房东发挥了积极的作用、客户手上的可支配资金确实比较有限等，但经纪人发挥的作用是不能忽视的。

我并不是要吹嘘自己有多么厉害，我想说的是，你知道在这个单子成交之前，我带多少个客户看过这套房子，做了哪些房源方面的工作，做了多少铺垫吗？面对同样的房源、同样的客户，同事无法快速成交，而我下了这些功夫，所以我能快速成交。

我对客户使用了很多话术，但我并不是天生就会。我曾经带着很多客户看这个小区的房子，这个客户教我一句，那个客户教我一句，我经过不断的总结，才提炼出了这些话术。换成别的小区，我对小区的情况不了解，对房东也不了解，你觉得我还能张口就来吗？

一个专业的经纪人是跑盘跑出来的，功夫下到位了，就能时不时谈成这种闪电成交的单子。